生活中的经济学

米 岩 张 娜 主编

南开大学出版社

天 津

图书在版编目(CIP)数据

生活中的经济学 / 米岩,张娜主编. —天津:南开大学出版社,2021.2
ISBN 978-7-310-06043-6

Ⅰ.①生… Ⅱ.①米… ②张… Ⅲ.①经济学—通俗读物 Ⅳ.①F0—49

中国版本图书馆 CIP 数据核字(2021)第 001068 号

版权所有 侵权必究

生活中的经济学
SHENGHUOZHONG DE JINGJIXUE

南开大学出版社出版发行
出版人:陈 敬
地址:天津市南开区卫津路 94 号 邮政编码:300071
营销部电话:(022)23508339 营销部传真:(022)23508542
http://www.nkup.com.cn

北京明恒达印务有限公司印刷 全国各地新华书店经销
2021 年 2 月第 1 版 2021 年 2 月第 1 次印刷
230×170 毫米 16 开本 22.5 印张 392 千字
定价:63.00 元

如遇图书印装质量问题,请与本社营销部联系调换,电话:(022)23508339

目　录

第一讲　市场在资源配置中起决定性作用：需求、供给与价格 ……… (1)
　一　市场：无所不在的经济秩序 ……………………………… (1)
　二　需求和供给 ……………………………………………… (3)
　三　均衡价格 ………………………………………………… (8)
　四　最高限价和最低限价 …………………………………… (10)
　　（一）最高限价 …………………………………………… (10)
　　（二）最低限价 …………………………………………… (11)

第二讲　消费者和生产者的选择 ……………………………… (13)
　一　消费者选择 ……………………………………………… (13)
　二　购买力对消费行为的影响 ……………………………… (16)
　三　人们的消费总是理性的吗？ …………………………… (18)
　四　从"消费者的选择"看淘宝 …………………………… (19)
　五　生产成本 ………………………………………………… (21)
　六　投入和产量的关系 ……………………………………… (22)
　七　企业成本的控制程度 …………………………………… (24)
　　（一）边际成本一路攀升 ………………………………… (24)
　　（二）平均总成本曲线呈 U 形 …………………………… (24)
　八　规模经济 ………………………………………………… (25)

第三讲　弹性影响生产和生活 …………………………… (27)
一　弹性 ……………………………………………………… (28)
（一）需求的价格弹性 ………………………………………… (28)
（二）需求的交叉价格弹性 …………………………………… (35)
（三）需求的收入弹性 ………………………………………… (36)
（四）供给方面的弹性 ………………………………………… (37)
二　弹性在实际生活中的应用 …………………………… (38)
（一）"谷贱伤农"与政府政策 ………………………………… (38)
（二）"薄利多销"与厂商和政府决策 ………………………… (38)
（三）供求弹性与税赋的归宿和转嫁 ………………………… (39)
（四）需求收人弹性与恩格尔定律 …………………………… (39)
（五）供求弹性与国际经济 …………………………………… (40)

第四讲　折扣中的经济学——价格歧视 ……………… (41)
一　什么是价格歧视 ……………………………………… (42)
（一）一级价格歧视 …………………………………………… (42)
（二）二级价格歧视 …………………………………………… (42)
（三）三级价格歧视 …………………………………………… (43)
二　折扣的本质是价格歧视 ……………………………… (43)
三　厂商实行价格歧视的原因 …………………………… (44)
（一）一级价格歧视为什么很难实现 ………………………… (44)
（二）厂家为什么实行二级价格歧视 ………………………… (48)
（三）厂家为什么实行三级价格歧视 ………………………… (57)
四　价格歧视下的消费者福利 …………………………… (64)
（一）一级价格歧视下的消费者福利 ………………………… (65)
（二）二级价格歧视下的消费者福利 ………………………… (66)

第五讲　为什么要反垄断和鼓励竞争 ……………………………（68）
　一　不受干扰的市场机制——完全竞争 ……………………（68）
　二　没有选择的可能性——垄断 ……………………………（71）
　三　完全竞争和垄断之间的市场 ……………………………（74）
　四　保护竞争与反对垄断 ……………………………………（77）

第六讲　公共物品和公共资源 ……………………………………（81）
　一　物品的类型 ………………………………………………（81）
　　（一）私人物品 ……………………………………………（81）
　　（二）公共物品 ……………………………………………（82）
　　（三）公共资源 ……………………………………………（82）
　　（四）俱乐部物品 …………………………………………（82）
　二　公共物品 …………………………………………………（83）
　　（一）搭便车问题 …………………………………………（83）
　　（二）一些重要的公共物品 ………………………………（85）
　三　公共资源 …………………………………………………（86）
　　（一）公地悲剧 ……………………………………………（86）
　　（二）一些重要的公共资源 ………………………………（90）

第七讲　买的没有卖的精——信息不对称 ……………………（93）
　一　什么是信息不对称 ………………………………………（93）
　二　事前的信息不对称——逆向选择 ………………………（94）
　　（一）逆向选择的典型表现 ………………………………（95）
　　（二）逆向选择的解决方法 ………………………………（101）
　三　事后的信息不对称——道德风险 ………………………（103）
　　（一）道德风险的典型表现 ………………………………（103）
　　（二）道德风险的解决方法 ………………………………（106）

第八讲 贫富差距有多大——基尼系数 …………………… (108)

一 基尼系数 ………………………………………………… (109)
（一）洛伦兹曲线 ……………………………………… (109)
（二）基尼系数 ………………………………………… (110)

二 我国的收入差距有多大 ………………………………… (113)
（一）城乡差距悬殊 …………………………………… (113)
（二）地区差异明显 …………………………………… (114)
（三）行业差距 ………………………………………… (115)
（四）高收入群体和低收入群体差距 ………………… (117)

三 理性看待基尼系数 ……………………………………… (118)
（一）基尼系数的应用不能绝对化 …………………… (118)
（二）基尼系数在反映经济公正性方面有局限性 …… (118)

四 导致我国收入差距的原因 ……………………………… (119)
（一）由于基础不同、改革力度不同导致城乡收入差距 … (119)
（二）"先富与共富"政策的实施 ……………………… (119)
（三）行业垄断及行业政策倾斜的影响 ……………… (120)
（四）非法收入和腐败因素 …………………………… (120)
（五）税收制度的不合理 ……………………………… (121)
（六）社会保障乏力 …………………………………… (121)

五 解决收入差距的对策 …………………………………… (122)
（一）加快新农村建设，推进城乡融合发展 ………… (122)
（二）继续"两大战略" ………………………………… (122)
（三）加强对垄断行业的监管 ………………………… (123)
（四）加强法制建设 …………………………………… (123)
（五）完善个人所得税制度 …………………………… (123)
（六）完善社会保障制度，加大对低收入阶层的扶持 … (124)
（七）提高低收入者的收入 …………………………… (124)

第九讲 为什么有富国与穷国之分——GDP 的衡量和决定 (126)
一 国内生产总值及其衡量 (127)
（一）国内生产总值的含义 (127)
（二）真实 GDP 和名义 GDP (129)
二 GDP 的核算方法 (131)
（一）生产法 (132)
（二）支出法 (132)
（三）收入法 (134)
三 国民收入核算的其他指标 (134)
四 简单国民收入的决定 (135)
（一）假设条件 (136)
（二）均衡国民收入的条件 (136)
（三）消费函数 (137)
（四）两部门国民收入的决定 (138)

第十讲 物价如何影响生活：认识 CPI (142)
一 居民消费价格指数 (142)
（一）CPI 的含义与计算 (142)
（二）如何解读和使用 CPI (144)
（三）为什么 CPI 有时与人们的感受不同？ (145)
二 CPI 衡量过程中存在的问题 (148)
（一）替代偏向 (148)
（二）新产品的引进 (149)
（三）无法衡量的质量变动 (150)
三 通货膨胀率的衡量 (151)

第十一讲 税收与财政政策 (153)
一 财政政策 (153)

（一）财政收入 …………………………………………… (154)
　（二）财政支出 …………………………………………… (156)
　（三）什么是财政政策 …………………………………… (158)
　（四）相机决策的财政政策与自动稳定器 ……………… (162)
　（五）财政政策的效果 …………………………………… (164)
二　税收 ……………………………………………………… (169)
　（一）增值税 ……………………………………………… (170)
　（二）企业所得税 ………………………………………… (171)
　（三）个人所得税 ………………………………………… (172)
　（四）消费税 ……………………………………………… (176)

第十二讲　货币、利率与货币政策（1） ……………… (179)

一　货币星球 ………………………………………………… (179)
二　货币是什么？ …………………………………………… (180)
　（一）古代实物货币 ……………………………………… (180)
　（二）金属货币 …………………………………………… (181)
　（三）可兑现银行券 ……………………………………… (182)
　（四）现代货币（不可兑现银行券） …………………… (183)
　（五）可签发支票的活期存款 …………………………… (184)
　（六）电子货币 …………………………………………… (185)
三　现代货币是如何创造的？ ……………………………… (197)
　（一）现代货币的范围 …………………………………… (197)
　（二）中央银行——货币供应量的"源" ……………… (198)
　（三）商业银行——货币供应量的"流" ……………… (202)
四　经济中需要多少货币？ ………………………………… (210)
　（一）马克思的货币必要量公式 ………………………… (211)
　（二）费雪方程式 ………………………………………… (212)
　（三）中国的货币需求方程式 …………………………… (213)

第十三讲　货币、利率与货币政策（2） (215)

- 一　资金的价格：利率 (215)
  - （一）古老的"信用" (215)
  - （二）借贷的价格：利率 (216)
  - （三）中国的利率体系 (222)
- 二　货币政策 (230)
  - （一）货币政策的目标 (230)
  - （二）货币政策的工具 (234)
  - （三）货币政策的传导机制 (236)
  - （四）我国的货币政策框架 (239)

第十四讲　逃不开的经济波动与周期 (245)

- 一　什么是经济周期 (245)
- 二　经济周期的四个阶段 (246)
  - （一）经济周期四个阶段的特征 (247)
  - （二）生活现象能反映经济走势 (249)
- 三　产生经济周期的原因 (254)
  - （一）一个高度简化的经济模型 (254)
  - （二）现实中产生经济周期的原因 (255)

第十五讲　两国之间为什么要做贸易 (267)

- 一　绝对优势理论 (267)
- 二　比较优势理论 (271)
- 三　要素禀赋理论 (274)
- 四　需求相似理论 (277)
- 五　技术差距理论 (278)
- 六　产品生命周期理论 (279)
- 七　产业内贸易理论 (281)

八　规模经济贸易理论 …………………………………………（285）

第十六讲　"贸易战"为什么打、如何打 ……………………（289）
　　一　什么是贸易战？ ……………………………………………（289）
　　二　贸易壁垒——关税壁垒和非关税壁垒 ……………………（302）
　　　（一）关税壁垒 ………………………………………………（303）
　　　（二）非关税壁垒 ……………………………………………（314）
　　三　主要的贸易摩擦形式——反倾销、反补贴、保障措施 …（324）
　　　（一）反倾销 …………………………………………………（324）
　　　（二）反补贴 …………………………………………………（327）
　　　（三）保障措施 ………………………………………………（331）

第十七讲　国际收支平衡表：一国对外经济关系的账本 ……（339）
　　一　国际收支平衡表是记录对外经济交往的特殊账本 ………（339）
　　　（一）国际收支平衡表记录的是流量 ………………………（341）
　　　（二）国际收支平衡表记录的是居民与非居民之间的交易 …（342）
　　　（三）国际收支平衡表记录的是对外经济交易 ……………（342）
　　二　国际收支平衡表的编制原则 ………………………………（343）
　　　（一）复式记账原则 …………………………………………（343）
　　　（二）权责发生制原则 ………………………………………（343）
　　　（三）市场价格原则 …………………………………………（343）
　　　（四）单一记账货币原则 ……………………………………（343）
　　三　国际收支平衡表的主要内容 ………………………………（344）
　　　（一）经常账户 ………………………………………………（344）
　　　（二）资本和金融账户 ………………………………………（346）
　　　（三）净误差与遗漏 …………………………………………（348）

参考文献 ……………………………………………………………（349）

第一讲　市场在资源配置中起决定性作用：需求、供给与价格

需求和供给是使市场运行的基础力量，所以也是经济学家们最常使用的两个词汇，需求和供给决定了每种物品的产量及其价格水平，如果你想知道一项政策或者一个事件会如何影响经济，那么最先考虑的也应该是：它是如何影响需求和供给的？

本讲作为本书的开篇，我们就先从需求和供给说起，主要介绍市场、需求和供给以及均衡价格等相关理论，相信等你了解了这些基础理论，你就会明白市场中需求和供给是如何决定价格的，以及价格又是如何配置市场中的稀缺资源的等问题。

一　市场：无所不在的经济秩序

市场起源于古时候人类对于固定地点或者时段进行交易的场所的称呼，随着城市的发展和繁荣，住在城市附近区域的工匠、农夫以及技工们就开始相互进行交易，并且对城市的经济发展产生了巨大的贡献。显而易见的是，其中最好的交易方式就是在城市之中有一个集中的区域，例如市场，可以让人们在此提供货物和买卖服务，这样可以方便人们寻找货物以及接洽彼此之间的生意。当一个城市的市场变得非常庞大而且更加开放的时候，城市的经济活力也会相应增长起来。

如今说起市场，人们都非常熟悉这个词汇。总体来看，市场里人

群汹涌，秩序也非常混乱，但令人惊奇的是，市场是如何生产出如此种类繁多而且数量巨大的物品和劳务呢？经济学家们认为，其实市场主要解决的就是"生产什么""如何生产""为谁生产"这三大基本经济问题。

第一个问题就是生产什么。我应该生产什么？分别生产多少？其实，无论一个国家多么富有，相对于人的无限欲望而言，资源总是有限的，由于资源有限，用于生产某种产品的资源多一些，那么用于生产另一种产品的资源就会少一些，所以人们必须做出选择：用多少资源生产某一种产品，用多少资源生产其他的产品。

在市场上，消费者几乎每天都要做购买的决策。对于消费者来说，货币正是他们手中的选票，他们会对自己所喜好的商品进行货币投票，当然，对应投票多的劳务和物品就会得到生产，相反，对应投票少的劳务和商品就会被淘汰。随着交易的进行，这些货币最终会流入企业，成为了工资、租金和红利等。在此过程中，厂商是决定生产什么的最终决策者，他们往往会受利润最大化的驱使，离开利润低或者亏损的行业，转而去生产高利润的劳务和商品。这些都是发生在我们日常生活中的经济学常识，正如刚才所提到的，消费者或者需求者他们所做出的自主选择，本质上就是通过货币这一手段，对供给者或者生产企业提供的劳务和商品进行投票，也就是出价。供给者会根据消费者的"出价"，来最终决定生产什么以及生产多少。

第二个问题是如何生产。就是说，在确定生产什么的前提下，我该怎样利用有限的资源实现最有效的生产呢？当然，这里的如何生产，是指用什么样的方法来生产出产品和劳务。不同的生产方法和资源组合是可以相互替代的，同样的产品也可以有不同的资源组合。

生产者之间的激烈竞争，势必促使他们选择采用效率最高的生产技术，来使自己的生产成本降到最低。这实质上可以看成是成本效益的计算问题。在市场资源配置由市场起基础性作用或者决定性作用的情况下，企业是以追求利润最大化为目标的，所以他们会选择在成本效益计算最优的基础上来选择生产方式。在当今中国，任何一家企业，不论是民营企业、国有企业还是外资企业，都是在成本效益计算的基础上，以追求利润最大化为目标，从而选择最有效率的生产方式。

第三个问题是为谁生产。意思就是说，我生产出来的产品该给谁？其实也就是分配的问题，是指生产出来的产品和劳务如何分配给社会的各个集体和个人，谁来享受经济活动的成果，社会产品如何在不同的居民之间进行分配，产品如何在人们之间进行分配，根据什么原则、采用什么机制进行分配，分配的数量界限如何把握等。

在资源配置由市场起基础性作用或者决定性作用的情况下，劳务和商品分配的基本原则是"价高者得"。在现今的中国，除了特殊劳务和商品（如保障性住房和最低生活保障）之外，消费者所需的绝大多数劳务和商品都是通过市场，通过"货币投票"的方式取得的。谁出的价高，谁就能够得到更多、更好的产品和服务。

在经济学中，我们认为用于生产的资源是有限的，所以要通过以上决策来实现资源的最有效配置，显然，这三个问题中，市场需求决定生产什么，技术资源等限制条件将决定怎样生产，价格则决定了为谁生产。

二　需求和供给

微观经济学的分析是从需求和供给开始的，我们对市场的研究也是从考察买者和卖者的行为开始的。刚才我们也提到了需求和供给是经济学家最常用的两个词，是使市场经济运行的基础力量，它们决定了每种物品的产量以及出售的价格。那什么是需求？什么是供给呢？我们得先来了解一下。

一种物品的需求，其实就是指买者在一定时期内对各种可能的价格水平愿意并且能够购买的该商品的数量。

经济学中的需求包含两层含义：首先，需求来自消费者的嗜好或偏好

（preference），是一种纯粹的主观上的需要；其次，需求应该是有支付能力的需求，即能够购买得起。假如一个人很有钱，买得起高档时装，但他对时装不感兴趣，也不打算买，那他就构不成对时装的需求；另一个人，很喜欢时装，也很想买，但他没有支付能力，那他同样构不成对时装的需求。只有主观上有买时装的欲望，客观上又具有支付能力的人，才构成对时装的需求。

影响商品市场需求的因素，一般有如下几种（见图1-1）：

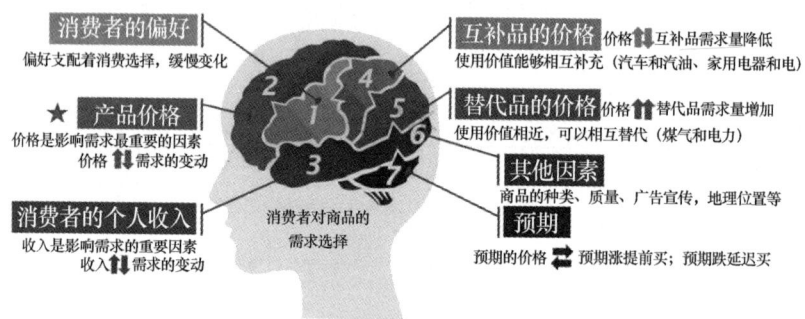

图1-1　影响商品市场需求的因素

（1）消费者的嗜好（或称偏好）。所谓嗜好或偏好，在一定程度上其实是产生于人类的爱好，如果你喜欢爆米花，你就会多买一些。经济学家通常并不试图解释人们的偏好，因为偏好基于超越了经济学范围的历史与心理因素。但是经济学家要考察当偏好发生变动的时候会引发什么变化。

（2）产品价格。我们可以从大量经验事实中观察到，商品的价格愈高或提高，人们对该商品的购买量愈少或减少；价格越低或价格下降，人们的购买量越多或增加。

（3）消费者的个人收入。一般来说，在其他条件既定不变情况下，人们的收入越高，对商品的需求就会越多。因此，从市场需求来看，一个市场上消费者的收入情况，显然是影响需求的重要因素。如果你失业了，那么你对爆米花的需求会发生什么变化呢？很有可能是需求会减少。收入降低意味着你的总支出减少，因此你不得不在某些物品上少支出一些。当收入减少时，如果一种物品的需求量减少，这种物品就被称之为正常物品；而如果收入减少时，一种物品的需求量增加，那这种物品就被称之为低档物品。

（4）相关商品价格。当一种商品本身的价格保持不变，而与它相关的商品价格发生变化时，这种商品本身的需求量也会发生变化。这类商品包括互补品和替代品，当一种物品价格下降引起对另外一种物品的需求量减少时，这两种物品被称之为替代品，例如：热狗和汉堡，牛肉和羊肉等；当一种物品价格下降引起对另外一种物品的需求量增加时，这两种物品被称之为互补品，例如：汽油和汽车，电脑和软件等。

（5）消费者对商品的价格预期。消费者对商品的价格预期也会影响到现期对该商品的需求，通常，当消费者预期某种商品的价格在下一期会上升时，就会增加对商品的现期需求量；而当消费者预期某商品的价格在下一期会下降时，就会减少对该商品的现期需求量。

（6）其他因素。除了我们所分析的这些因素，还有一些其他因素也会影响需求，比如：商品的种类、质量、广告宣传、地理位置等，都会影响到需求。

刚刚分析了需求的定义以及影响因素，下面我们分析一下供给。

一种商品的供给是指生产者在一定时期内在各种可能的价格下愿意并且能够提供出售的该种产品的数量。供给是与需求对称的一面。我们常提到市场，市场是由买方和卖方构成的，只有买方或者只有卖方，交易都不会发生，市场就名存实亡。这里的买方其实就是需求方，而卖方其实就是供给方。供给实际上就是提供商品，这些商品包括机器、石油、大米、飞机、衣服等各种可以交易的东西。

影响商品市场供给的因素，一般有如下几种（见图1-2）：

（1）商品自身的价格。一般来说，商品的价格越高，生产者提供的产量相应也会越大；相反，如果商品的价格越低，那么生产者提供的产量也会越小。

（2）生产的成本。假设商品自身价格不变，那么生产成本上升就会减少利润，从而会使商品的供给量减少；相反，如果生产成本下降，则会增加利润，就会使商品的供给量增加。

▶ 什么是供给

图1-2 市场供给是所有生产者供给的总和

（3）生产的技术。一般情况下，生产技术的提高可以降低生产成本，增加生产者的利润，生产者会提供更多的产量。

（4）生产者对未来的预期。如果生产者对未来的预期看好，如，预期商品的价格会上升，那生产者就会扩大生产，增加商品的供给；同理，如果生产者对未来的预期是悲观的，例如，生产者预期商品的价格会下降，那生产者往往就会缩减生产，减少产品的供给。

（5）相关商品的价格。当一种商品的价格不变，而与其相关的商品价格发生变化时，该商品的供给量也会发生相应的变化。例如，对蔬菜大棚种植户来说，在黄瓜价格不变而西红柿价格上升的时候，就可能减少黄瓜种植面积和产量，而增加西红柿的种植面积和产量。

(6) 其他因素。其他因素包括生产要素的价格、国家政策、生产者的人数等。例如，一种商品如果市场上的生产者数量增加，就会导致市场上该产品的供给数量增多；相反，如果一种商品市场上的生产者数量减少，那么就会导致市场上该产品的供给数量减少。

下面我们来看两个案例分析：

案例1：鸦片战争后，英国洋布为什么不能进入中国市场

鸦片战争以后，英国商人为打开了中国这个广阔的市场而欣喜若狂。因为当时英国棉纺织业中心曼彻斯特的商人估计，中国有4亿人，假如有1亿人晚上戴睡帽，每人每年用两顶，则整个曼彻斯特的棉纺厂日夜加班也不够。于是，他们把大量的洋布运到中国。结果与他们的梦想刚好相反，因为中国人没有戴睡帽的习惯，衣服也用自产的丝绸或土布，所以洋布根本卖不出去。按当时中国人的收入，并不是没有购买洋布的能力，起码许多上层社会人士的购买力还是相当强的。那英国人的洋布为什么完全卖不出去呢？这里关键就在于中国人没有购买洋布的欲望。

购买意愿或欲望在很大程度上是由当时的消费时尚所决定的。鸦片战争以后，中国仍然处于一种自给自足的封建经济，并在此基础上形成保守、封闭甚至排外的社会习俗。鸦片战争虽然打开了中国的大门，但并没有从根本上动摇中国自给自足的经济基础和保守封闭的意识形态，也没有改变在此基础上形成的消费时尚。当时，上层人士以穿丝绸为荣，一般群众以穿家织的土布为主，如果什么人标新立异要穿洋布，反而会受到众人指责。洋布和其他洋货受到冷落不是因为价格高，也不是因为人们收入太低，而在于人们根本没有购买的欲望。这种购买欲望又是当时消费时尚以及抵制洋货心理的结果。可见，购买意愿对需求的决定是极为重要的。

英国人以为用武力打开中国的国门，自己的商品就可以进入中国。但其实武力只可以在短时间内入侵一个国家，它摧毁不了一个国

家的传统，也改变不了一个社会的消费时尚和国民的购买意愿。英国人可以借助坚船利炮把洋布运到中国，但不能强迫中国人购买。

我们最开始提到过，构成需求的是购买意愿和购买能力，两者缺一不可。所以，需求预测既要考虑购买能力，又要考虑购买意愿。英国人仅考虑到购买能力，而没有考虑到购买意愿，这正是他们的洋布在中国没有市场的原因。

案例2："非典"时期的口罩价格。

在"非典"时期，口罩的价格上涨为2元一个，生产商甲"想"每天生产5万个口罩，这说明甲"有出售欲望"。但是甲厂的设备陈旧，每天最多只能生产3万个，也就是说，甲厂没有剩下的2万个的生产能力，更别说卖了。所以在口罩价格为2元一个的情况下，生产厂商甲的供给量只能为3万个。头脑中"愿意出售"的5万个口罩实际上只有3万个的"供应能力"。

现在大家应该明白什么叫需求什么叫供给了吧？明白了需求和供给，生活中的绝大多数经济问题就可以解决了。这是因为，在生活中，有两个大家都经常看到的原理，第一个就是供给定理：在一定条件下"商品的价格越高，供给量就越大"；第二个就是需求定理：在一定条件下"商品的价格越低，消费者对商品的需求量就越大"。那么综合这两个定理，在一定条件下，调节价格就可以使供给者的供给量和消费者的需求量相等，从而达到双赢的效果。

三　均衡价格

字典中"均衡"这个词的定义是，各种力量处于平衡的状态，这个定义其实也描述了市场均衡，在均衡价格时，买者愿意而且能够购买的物品量正好与卖者愿意而且能够出售的数量相平衡，所以均衡价格有时也被称之为市场出清价格（见图1-3）。

价格机制是市场机制最重要的组成部分。在市场经济中，资源的配置通常都是通过价格的变化来调节的。在市场上，由于需求和供给力量的相互作用，市场价格就总是趋向于均衡价格。如果市场价格高于均衡价格，则市场上会出现超额供给；反之，如果市场价格低于均衡价格，则市场上就会出现超额需求。

我们知道，市场规律都是由供求关系来决定的，也就是说，当供过于求时，市场价格就会下降，当供不应求时，市场价格会上升。可是，反过来呢？当供大于求，价格下降后，需求量就会增加，这时就有可能出现供不应求的现象，从而导致物品的价格上涨；反之亦然。问题是，难道供求关系将永远以这种形式循环下去吗？它们中间就没有一个平衡吗？我们知道，按照事物发展的客观规律，这种平衡是绝对存在的，也就是我们所说的均衡价格。

▶ **供需平衡与均衡价格**

★ 在实际经济生活中，供求十分活跃，经常发生变化，任何市场上的供求平衡都是偶然的、暂时的、相对的，每当旧的平衡被破坏之后，买卖双方总会千方百计地适应新的形势，从而形成新的均衡数量和新的市场价格。均衡价格就是市场供给力量和需求力量相互抵消时所达到的价格水平。

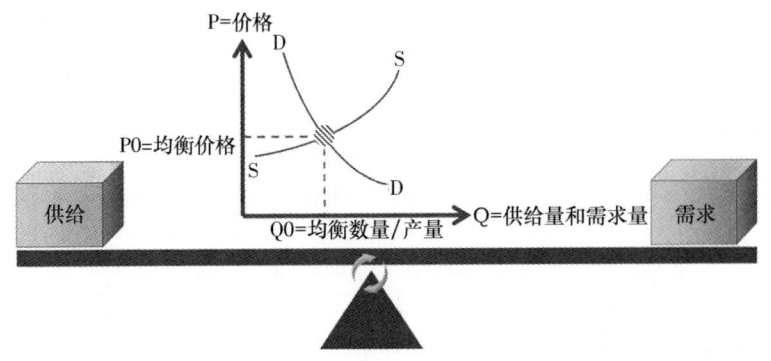

图1-3 供需平衡与均衡价格

整体来说，当某一部门的资源价格高于市场均衡价格时，更多的资源就会流向这个部门，资源供给的增加将造成资源价格的下降，而资源价格下降就会使部分资源开始流出这个部门，从而又使价格有回升的动力……直至最终价格又恢复到市场均衡价格。但是，理论上也不能排除市场不能恢复到均衡价格的可能性，甚至有可能价格一旦偏离市场均衡价格便越走越远。

在微观经济分析中，需求价格是指消费者对一定量商品所愿意支付的价格，供给价格是指生产者为提供一定商品所愿意接受的价格。所谓均衡价格，是指某种商品的需求与供给达到均衡时的价格。均衡价格的形成即是价格决定的过程，它是经过市场供求的自发调节而形成的。市场的供给围绕均衡价格上下振荡调节，使市场的无规律的自动调节呈现规律性。这就是亚当·斯密所说的"'看不见的手'在强迫着价格均衡"。

西方经济学认为，在市场经济中，价格机制对资源配置起到了至关重要的作用。市场通过价格调节来协调整个经济中各经济主体的决策，使消费者的购买量与厂商的产量之间保持平衡。在市场经济中，"生产什么""如何生产""为谁生产"的资源配置问题都由市场价格机制决定。由市场供求均衡所形成的均衡价格，能够引导社会资源的有效配置，实现帕累托最优状态（资源配置的最优化状态）。在这种状态下，生产者利润最大化的产品产量组合，恰好与消费者效用最大化的产品消费量组合相一致，因而使社会福利达到最大化。

四 最高限价和最低限价

（一）最高限价

最高限价，是指政府规定某种产品或服务的价格不得超过某个水平。实行最高限价的目的是为了保持市场物价的基本稳定，保持人民生活的基本安定。比如，粮食按照标准定量供应就是配给制。有效的最高限价必定导致供不应求，这是因为，有效的最高限价必定低于自由市场价格。政府制定最高价格的原因,一般是出于对公平的考虑。比如,在战争或饥荒时,政府会为生活必需品制定最高限价,使穷人能够负担得起,这样以利于社会稳定。(见图1-4)

再比如,前些年,房价的不断高涨使得很多人都掏空了腰包也买不起房,于是有关政府部门一直提倡采取干预政策,制定住房交易的最高限价,"限价房"顿时成为百姓们关注的热点问题。"限价房"是针对中低收入者采取的一项措施,然而它就像经济适用房一样成为炙手可热的"紧缺资源"。类似这样的例子还有之前闹得沸沸扬扬的兰州牛肉拉面的限价风波,经营者涨价是源自成本的上升,而对将拉面作为早餐的兰州市民来说,不得不选择豆浆、油条等传统早餐。

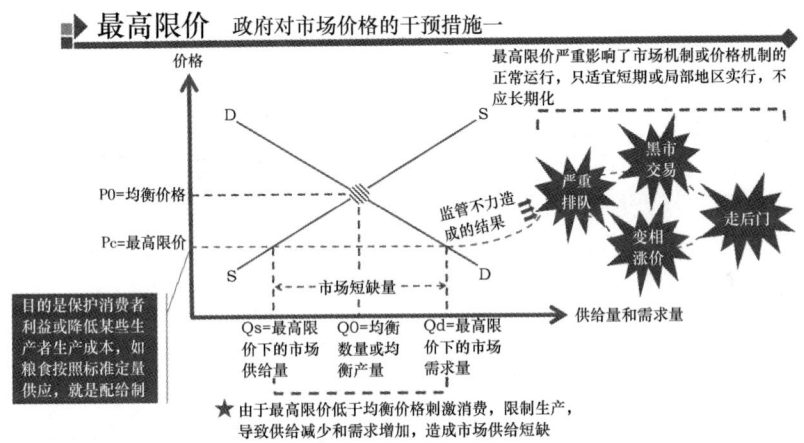

图1-4 最高限价

(二)最低限价

最低限价又称"保护价",是指一国政府对某种进口商品规定的最低价格界限。即当进口货物的价格低于规定的最低价格时,则对其征收进口附加税或禁止进口。当然,这实际上是一种非关税保护措施,关于非关税措施,本书第十六讲还会专门讲。

在我国，反映政府最低限价政策的突出案例是对粮食价格的保护价格政策，即制定粮食收购的最低限价。还有一个典型的案例便是政府制定最低工资制度，政府制定最低工资制度的初衷其实是好的，是为了保护初级劳动力和非熟练劳动力，但结果反而使得这些初级劳动力和非熟练劳动力大量失业。原因是，最低工资制度要求付给劳动力更多的工资，这就促使厂商企业不得不改进生产技术，用机器代替人工，所以造成了初级劳动力和非熟练劳动力的大量失业，这种现象在美国体现得尤为突出。（见图1-5）

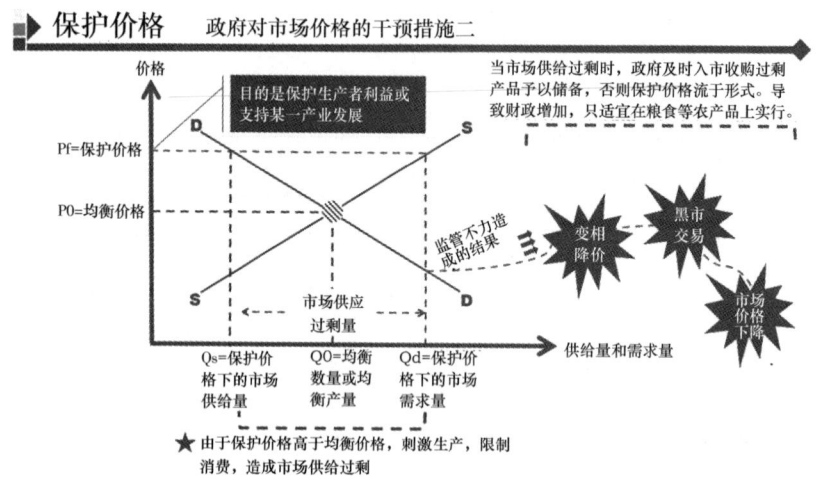

图1-5 保护价格

综上所述，本讲我们分析了市场上的需求和供给，只要你去商场买东西，你就对该物品的需求做了贡献，只要你去找工作，你就对劳动服务的供给做出了贡献。需求和供给是经济生活中最普遍存在的现象，当我们理解了需求和供给的相关知识，将有助于我们更好地用经济学的眼光来看待我们的日常生活。

第二讲　消费者和生产者的选择

现在市场上的商品琳琅满目，当人们身处其中，在自己的财力和时间都有限的情况下，人们也总是能做到花最适量的钱来挑选自己最需要的商品，那么，最根本的原因是什么呢？同样，所有的生产者都想通过生产获得收益，那生产者又是如何控制成本以使自己获得最大利益呢？

本讲我们将从参与市场活动的买者得到利益的角度以及同样参与市场活动的卖者得到利益的角度，来分析一下他们的福利问题。

一　消费者选择

为了解释人们的消费行为，英国哲学家边沁把效用的概念引入到了经济学中。之后的经济学家们也一直在采用"效用"这一概念，用来衡量消费者从一组商品或劳务中所能获得的幸福感或者满足感。

例如，如果你有1000元钱，你可以把它全部用来买面包，也可以用一半买面包一半买牛奶，也可以全部用来买牛奶。觉得第一种选择最好的人可能偏好面包，觉得最后一种选择最好的人可能偏好牛奶，觉得中间选择最好的人可能对面包和牛奶有着相同的偏好。因此，消费者会在不同的商品或劳务之间选择最适合自己偏好的排序，以使自己的效用最大化。

当代美国经济学家萨缪尔森，在把幸福作为一个经济问题进行研究时，提出了一个幸福方程式：

幸福＝效用/欲望

从这个公式来看，幸福取决于两个因素：效用和欲望。当欲望既定时，效用越大，越幸福；当效用既定时，欲望越小越幸福。

从经济学的角度来说，效用则指的是人从消费某种商品或者劳务中得到的满足程度。在一般情况下，消费的各种商品越多，所得到的效用就越大。

相同单位商品的效用是相同的，但在一起使用的时候，前一单位商品带给人的效用是否和后一单位商品带给人的效用相同呢？为解决这一问题，经济学家们又引入了边际效用这一概念，用来表示增加的一单位商品所具有的效用。

边际效用是指，很多消费者在一定时间内增加一单位商品或者劳务时，所带来的新增的或者额外的效用，也可以称之为所得到的效用的增量。举一个简单的例子，人们在口渴的时候吃西瓜，总是觉得第一块最清凉可口，越到后面的味道就越差，其实这正是经济学中最著名的边际效用递减规律的证明。边际效用递减规律说的就是，在一定时间内，在其他商品的消费数量保持不变的条件下，随着消费者对某种商品消费量的增加，消费者从该商品连续增加的每一消费单位中得到的效用增量（即边际效用）是递减的。

下面我们再来看一则故事：年轻时的朱元璋一度非常落魄，他曾经受到过乞丐的"百家饭"接济才得以活命，后来他就一直觉得当时那顿饭是他吃过的世界上最好吃的美味。尽管后来他富甲天下，吃尽了世间美味，但他仍然对当初那碗所谓的"珍珠翡翠白玉汤"念念不忘，甚至还专门找来了当年做饭的人为他烹制，但是他再也找不到当年的味道了。

那么，同样的东西，同一个人，为何朱元璋会有不同的感受呢？朱元璋曾感叹道："肚饥了糠也甜，肚饱了肉也咸。"这就是因为，生活在不同阶段的朱元璋，由于当时环境和社会地位的不同，他对物质和精神生活的期待也不同，所以他所得到的感受也是截然不同的。就像现在，人们的生活富裕了，就算天天吃着山珍海味也总觉得没有了当年小时候的香味，其实，这就是经济学里的边际效用递减规律。

边际效用理论的应用其实非常广泛，经济学里的需求法则其实也是以此为依据的，比如，用户购买或使用商品数量越多，他愿意为单位商品支付的成本就越低（因为后购买的商品对其带来的效用降低了）。所以，当我们了解了边际效用的概念，我们就可以尝试在实际生活中运用它。

假如你是公司管理层，你现在想要给员工涨工资以激励员工的工作热情，给 4000 月薪的人增加 1000 元带来的效用一般来说要比 8000 元月薪增加 1000 元大，可能和 8000 元月薪的人增加 2000 元的相当，所以，似乎给低收入的人增加月薪对公司会更有利一些。

除此之外，经常靠增加薪水来激励和维持员工的工作热情看来也是不行的，因为，第一次涨薪 1000 元后，员工大多会非常激动，大大增加了工作热情；第二次涨薪 1000 元，可能会依然很激动，也会增加一些工作热情；但当第三次涨薪 1000 元，大多员工可能就只是有点激动了，好吧，也还可能会增加点工作热情；但第四次呢？……直至涨薪可能带来不了任何效果。如果想避免这种情况，如果想让每次涨薪都能达到和第一次涨薪 1000 元时相同的效果，那第二次涨薪可能就需要 2000，第三次可能就需要 3000 元……，也或者使用其他激励措施，如，第二次可以安排其参加职业发展培训，第三次可以对其在职位上进行提升，虽然花费可能相当，但由于手段不同，也会达到更好的效果。

同样，边际效用递减规律也给了经营者一些启示：既然消费者连续消费一种产品的边际效用是递减的，那如果一个企业连续只生产一种产品，那它带给消费者的边际效用就在不断递减，那消费者愿意支付的价格也就会越来越低，经营者势必不愿意看到这种情况的发生，那该怎么办呢？其实，经济学里的产品多样化理论就可以解决这个问题。因为，当企业不断创造出多样化的产品，即使是同类产品，只要不相同，就不会引起边际效用递减。我们还是举个例子说明一下吧，比如，同是笔记本电脑，企业可以根据消费者买电脑的需求不同，把电脑做成不同型号，有的消费者买电脑是为了玩游戏且追求时尚，那对这类消费者就可以侧重内存、显卡和外观；有的消费者是为了可移动性强，那么就要为这类用户节约重量。你看,如果这样的话,即便同是笔记本电脑,也成为了不同的产品,就不会引起边际效用递减了。如果是完全相同,则势必会引起边际效用递减,消费者购买的欲望就会下降得比较快。

总之,边际效用理论提醒我们,企业如果要更好地发展,就要不断地进行创新,研发、生产不同的产品,去满足消费者的需求,只有这样,才可以减少和阻碍边际效用递减。

二 购买力对消费行为的影响

当人们用同样的钱消费不同的物品的时候,不同的物品组合就反映了人们的权衡取舍。但不管是怎样的消费组合,每1元钱带来的边际效用总是相同的。

就大多数人而言,人们愿意拥有好而且多的商品和劳务,例如,去五星级宾馆休闲和娱乐,驾驶最豪华的轿车,穿戴最好的服饰等。然而在现实中,大多数人只会挑选较少的商品,因为每个人都会受到自己财力的限制,那么,消费者的购买力对他们的消费行为到底有什么影响呢?

在现实中,人们购买的商品种类繁多,可供人们消费的组合也有无数种。为了便于研究,我们只就人们的早餐:牛奶和面包这两种商品进行分析。假设一个家庭每季度愿意为早餐付出的支出是1000元,1杯牛奶价格是2元,1个面包卖10元。那么这个家庭消费这两种商品可以由无数种组合。例如:(1)他们可以只吃面包,每季度消费100个面包;(2)可以只买牛奶,每季度消费500杯牛奶;(3)也可以买250杯牛奶和50个面包。表现在曲线上就如图2-1所示的A、B、C三点。

在经济学中,这条ABC的连线就被称之为消费者预算约束线,即,消费者可以承受的消费组合的可能性边界。它表明了人们在消费的物品之间面临着权衡取舍。消费者预算约束线的斜率为5,反映了市场提供给消费者的权衡取舍:一个面包可以换取5杯牛奶,也就是一种商品和另外一种商品相对的价格。

为什么一个面包等于 5 杯牛奶呢？因为 1 个面包的边际效用 5 倍于牛奶，所以一个面包等于 5 杯牛奶。

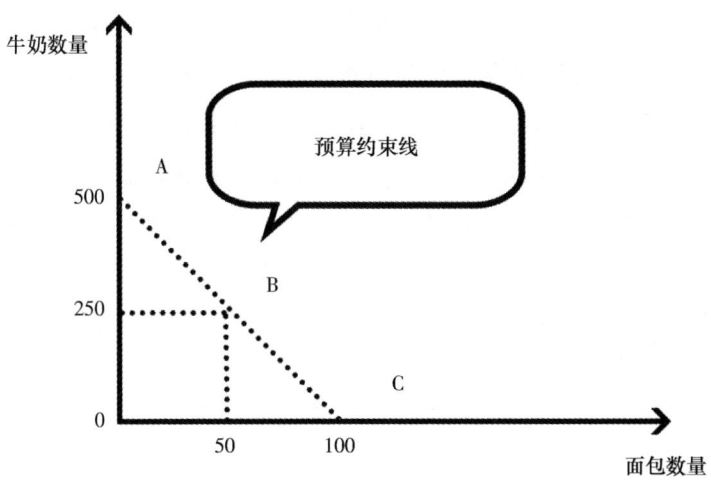

图 2-1　消费者预算约束线

从消费者预算约束线可以看出，A、B、C 三点上两种物品的组合，乃至线上其他的数量组合，给消费者带来的总效用都是一样的。也就是说，只有 1 个面包的边际效用是 1 杯牛奶的边际效用的 5 倍时，人们才愿意为面包付 5 倍于牛奶的价钱。例如 1 杯牛奶能够给人们提供更多的边际效用，那么人们就会把用于消费面包的钱转移到牛奶上去，直到牛奶每 1 元钱的边际效用等于面包每 1 元钱的边际效用，这就是经济学上的等边际效用，也就是说，在消费者的收入固定并且他所消耗的物品的市场价格既定的条件下，他花费在一种商品上的最后 1 元钱所得到的边际效用正好跟他花费在其他每种物品上的最后 1 元钱所得到的边际效用相等的时候，消费者才能得到最大的效用。

三 人们的消费总是理性的吗？

心理学家研究发现，年轻女性更容易产生购物冲动。她们超支的可能性非常大，在花钱方面不节制的比例也很大。我们知道，经济学理论假设的一个前提条件是，人都是理性的。那么作为一名消费者，他应该在成本和效益之间尽可能精确地计算，努力使得效用最大化，然而从事经济学和心理学研究的社会科学家们发现，人的消费行为是极为复杂的，他们既有经济学中理性消费的一面，当然也有冲动、爱面子和目光短浅等非理性消费的一面。现实生活中的"卡奴""月光族"和购物狂人就证明了人们非理性消费行为的存在。

心理学家认为，非理性消费可以分为支配型、冲动型和攀比型这三类。

第一种是支配型消费。通常女性居多，她们因为失恋或者工作的不顺心，就会把购物当作一种情感宣泄的方式，从而购物时对商品的价格并不关心，只要把钱花出去了，把物品摆放在家里，就会产生一种满足感。

第二种是冲动型消费。也称为即兴型消费。该种类型的消费者容易成为"月光族"，因为他们在事前并没有什么消费计划，直到逛街或者逛超市看到物品时，才引起临时的消费冲动。这时买回来的东西其实大多不一定是他们真正想要的。

第三种是攀比型消费。攀比型消费根源于攀比心理，这一类型的消费者购物不是追求效用，而是用所购得的商品来炫耀其自身的地位和价值。这些商品往往是一些奢侈品，超出了这些消费者生存和发展所需要的范围，如一些名牌箱包、高级成衣和高档汽车等。

非理性消费的危害在于，会把社会财富引导到无用或者效用被夸大甚至是有害的生活方式中去，从而造成人们真正需要的东西却没有足够的资源去加以生产。站在历史的角度，近代以前的人以理性消费为主，崇尚节俭，直到20世纪中期凯恩斯的刺激内需理论出现以后，人们才默认甚至鼓励非理性消费，世界奢侈品市场就是在这种鼓励中逐渐壮大的。

四 从"消费者的选择"看淘宝

自从淘宝出现在人们的生活中之后，越来越多的消费者会选择在网上购物，尤其是年轻人。在大学的校园里，无论你什么时候走进快递收发室，往往都能看到排着长长的队伍等待取包裹的学生。在当今这个时代，淘宝这一类电商平台似乎已经成为了我们的便携式商店，无论你在什么地方、想要买什么东西，你都可以在淘宝上实现。那为什么淘宝会如此风靡呢？

还记得吗？前文我们提到过一个幸福公式：幸福=效用/欲望。从这个公式我们可以看出，商品或者劳务带给我们的效用越高，我们的幸福感就会越高，而所谓"效用"，就是消费者从商品和劳务的消费中得到的满足感或者幸福感。从这一点可以知道，淘宝如此流行，其中一个原因就是，从淘宝购物，消费者不需要消耗大量的体力和时间，只需在手机上动动手指，就可以找到大量符合自己偏好的商品（这是在商品质量有保证的情况下），而成本也随之下降了，所以从淘宝上买来的商品更容易让消费者感到满足，效用也就更高，消费者自然也就会感到更加的幸福。

当然淘宝店主如果仅仅依靠提供方便来吸引顾客的话，那自然是不够的。淘宝上的商品拥有如此强的竞争力的一大原因是它便宜的价格。我们都知道，如果某一种商品的价格下跌了，那么消费者会多消费一些相对便宜的这种商品去替代相对昂贵的其他商品，这在经济学上叫作"替代效应"；其次，商品价格下跌也在某种层面意味着消费者的收入水平相对提高，购买力上升，使消费者达到更高的效用水平，并在一般情况下会增加所有商品的消费，这在经济学上叫作"收入效应"。这两者都是由于商品价格变动所带来的影响，在经济学中，我们将两者合起来称为价格效应。

当今社会充满竞争，人们的生活时常处于快节奏状态。很多人就算在假期也需要加班工作，休闲娱乐和逛街游玩的时间大大减少，这时，"随手可触"的淘宝卖家，以及由此催生和迅猛发展的物流服务业，就可以使那些没有时间逛街的人方便快捷地购得自己偏好的商品，在商品质量有保证的前提下，消费者的效用增加了。他们既节省了时间，还省下了不少体力，可以继续工作，也就是说，总成本降低了，消费者剩余增加了。所以，消费者愿意在淘宝上购买商品。这也符合上述有关效用和消费者剩余的经济学原理。

目前，淘宝在大学生群体中十分受欢迎，有的学生甚至每天要取好几个淘宝快递。我们知道，大学生中很多人是完全依靠父母往银行卡里打生活费，但年轻人这个群体，又都喜欢新鲜、赶潮流的事物，他们的需求与物质基础极不相符，要解决的办法那就只能是买价廉物美的东西，所以，淘宝购物就成了大学生们钟爱的选择。况且许多淘宝卖家都会以"包邮"作为销售手段，这会给消费者有"好合算"的感觉，价钱好像更便宜了，更加愿意在淘宝上购买商品，这也符合我们上文所说的价格效应的经济原理。

以上分析都是基于淘宝商品质量合格过关的情况下，所以这是一种理想状态，想要实现当然是有一定的困难的。我们都知道，在淘宝商品的评价中，好评再高，也会有差评，会有抱怨质量不好的，或者抱怨物流太慢的，也有抱怨描述相符参数太低的。经济学中有一个名词叫"经济负商品"，其定义是"增加某种物质的消费，反而会使总效益降低，或其边际效益为负的物品"。所以，如果淘宝商品质量不过关，卖家信用程度低的话，即便价格定的再低，消费者也不会增加对其的消费欲望。因为品质低下的商品，增加其消费量只会多花冤枉钱，效益不增反减，是属于经济负商品。但是这样的商品在淘宝也不少见，所以时间长了，消费者在淘宝网上进行交易时会多长几个心眼，对于那些价格过低的商品会格外看不中。

这仍旧符合经济学原理。

　　针对以上分析,我们可以给消费者几点建议:网上确实有很多价廉物美的东西,而且种类繁多,作为消费者,可以随时随地非常方便地进行选购,但这同时也存在着一个问题:正是由于淘宝网上商品的图片精美且种类繁多,很容易勾起消费者的购买欲望,还记得一开始我们提到过的幸福公式么,欲望越大,越不容易得到满足,效用也就相应降低,反而会多花一些没必要的钱;所以,当消费者在逛淘宝时必须明确自己想要买什么,而不是走马观花般看到什么,喜欢什么,就买什么。同时,最为重要的是,消费者一定要擦亮自己的眼睛,不要被卖家那种部分欺骗性的促销语言所蒙蔽,而盲目付款购买。对于那些淘宝卖家,我们当然也有话要说:你们确实为消费者提供了很多便利,但诚信经营才是一个企业继续走下去的前提,不是吗?

　　总之,电子商务的发展不可阻挡,淘宝只是作为其中一个代表,电子商务要逐渐完善还有很长的路要走,这不仅需要电商的努力,也需要消费者的支持。

五　生产成本

　　生活中,所有的价值创造都来自于生产部门,生产无处不在,而与生产关系最密切的就是生产成本。所有的企业都得支付租金、打印机、电费、空调、员工工资等各方面的成本。在制订生产计划的时候,所有的企业管理者都清楚,如果多浪费一分钱,企业的利润就会减少一分钱。成本就是企业的生产支出,经济学中,一般把它分为总成本、边际成本、平均成本等。所有企业在进行生产之前都会计算其生产的成本和收益。当企业管理者认为生产成本大于总收益时,就会认为这样的生产是不合算的,就会停止生产;相反,如果企业管理者认为生产收益大于生产成本,那他就会选择生产该产品。

下面我们一起来看一下微观经济学中常涉及的几种成本。

(1) 总成本。不同的企业使用不同的资本、劳动和原料等，为此而支付的货币量就是企业的总成本，销售其产品得到的货币量就是企业的总收益。

(2) 固定成本和可变成本。在短期内，企业的总成本又可分为固定成本和可变成本。企业的固定成本又叫作沉没成本，它包括厂房租金、办公室租金等设备费，也包括债务的利息、重要员工的年薪等。就算企业的生产量为零，这些费用也是必须支付的固定费用，并且固定成本不受任何产出量的影响。企业的可变成本则代表着随产出水平变化而变化的开支，既包括原材料、工资和燃料，也包括不固定的其他所有成本。但如果从长期看的话，所有成本就都是可变成本，固定成本这时就不存在了。

(3) 边际成本。边际成本表示由于多生产 1 单位的产出而增加的成本。例如，如果生产 1000 张纸张的总成本是 100 元，生产 1001 张纸张的总成本是 100.2 元，那就可以说生产第 1001 张纸张的边际成本是 0.2 元。

(4) 平均成本。在企业里，人们经常使用平均成本这个概念，它是用总成本除以产品的总数所得。平均成本又分平均固定成本和平均可变成本。平均固定成本是用不变的总固定成本除以不断增加的产量，因而随着时间的推移，平均固定成本会越来越小，以致无穷小。

六　投入和产量的关系

企业增加的投入和得到的产量并不完全是呈正比的，因为这个过程存在着边际递减规律，也就是说，随着投入的增加，得到的额外产出会逐渐减少。为了考察生产过程与其总成本之间的联系，我们以丽丽的面包店为例来说明一下（见图 2-2）。

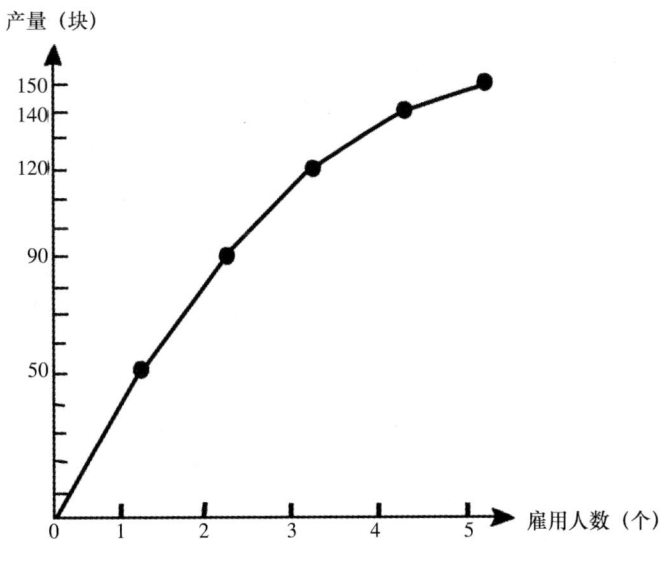

图2-2 生产函数

先假设我们考察的是短期经营行为，也就是说，丽丽的面包店并未取得重大的技术进步，规模是固定的，并且店内生产的面包量是由工人的数量决定的。

当丽丽雇用1个工人时，店内可以生产出50块面包。当有2个工人时，可以生产90块面包，当有3个工人时，可以生产120块面包……

如图2-2所示，它体现了投入量（工人数）和产量（面包量）的关系，被称为生产函数。从图中我们可以看出，随着工人数量的增加，面包的数量也在增加。由此，经济学家提出了边际产量的概念，即，投入增加1单位时所得到的产量的增加量。

值得注意的是，随着工人数量的增加，工人的边际产量是在逐渐降低的，我们从图中很容易可以计算出：第一个工人的边际产量是50块，第二个工人的边际产量是40块，第三个工人的边际产量是30块，到第四个工人的边际产量就只有20块了。可能存在的原因是，由于工人的增多，大家只能共用设备，工作的空间也越来越小，所以就使工人的效率下降了。

边际收益递减规律可以这样表述：在增加一种投入而保持其他条件不变时，所增加投入的边际产量至少自某点开始会逐渐下降。不过，和其他经济学规律一样，边际产量递减规律也有前提条件，那就是，生产技术没有发生重大变化、固定生产要素也不变，这两个前提条件缺一不可。

边际收益递减规律在其他行业也是普遍存在的。例如，在农业生产中，农民对肥料的使用在开始时对增产的贡献最大，随着肥料的增加，增加肥料的贡献会越来越少，最后可能还会呈负值甚至能够烧毁庄稼。

七 企业成本的控制程度

在短期内，一个企业的规模处于什么样的水平才有最好的平均收益呢？要想回答这个问题，我们就需要了解企业的成本曲线，特别值得注意的是边际成本曲线和平均总成本曲线，以及它们之间的关系。

（一）边际成本一路攀升

由于生产中存在边际产量递减规律，所以企业的边际成本随着产量的增加而上升。在前面的面包店的例子中，丽丽在最初生产面包时，她的许多固定成本（如烤箱、温室、烤盘、模具等）还没有得到充分利用，因此有很大的使用潜力，因此增加额外的工人的边际产量很大，而增产面包的边际成本较小。相反，等到了面包店大量生产面包的时候，固定成本已经得到充分利用，工人工作的环境拥挤，设备处于很多人共用的状态，此时增加的工人的边际产量少，而增产的面包的边际成本开始增大。

（二）平均总成本曲线呈 U 形

这是由于平均总成本是由平均固定成本和平均可变成本共同组成。而平均固定总成本被分摊在所有产品中，因而随着产量的增加而下降。平均可变总成本则由于边际产量递减，一般会随产量增加而增加。如图 2-3 中的平均总成本曲线，在最初生产时，平均总成本极高，这是因为固定成本被分摊在少量产品上。随着产量上升，平均总成本呈下降趋势。但是当企业生产超过一定量时，平均总成本又开始攀升了。

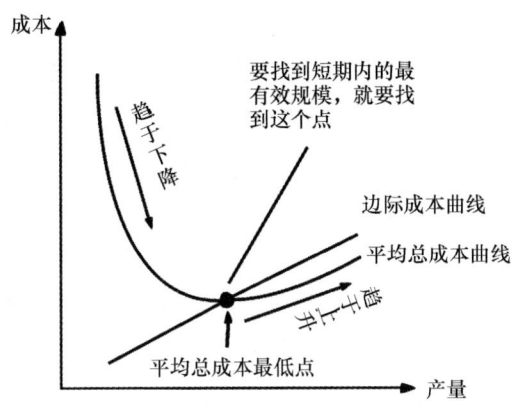

图2-3 平均总成本曲线

也就是说，当企业的平均总成本高于边际成本时，平均总成本是呈下降趋势的；而当平均总成本等于边际成本时，它处于最低点；当平均总成本低于边际成本时，它呈上升趋势。平均总成本的最低点就处于企业的有效规模，企业只有处于这个规模时，其平均收益才最高。

八　规模经济

降低成本，一直是每个企业所追求的主要目标。要谋求成本的有效降低，必须分析影响成本各种因素中最本质的东西，也就是说，我们要做到"单元成本"的分析。

第一种情况是，随着产量的增加，平均成本一直在下降。这种行业的生产技术特点是，在开始时需要大量投资，之后产量增加时，每单位产品增加的成本并不多,最初的投资分摊在越来越多的产品上,从而平均成本越来越低。

第二种情况是,无论产量如何变动,平均成本基本不变。这种行业一般在经济中都是一些无足轻重的行业,它的市场需求量不大,产量也不大,所用的生产要素也并非经济中较为紧缺的要素,不与其他行业争夺生产要素,因此即使产量增加,要素价格也不会上升,成本也不会增加,而且初始的投资也不大。例如钢笔等小物品。

其实,更多的是第三种情况,随着产量的增加,平均成本先下降。当产量增加到一定数量时,平均成本达到最低。之后,如果产量继续增加,平均成本就增加了。也就是说,平均成本先随产量增加而递减,之后又会随产量增加而增加。而达到平均成本最低时的产量就是适度规模的产量。

有很多企业,成本降不下来,效率上不去,一个重要的原因就在于没有实现适度规模。实现适度规模的原则适用于所有行业,只不过各个行业实现的方式不一样。钢铁、家电、汽车这些行业,生产之间的联系强,因此适于集中生产,即工厂的规模要大,而且集中在同一地区,才能发挥规模经济的优势。另外一些行业,如零售商业,采取了集中与分散相结合的方式。集中进货,统一的物流配送,统一的管理制度,保证了成本最低。

总之,只有当企业的运营成本降下来时,消费者才能购买到更便宜的商品。

第三讲　弹性影响生产和生活

现代经济学已经发展到了宏观、中观、微观多个层次，分析方式也已经由最初的定性分析过渡到了定量分析。对于初学经济学的人来说，密密麻麻的数学模型和推导可能会让其望而却步，但其实经济学就来自于我们的生活，经济学的原理就渗透在我们日常生活、生产的每一个角落。人类的每一种生活、生产行为都可以用经济学原理来进行解释，经济学原理也总是会不知不觉地被我们运用在日常生活、生产中。比如，我们生活中的商品的价格，就和商品的需求价格弹性、企业生产成本和盈利等紧密相关。

价格的变动会引起需求量的变动。但是对于不同的商品，其需求量对其价格变动的反应是不同的，有的商品价格变动幅度很大，但需求量变动幅度很小，有的商品价格变动幅度小，而需求量变动幅度却很大，其实，这就是经济学所说的弹性问题。一般来说，只要两个经济变量之间存在着函数关系，我们就可以用弹性来表示因变量对自变量变化的反应敏感程度。具体地说，它是这样一个数字，它告诉我们，当一个经济变量发生百分之一的变动时，由它引起的另一个经济变量变动的百分比。

在经济学中，弹性的一般公式为：

弹性系数＝因变量的变动比例/自变量的变动比例。

用字母表示则为：

$$e = \frac{\frac{\Delta Y}{Y}}{\frac{\Delta X}{X}} = \frac{\Delta Y}{\Delta X} \cdot \frac{X}{Y}$$

此式称为弧弹性公式。其中 e 为弹性系数；ΔX、ΔY 分别为变量 X、Y 的变动量。该式表示：当自变量 X 变化百分之一时，因变量 Y 变化百分之几。

若经济变量的变化量趋于无穷小，即上式中 $\Delta X \to 0$，且 $\Delta Y \to 0$ 时，此时的弹性公式为点弹性公式，即：

$$e = \lim_{\Delta X \to 0} \frac{\Delta Y}{\Delta X} \frac{X}{Y} = \frac{dY}{dX} \cdot \frac{X}{Y}$$

需要说明的是，弹性是两个变量各自变化比例的一个比值，是一个具体的数字，与自变量和因变量的度量单位无关。

弹性理论可以说明价格的变动比率和需求量的变动比率之间的关系。微观经济学中的弹性主要有需求价格弹性、需求交叉价格弹性、需求收入弹性、供给价格弹性等。每种弹性又都包括点弹性和弧弹性，弹性可以通过几何图形得到很好的表达。

一 弹 性

弹性是一个变量对另一个变量敏感性的度量。我们知道，当一种商品的价格发生变化时，这种商品的需求量也会发生变化。除此之外，当消费者的收入水平或者相关商品的价格等其他因素发生变化时，这种商品的需求也会发生变化。那么，当一种商品的价格下降1%时，这种商品的需求量和供给量究竟分别会上升和下降多少呢？同样地，当消费者的收入上升1%时，商品的需求量又增加了多少呢？学完本部分关于弹性的知识，相信你一定能够找到答案。

（一）需求的价格弹性

需求的价格弹性表示在一定时期内一种商品的需求量变动对于该商品的价格变动的反应程度。或者说，表示在一定时期内当一种商品的价格变化百分之一时所引起的该商品的需求量变化的百分比。其公式为：

$$需求的价格弹性系数 = -\frac{需求量变动率}{价格变动率}$$

需求的价格弹性简称为需求弹性。需求弹性可分为弧弹性和点弹性。需求的价格弧弹性表示某商品需求曲线上两点之间的需求量的变动对于价格的变动的反应程度,即表示需求曲线上两点之间的弹性。以 ΔQ 与 ΔP 分别表示需求量的变动量和价格的变动量,以 ed 表示需求的价格弹性系数,则需求的价格弧弹性系数的公式为:

$$e_d = -\frac{\frac{\Delta Q}{Q}}{\frac{\Delta P}{P}} = -\frac{\Delta Q}{\Delta P} \cdot \frac{P}{Q}$$

当需求曲线上两点之间的变化量趋于无穷小时,需求的价格弹性要用点弹性来表示。需求价格点弹性表示需求曲线上某一点上的需求量变动对于价格变动的反应程度。其公式为:

$$e_d = \lim_{\Delta p \to 0} -\frac{\Delta Q}{\Delta P} \cdot \frac{P}{Q} = -\frac{dQ}{dP} \cdot \frac{P}{Q}$$

通常情况下,由于商品的需求量和价格是呈反方向变动的,所以 $\Delta Q/\Delta P$ 为负值。为了便于比较,就在上述三个关于需求的价格弹性的公式中加上负号。所以需求弹性系数均为正值。

此外,需求价格的弧弹性还可以分为五种类型:富有弹性,缺乏弹性,单一弹性,完全弹性和完全无弹性。

当 $|e_d|>1$ 时,需求量的变化率大于价格的变化率,表明需求量对于价格的变化是比较敏感的,故我们称,$|e_d|>1$ 为富有弹性,其需求曲线比较平坦。

当 $|e_d|<1$ 时,需求量的变化率小于价格的变化率,表明需求量对于价格的变化不太敏感,故我们称,$|e_d|<1$ 为缺乏弹性,其需求曲线比较陡峭。

当 $|e_d|=1$ 时,需求量的变化率等于价格的变化率,故我们称,$|e_d|=1$ 为单一弹性或单位弹性。其需求曲线为一条向下倾斜 45° 的斜线。

当 $|e_d| = \infty$ 时,价格的变化率无穷小时,需求量的变化却无穷大,故我们称, $|e_d| = \infty$ 为完全弹性,其需求曲线为一条水平线。

当 $|e_d| = 0$ 时,无论价格如何变化,需求量的变化量总是为零,故我们称, $|e_d| = 0$ 为完全无弹性,其需求曲线为一条垂直线。

在此基础之上,厂商的销售收入和商品的需求价格弹性也有密切的联系。厂商的销售收入等于商品价格乘以商品的销售量,可表示为商品的价格乘以商品的需求量,即,厂商的销售收入 = P·Q。商品的需求价格弹性表示商品需求量的变化率对于商品价格变化的反应程度,这就是说,当一种商品的 P 发生变化时,Q 也发生变化,而 P·Q 更发生变化,并且取决于该商品的需求价格弹性的大小。当某种商品的价格变动时,它的需求弹性的大小与价格变动所引起总收益的变动情况是密切相关的。这是因为总收益等于价格乘以销售量,而价格的变动引起了需求量的变动,从而就引起了销售量的变动。不同商品的需求弹性是不同的,所以价格变动引起的销售量的变动也是不同的,总收益的变动当然也就不同了。

如果某商品的需求是富有弹性的,则当该商品价格下降时,需求量增加的幅度将大于价格下降的幅度,从而总收益会增加;当商品价格上升时,需求量减少的幅度同样也将大于价格上升的幅度,从而总收益会减少。下面我们讲个例题来说明一下。

例:某种商品的价格为每公斤 2 元,销售量为 1000 公斤,该种商品需求弹性系数为 2.5。如果该商品降价至每公斤 1.8 元,请问总收益情况会如何变化?

已知:$P_1 = 2$ $Q_1 = 1000$ $Ed = 2.5$ $P_2 = 1.8$,设需求量变动的百分比为 X。

则由 $Ed = [(Q_2 - Q_1) \div Q_1] \div [(P_2 - P_1) \div P_1]$

$2.5 = X \times 2.0 \div (1.8 - 2.0)$

得 $X = 0.25$

即:价格下降后销售量会增加 25%

所以,$Q_2 = 1000 \times (1 + 0.25) = 1250$ 公斤

总收益情况：$TR_1 = P_1 \times Q_1 = 2 \times 1000 = 2000$ 元

$TR_2 = P_2 \times Q_2 = 1.8 \times 1250 = 2250$ 元

$TR_2 - TR_1 = 250$ 元

所以，降价后商品的总收益增加了 250 元。

其实这也就是富有弹性的商品"薄利多销"的原因所在。

当然，如果某商品的需求是缺乏弹性的，则情况刚好相反。比如，香烟的需求曲线缺乏弹性，因为上了瘾的烟客是不会在乎价格的高低的，所以价格的高低变化对香烟需求量的影响就比较小。

由此可知，当需求是富有弹性的时候，说明收益是价格的单调减函数。这个时候，如果采取降价的措施，则可以使得总收益增加，也就是我们所说的"薄利多销多收益"。当需求是缺乏弹性的时候，说明收益是价格的单调增函数。这个时候，可以适当地提高商品的售价，来增加销售的收入。当需求具有单一弹性的时候，此时的收益已经达到最大值，而且总收益不受价格影响，因此不需要再对商品的价格进行调整。对于这部分内容，我们同样可以用几何图形的形式进行阐述说明。

对于富有弹性的商品，当价格 P 下降时，需求量 Q 的增加率大于 P 的下降率，需求量增加所带来的销售收入增加量比价格下降所带来的销售收入减少量大，所以销售收入总体上是上升的。

我们可以用几何图形来说明一下富有弹性的商品价格变化时对销售收入的影响。如图 3-1 所示，直线 AF 为一条需求曲线。因为厂商的销售收入 $= P \cdot Q$，在几何意义上即为沿需求曲线上的任一点向两坐标轴作的两条垂线与坐标轴围成的矩形的面积。当商品价格由 B 降至 C 时，商品需求量由 E 增加至 G，厂商的销售收入 $P \cdot Q$ 的值由矩形 BDEO 的面积变为矩形 CFGO 的面积，很明显厂商的销售收入增加了。

对于缺乏弹性的商品，当价格 P 下降时，需求量 Q 的增加率小于 P 的下降率，需求量增加所带来的销售收入增加量比价格下降所带来的销售收入减少量小，所以销售收入总体反而下降。

同样，我们也可以用几何图形来说明缺乏弹性的商品价格变化时对销售收入的影响。如图3-2所示,当商品价格由A降至B时,商品需求量由D增加至F,厂商的销售收入 $P \cdot Q$ 的值由矩形ACDO的面积变为矩形BEFO的面积,很明显厂商的销售收入减少了。

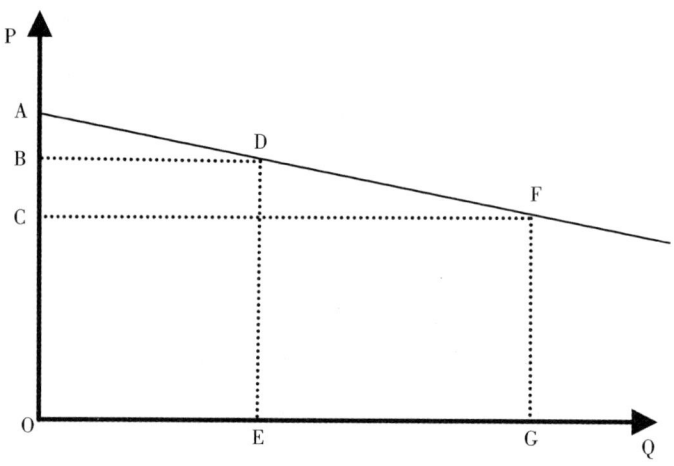

图3-1 富有弹性的商品价格变化对销售收入的影响

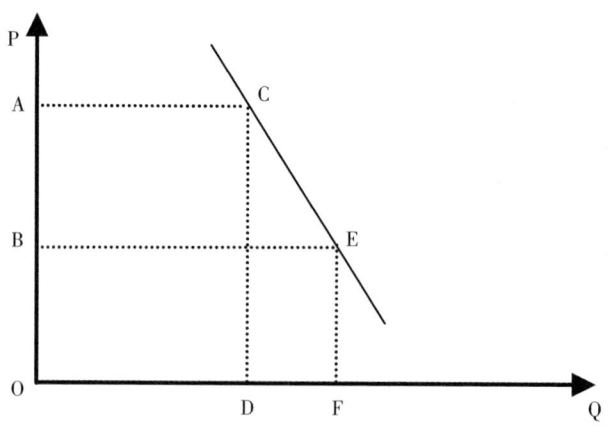

图3-2 缺乏弹性的商品价格变化对销售收入的影响

对于单位弹性的商品,价格的变化对于厂商的销售收入没有影响。当价格 P 变化时,需求量 Q 的变化率等于 P 的变化率,需求量变化所带来的销售收入变化量与价格变化所带来的销售收入变化量相等,所以销售收入总体不变。

从几何意义上讲,如图 3-3 所示,对于单位弹性的商品来说,价格由 A 下降至 B,需求量由 D 增加至 F,厂商的销售收入 $P \cdot Q$ 的值由矩形 ACDO 的面积变为矩形 BEFO 的面积,由于单位弹性的商品的需求曲线与横轴的反方向夹角为 45°,所以矩形 ACDO 的面积与矩形 BEFO 的面积相等,所以厂商销售收入总体不变。

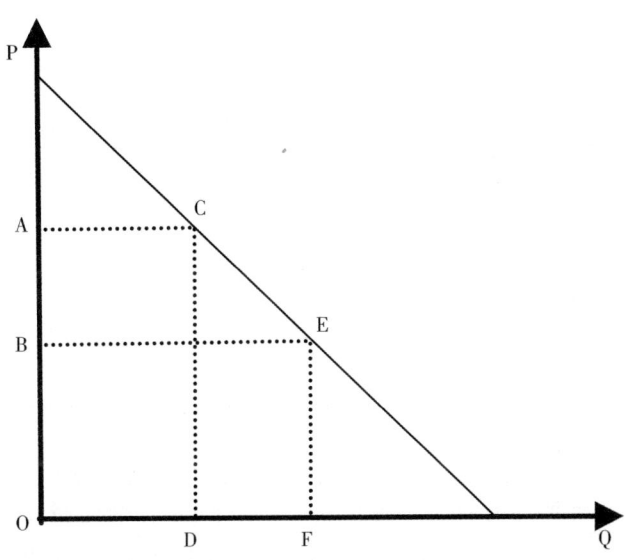

图 3-3 单位弹性的商品价格变化对厂商的收入没有影响

影响需求价格弹性的因素有很多,其中主要有以下几个:

第一个是商品的可替代性。一般说来,一种商品的可替代品越多,相近程度越高,该商品的需求价格弹性就越大;相反,该商品的需求价格弹性就越小。例如,牛肉价格上升后,消费者对牛肉的需求量就会减少,转而购买猪肉羊肉等,所以牛肉的需求价格弹性就较高;而人们对食盐的依赖性导致食盐没有替代品,故食盐价格变化引起的需求量的变化几乎为零,所以食盐的需求价格弹性非常低。

对一种商品所下的定义越明确越狭窄,这种商品的相近的替代品往往越多,需求价格弹性往往越大。例如,人们对奶油馅面包的需求要比一般面包的需求更有弹性,对黑色中性笔的需求要比一般中性笔的需求更有弹性。

第二种是商品用途的广泛性。一般说来,一种商品的用途越广泛,其需求价格弹性就越大;用途越狭窄,其需求价格弹性就越小。因为,如果一种商品具有多种用途,当它的价格较高时,消费者只购买较少数量的用于最重要的用途上。当它的价格逐渐下降后,消费者的购买量就会逐渐增加,将商品越来越多地用于其他各种用途上。

第三种是商品对消费者生活的重要程度。一般说来,生活必需品的需求价格弹性较小,非必需品的需求价格弹性较大。例如,馒头的需求价格弹性较小,而电影票的需求价格弹性就较大。

第四种是商品的消费支出在消费者预算总支出中所占的比重。消费者在某商品上的消费支出在消费者预算总支出中所占的比重越大,该商品的需求价格弹性就越大;反之,该商品的需求价格弹性就越小。例如,盐、肥皂、纸笔等商品的需求价格弹性就较小,因为消费者每月在这些商品上的支出是很小的,消费者往往不太重视这类商品价格的变化。

第五种是所考察的消费者调节需求量的时间。一般说来,所考察的调节时间越长,需求的价格弹性就可能越大。因为,在消费者决定减少或停止对价格上升的某种商品的购买之前,他一般需要花费时间去寻找和了解该商品的替代品。例如,当石油价格上升时,消费者短期之内不会较大幅度地减少需求量。但设想在长期内,消费者若找到石油的替代品,则石油价格上涨后,消费者对石油的需求量就会减少,石油的需求价格弹性就会变高。

(二) 需求的交叉价格弹性

相关商品的价格也是影响商品需求的因素之一。如果我们假定其他因素都不变，仅仅只研究一种商品的价格变化和它的相关商品的需求量变化之间的关系，那就需要引入需求的交叉价格弹性这一概念。需求的交叉价格弹性也简称为需求的交叉弹性。

需求的交叉价格弹性表示的是，在一定时期内一种商品的需求量的变动对于它的相关商品的价格的变动的反应程度。或者说，表示在一定时期内当一种商品的价格变化百分之一时所引起的另一种商品的需求量变化的百分比。

假定商品 X 的需求量 Q_X 是它的相关商品 Y 的价格 P_Y 的函数，则需求的交叉弧弹性公式为：

$$e_{xy} = \frac{\frac{\Delta Q_X}{Q_X}}{\frac{\Delta P_Y}{P_Y}} = \frac{\Delta Q_X}{\Delta P_Y} \cdot \frac{P_Y}{Q_X}$$

其中 ΔQ_x 为商品 X 的需求量的变化量；ΔP_Y 为相关商品 Y 的价格的变化量；e_{xy} 为当 Y 商品的价格发生变化时，X 商品的需求的交叉价格弹性系数。

当商品 X 的需求量的变化量 ΔQ_X 和相关商品价格的变化量 ΔP_Y 均为无穷小时，则商品 X 的需求的交叉价格点弹性公式为：

$$e_{xy} = \lim_{\Delta P_Y \to 0} \frac{\Delta Q_X}{\Delta P_Y} \cdot \frac{P_Y}{Q_X} = \frac{dQ_X}{dP_Y} \cdot \frac{P_Y}{Q_X}$$

若两种商品之间存在着替代关系，则一种商品的价格与它的替代品的需求量之间呈同方向的变动，相应的需求的交叉价格弹性系数为正值。例如，当苹果价格上升时，人们自然会在减少苹果的购买量的同时，增加对苹果的替代品（如梨）的购买量。若两种商品之间存在着互补关系，则一种商品的价格与它的互补品的需求量之间成反方向的变动，相应的需求的交叉价格弹性系数为负值。例如，当录音机价格上升时，人们会减少录音机的购买量,这样,录音机的互补品磁带的购买量也会因此下降。若两种商品之间不存在相关关系,则其中任何一种商品的需求量都不会对另一种商品的价格变动做出反应,相应的需求的交叉价格弹性系数就为零。

(三) 需求的收入弹性

需求的收入弹性表示的是,在一定时期内消费者对某种商品的需求量的变动对于消费者收入量变动的反应程度。或者说,表示在一定时期内当消费者的收入变化百分之一时所引起的商品需求量变化的百分比。

需求的收入弧弹性公式为:

$$e_M = \frac{\frac{\Delta Q}{Q}}{\frac{\Delta M}{M}} = \frac{\Delta Q}{\Delta M} \cdot \frac{M}{Q}$$

需求的收入点弹性公式为:

$$e_M = \lim_{\Delta M \to 0} \frac{\Delta Q}{\Delta M} \cdot \frac{M}{Q} = \frac{dQ}{dM} \cdot \frac{M}{Q}$$

根据收入弹性的大小,可以测定消费者收入变动对需求量变动的影响程度,而且可以将生活中的各种产品进行分类。根据商品的需求收入弹性系数值,可以将商品分为正常品和劣等品。

正常品:一般来说,当消费者收入提高时,会增加各种产品的需求量,当某种产品的需求量随着收入的提高而增加,即 $e_M > 0$ 的商品,表示需求量与收入成同方向变化,此类物品可以称之为正常品。此时,又可以根据收入弹性的数值是否大于 1,将正常品分为两种:第一类是奢侈品,此时,当收入发生相对变动时,其需求量变动幅度更大,我们称这种产品为奢侈品;第二类是必需品,此时,当收入发生相对变动时,其需求量变动幅度较小,我们称这种产品为必需品。

劣等品:产品的需求量随着收入的增加而减少的产品,即 $e_M < 0$ 的商品,表示需求量与收入成反方向变化,我们称之为劣等品。

我们可以发现,运用需求的收入弹性,不仅可以确定商品的性质和类型，还可以解释许多经济现象，分析许多经济问题。

在需求收入弹性的基础上，若具体研究消费者用于购买食物的支出量对于消费者收入量变动的反应程度，就可以得到食物支出的收入弹性。恩格尔定律指出：一个家庭或国家的收入越少，总支出中用来购买食物的支出所占的比例就越大，随着收入的增加，用来购买食物的支出则会下降。用弹性概念来表述恩格尔定律的话，就是：对于一个家庭或国家来说，富裕程度越高，则食物支出的收入弹性就越小；反之，则越大。

（四）供给方面的弹性

关于供给方面的弹性，经济学中主要讨论供给的价格弹性。供给的价格弹性表示在一定时期内一种商品的供给量变动对于该商品的价格变动的反应程度。或者说，表示在一定时期内当一种商品的价格变化百分之一时所引起的该商品的供给量变化的百分比。

供给的价格弧弹性表示某商品供给曲线上两点之间的弹性。以 e_s 表示供给的价格弹性系数，则供给的价格弧弹性的公式为：

$$e_s = -\frac{\frac{\Delta Q}{Q}}{\frac{\Delta P}{P}} = -\frac{\Delta Q}{\Delta P} \cdot \frac{P}{Q}$$

供给的价格点弹性的公式为：

$$e_s = \frac{dQ}{dP} \cdot \frac{P}{Q}$$

在通常情况下，商品的供给量和价格是呈同方向变动的，$\Delta Q/\Delta P$ 为正值，所以需求弹性系数均为正值。

供给的价格弹性也分为五个类型：$e_s>1$，表示富有弹性；$e_s<1$，表示缺乏弹性；$e_s=1$，表示单一弹性；$e_s=\infty$，表示完全弹性；$e_s=0$，则表示完全无弹性。

二 弹性在实际生活中的应用

了解了上文中弹性的知识之后，下面我们来分析几个日常生活中关于弹性的应用案例。

（一）"谷贱伤农"与政府政策

中国有句古语叫"谷贱伤农"，意思是，丰收了，但由于粮价的下跌，农民的收入减少。其实原因就在于粮食是生活必需品，需求价格弹性小。也就是说，人们不会因为粮食便宜而多吃粮食，尽管丰收了造成了粮价下跌，但并不会使需求量同比例地增加，从而总收益减少，最终农民蒙受损失。不仅如此，粮食是生活必需品，需求收入弹性也小，也就是说，就算人们收入提高了，也并不会因此而增加粮食的消费。在资本主义社会，经济危机时期出现把粮食和农产品毁掉的做法，究其原因也是因为粮食这种产品的需求缺乏弹性，降价不会引起需求量的大幅度的增加，最终也只会减少总收益，所以资本家把这些农产品毁掉反而会减少损失。

"谷贱伤农"从弹性理论的角度分析是指：需求缺乏弹性的商品，其价格与总收益成同方向变化。由于农产品的需求缺乏弹性，丰收将使农产品的价格和农民总收入下降。由于农产品供求弹性方面的特点以及农产品在国民经济中的重要地位，各国都先后制定了稳定农产品价格的各种措施，如"支持价格""限制耕种面积、控制供应量""补贴""期货市场"等，以维持社会安定。对于其他一些需求缺乏弹性的生活必需品，同样也都有类似的做法。

（二）"薄利多销"与厂商和政府决策

"薄利多销"用弹性理论分析的话，就是指那些需求富有弹性的商品，价格与总收益成反方向变化。常被引用的典型例子如：1930 年，美国州际商业协会命令东部铁路降低运费，铁路当局认为这将降低总收入，坚持不降低运费，可是协会坚信当时情况下铁路运输是富有弹性的，再次命令降价。后来的事实证明，协会的判断是正确的：价格虽然下降了，但总收入却增加了。同理，需求富有弹性的商品价格上升总收益会减少，告诉我们，如果这种商品调价不当，则会带来损失。例如，1979 年，我国农副产品调价，猪肉价格上调了 20% 左右，在当时，我国人民的生活水平较低，猪肉的需求富有弹性，猪肉涨价后，人们的部分购买力转向了其他替代品，结果猪肉的需求量迅速下降，国家不得不将一些三、四级猪肉降价出售，加上存积压，财政亏损了，再加上农副产品提价后给职工的补贴增加，财政支出也增多。

现在，大家是不是明白了很多呢？根据弹性与收益的关系，我们知道了：适时、准确地了解不同商品的需求弹性、同一商品在不同时空的弹性甚至同一商品不同构成部分的弹性，对经营管理大有裨益。

（三）供求弹性与税赋的归宿和转嫁

如果政府决定对某种产品征税，这项税额究竟是由生产者负担还是由消费者负担呢？如果两者共同负担，那么各负担多少呢？跟上文一样，弹性分析会告诉我们答案。税额在生产者与消费者之间负担的比例，与供求弹性是成反比例的。如果供给曲线一定，产品需求曲线越具有价格弹性，消费者负担的税额比重就越小，反之，消费者负担的税额比重越大。如果需求曲线一定，供给曲线越具有价格弹性，生产者负担的税额比重就越小，反之，生产者负担的税额比重越大。如果需求是完全无弹性的，全部税额则都由消费者负担。如果需求是完全有弹性的或供给完全无弹性的，那么全部税额将都由生产者负担。

（四）需求收入弹性与恩格尔定律

恩格尔定律就是收入弹性理论应用的一个范例。它用来说明消费者收入水平与食物购买量之间的关系。

恩格尔定律可以用恩格尔系数来表示。因为食物的需求缺乏弹性，所以随着人们收入水平的提高，但花费在食物方面的钱却不会大幅增加，所以人们尽管收入提高了，但用于购买食物的支出在总收入中的比重却是逐渐下降的，恩格尔定律不仅仅是指出了这一点，事实上，恩格尔定律还具有多方面的意义。首先，恩格尔系数的大小可以反映一个国家、一个地区或一个家庭的生活水平和富裕程度；其次，恩格尔系数还可以反映一个国家、一个地区或一个家庭的消费结构及变化趋势，可以为政府的产业政策和企业的生产提供参考；再次，恩格尔系数又可以反映价格变动时，价格的同一变动对不同收入水平的家庭、地区和国家的影响是不同的。例如，当食品价格上涨时，对低收入阶层造成的影响就明显地大于对高收入家庭造成的影响，所以会使低收入阶层的处境更为不利，所以，对低收入阶层发放食品补贴、食品券等是必要的。

（五）供求弹性与国际经济

在对外贸易中，也要考虑产品的供求弹性。从封闭经济中得出的需求弹性与收益之间的关系在开放经济中仍不失其价值。比如，如果政府为了促进一种产品的出口而降低价格，或者厂商彼此降价以争取更多的市场销路，但国际市场对这种商品的需求是缺乏弹性的，那这种情况下，降价的结果反而会使总收入减少。因此，扩大出口应以富有需求弹性的商品为宜。当然，为了防止价格暴涨导致需求量大减，也要配合出口一些缺乏弹性的商品，这样才能保持一定的出口水平和外汇收入。

总之，弹性理论的应用很广泛，而且还在不断地扩大，在技术进步与就业、市场结构等方面也有所涉及。它作为一种分析工具，不仅可以用来研究经济中各种变量之间的变化关系，进行定量分析，而且弹性的强弱还被看作是市场发育的一个参照系。因为供求弹性说到底就是一种微观经济机制，因而，根据弹性大小，可以判断一个国家、一个地区或者一个部门的市场类型和市场机制的作用情况，进行定性分析。而对这方面进行研究，也有利于我们开阔视野，在生产、生活中更好地认识和运用市场规律。

第四讲　折扣中的经济学——价格歧视

近些年,每年一到"6·18""双十一""双十二"(见图4-1),"打折"就成了男女老少最关心的事,加上商家的宣传,感觉不买点东西就跟没捡到便宜一样,显然,大家都是被折扣所吸引的,那么,消费者享受了折扣是否就表示福利增加了呢?商家打折后利润是否减少了呢?折扣背后的经济学知识你了解吗?本讲我们就来说说"折扣那些事",一起揭示"折扣"背后的秘密。

图4-1　"6·18""双十一""双十二"

我们得先从一个经济学名词——价格歧视说起。

一 什么是价格歧视

价格歧视，又称价格差别，是指厂商在同一时期对同一产品索取不同价格的行为。价格歧视既可以是对同一个购买者的不同购买数量收取不同价格，也可以是对不同购买者索取不同价格。歧视，我们日常生活中都把它看作是贬义词，但经济学这里的价格歧视，是指价格的区别对待，是中性词。

根据价格差别的程度，价格歧视区分为三个等级：

（一）一级价格歧视

一级价格歧视，又称完全价格歧视，即销售者为每一位顾客及其所购买的每一单位商品制定不同的价格，所确定的价格正好等于消费者对该产品的需求价格（消费者的心理价位）。就相当于，假定销售者知道每一个消费者对任何数量的产品所愿意支付的最大货币量，并以此决定其价格，这样的话，所确定的价格正好等于消费者对产品的需求价格，因而可以获得每个消费者的全部消费剩余。看到这里，你是不是已经意识到了，这是一种极端的情况，现实中很少发生。

确实，因为企业通常不可能知道每一个顾客愿意支付的最高价格，所以，在实践中，不可能实行完全的一级价格歧视。

（二）二级价格歧视

二级价格歧视，是指销售者根据消费者不同的购买量，收取不同价格。也就是说，二级价格歧视就是按销售量定价，购买相同数量产品的每个人都支付相同的价格，买方购买量不同，价格就不同。

比如，电信公司对客户每月上网时间的不同，收取不同的价格，对于使用量小的客户，收取较高的价格；对于使用量大的客户，收取较低的价格。

销售者通过这种方式，可以把买方的一部分消费者剩余据为己有。因此，不是不同的人之间，而是不同的产量之间，存在价格歧视。

(三) 三级价格歧视

三级价格歧视，是指销售者对不同市场上的不同消费者实行不同的价格，即销售者将购买者分组，对每一组制定不同的价格，这种行为也就是我们通常所说的市场分割，企业将其顾客划分为两种或两种以上的类别，对每类顾客索取不同的价格。即对于同一商品，完全垄断厂商根据不同市场上的需求价格弹性不同，实施不同的价格。

比如，电厂对工业用电实行低价格，而对家庭用电采用高价格。

三级价格歧视中，制造商对每个群体内部不同的消费者收取相同的价格，但不同群体的价格不同。在现实中，三级价格歧视是最普遍的价格歧视形式。

当然，也并不是所有的情况下企业都可以实行价格歧视策略。比如，在完全竞争市场上，每个企业都是价格的接受者，价格歧视现象就不可能产生。关于完全竞争市场的具体内容，我们将在下一讲内容中进行介绍。

二 折扣的本质是价格歧视

现实生活中，我们在衣、食、住、行的各个方面，几乎每天都会遇到打折的情况，铺天盖地的折扣五花八门，比如：我们去餐馆吃饭，商家会送优惠券；麦当劳的冰激凌，总是第二件半价；必胜客的下午茶，一直是免费续杯；商店的 VIP 会员，可以享受专门的会员折扣价；公交车的学生卡和老年卡，总是享受特殊票价；等等，不胜枚举。

尽管折扣的形式五花八门，但本质上，都是对同样的商品收取不同的价格。有的是对同一个购买者的不同购买数量收取不同价格，有的是对不同的购买者收取不同价格。换句话说，折扣的本质就是经济学常说的价格歧视。

为了揭开"折扣"神秘的外衣，下面我们将生活中常见的折扣形式进行一个简单的分类（见表4-1）：

表4-1　　　　　　　　　折扣形式分类

价格歧视的类别	折扣的形式
一级价格歧视	在现实中，完全一级价格歧视几乎是不存在的
二级价格歧视	麦当劳冰激凌第二件半价 商场衣服一件8折，两件7折，三件6折 必胜客下午茶免费续杯 家庭装（量大优惠，几连包） 电费、水费"分级"收费
三级价格歧视	VIP会员 优惠券 学生卡、老年卡 团体票 大数据"杀熟"（携程"杀熟"，酒店"杀熟"） 电影票白天和晚上价格不同

三　厂商实行价格歧视的原因

就像本讲一开始我们所质疑的，商家打折是真的让利吗？打折后商家的利润真的减少了吗？商家实施价格歧视的经济学原理到底又是什么呢？下面我们就通过几个例子来为大家揭晓答案。

（一）一级价格歧视为什么很难实现

假如，你住在一个与世隔绝的海岛上，并且是这个海岛上唯一一个生产某种面包的厂商，意思也就是说，消费者只能在你这里买到这种特定的面包。

假定你生产一个面包的成本（cost）是固定的，就是 5 元。现在有 6 个人愿意买这种面包，但是他们愿意出的最高价格是不一样的，分别是 1 元、5 元、8 元、6 元、10 元、9 元，如图 4-2 所示。我们给每个消费者愿意出的最高价格（心理价位）换个说法，叫保留价格。显然，如果卖价超过了消费者的保留价格，他就不会买，如果低于保留价格，消费者就会买。

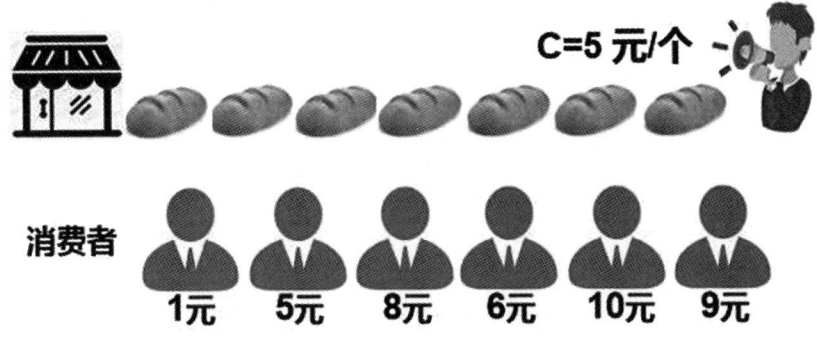

图 4-2　面包成本与消费者心理价位

现在思考一下，你的面包你应该卖多少钱一个呢？

首先能确定的是，那个只愿意出 1 块钱的人肯定是出来逗你玩的，直接不用考虑了。既然你的成本是 5 元，那么你最低也要卖 5 元，对吧？

当你卖 5 元时，保留价格为 5 元、6 元、8 元、9 元、10 元的消费者会买，结果就是，你能卖出 5 件，但是因为此时你的售价等于成本，所以你的利润为 0。

如果你把价格提高到 6 元，那么保留价格为 6 元、8 元、9 元、10 元的消费者会买，结果就是，你能卖出 4 件，每件利润为 1 元，总利润为 4 元。

当售价为 7 元时，你可以售出 3 件，利润为 6 元。

当售价为 8 元时，你可以售出 3 件，利润为 9 元。

当售价为 9 元时,你可以售出 2 件,利润为 8 元。

当售价为 10 元时,你仅能售出 1 件,利润为 5 元。

当你把售价提高到大于 10 元时,你 1 件都卖不出去了,利润为 0 元。

为了更加清楚地做一个比较,我们看表 4-2 所示:

表 4-2   面包售价与利润的关系

单个面包售价 P(元)	厂商总利润 W(元)
5	0
6	4
7	6
8	9
9	8
10	5

我们注意到,虽然随着卖价的提升,每个面包的利润在上升,但是能够卖出的数量却在下降,所以,一厢情愿的涨价只会使得顾客流失,利润下降。可以看到,随着价格的上升,利润呈现先增加后减少的趋势,当售价为 8 元时,利润最大,为 9 元。

虽然我们找到了最优的价格为 8 元,但是你注意到了吗?明明有两个人愿意出 9 元和 10 元的。而且,因为成本是 5 元,那么愿意出 6 元的人你也愿意 6 元卖给他,毕竟能多挣一块是一块。

所以,对你来说,最完美的情况就是,对愿意出 6 元的人 6 元卖给他,对愿意出 10 元的人可以卖他 10 元,榨干他们的每一分保留价格。这种定价方式我们就称之为一级价格歧视。

但是,这个假想的好事在现实中是没法实行的,因为你 6 块卖给一个人,10 块卖给另一个人,10 块那个人肯定是不乐意的,闹不好得把你店铺砸了。

当然,砸店的前提是,他知道另一个人花了 6 元,那么,我们就需要想一个办法,如果他们之间相互不知道其他人花了多少钱,就不会闹事了不是吗?

所以你明白了吧,要想对每一个消费者都收取他们的保留价格,最主要的一点是,必须有效地隔绝开这些消费者,以防止他们知道自己多花钱之后把你店铺砸了。

如果我们能够有效地隔绝开每位消费者,并且知道每个消费者的保留价格,那我们就能榨干他们的每一分钱。如图4-3所示(C代表成本,W代表利润,P代表价格),卖给每个消费者的价格都等于消费者的保留价格(当然前提是售价不能小于成本5元,否则就亏损了),就得到了空前绝后的高利润13元,比上文所说的售价统一为8元时的总利润(9元)大很多。

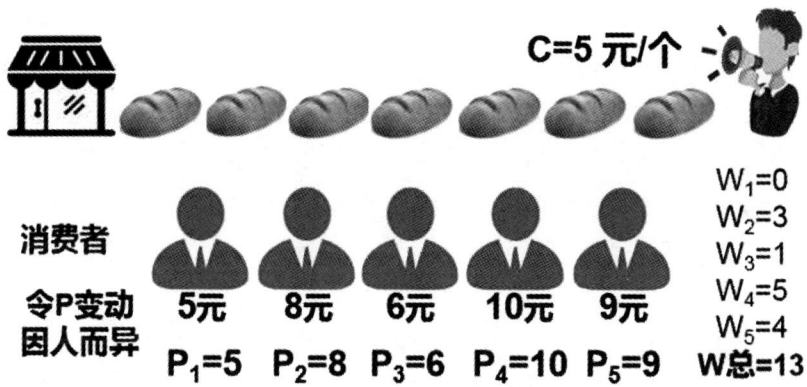

图4-3 一级价格歧视

至此,一级价格歧视,我们就说明白了。

当然,你也注意到了,我们把这一切都假设到了一个海岛上,而且假设你是唯一卖这种特定面包的人,这就表明了,你在这片特定的市场上,是有市场势力的。关于这一点也很好理解,比如,假设你隔壁就有一家和你卖一模一样面包的人,那么那个你想要卖人家10元的顾客,必然能在隔壁店以更低的价格买到,那人家肯定就不会来找你买了。

虽然我们这个例子是在一个海岛上，但在现实中，只要有一定的市场势力，也是可以实现一定程度的一级价格歧视的，比如你去某些商店买衣服，他不会明码标价，而是不断地和你讨价还价，试探你的保留价格，试图以你的保留价格成交。

当然了，完全的一级价格歧视几乎是不可能的。因为：第一，向每位顾客都索取不同的价格通常是不现实的（除非只有很少的几个顾客）。第二，厂商通常不知道每个顾客的保留价格（心理价位），即使厂商能够询问顾客他们愿意支付多少，他大概也不会得到诚实的回答，毕竟，声称只愿支付很低的价格是符合消费者的利益的。

现在我们来思考一下，既然一级价格歧视能得到这么多的利润，为什么不是所有的商家都进行价格歧视，榨干每一分保留价格呢？很多商家，尤其是大型连锁品牌，却总是统一定价呢？

这是因为，大多数时候，实行一级价格歧视是很难的。第一，获取每个人的保留价格是有成本的，而且需要一定的技巧，判定一个买者的保留价格，要不断地讨价还价，这是需要人力成本的，起码每个顾客得配备一个销售人员吧？而品牌产品一般都人流量较大，配备人员需要很高的人力成本。第二，品牌商店大多数是老板不坐店的，一般都是招聘的营业员来卖产品，有着类似经营权和所有权分离的感觉，如果任由营业员谈价钱，回扣且不多说，同一件产品，这家便宜那家贵，对品牌声誉也有影响，并且，因为同一品牌产品质量没有任何差别，买家势必会每家都去砍价进行比价，这样价格竞争的后果必然是谁也卖不上去价格，所以，统一定价或许是最合适的做法。第三，买家也会进行隐藏，比如，尽管你非常喜欢某件衣服，但在讨价还价的过程中你可能还是会假装不是很喜欢，以试图支付更低的价格。

所以，一般在现实生活中，更可能的是不完全价格歧视。

（二）厂家为什么实行二级价格歧视

1. 麦当劳冰激凌第二份半价

"第二份半价"这是麦当劳最常使用的促销招数之一，虽然这么多年过去了，但在国内仍然屡试不爽，明知是商家促销手段，消费者仍然喜欢。本来销量平平的一样商品，一旦有了"第二份半价"这个噱头，销量立马就上来了。我们最为熟知的就是麦当劳的冰激凌产品，一直打着"第二份半价"的广告。（见图 4-4）

图 4-4 "第二份半价"的促销策略

当然，麦当劳冰激凌半价属于一个典型的二级价格歧视的例子，显然，第一份全价，第二份半价，这是商家对同样的产品针对不同的数量收取不同的价格。

我们来思考一下，商家采取这种做法的原因有哪些呢？

第一，制造优惠噱头，这是推动潜在客户消费的最后一根稻草。

举个例子，你和朋友两人逛街，正犹豫徘徊吃什么时，"第二份半价"瞬间就能击中你的心，治好了你的选择困难症：得，就这家了，划算！

第二，拉动额外销售，刺激人际传播，使更多客户加入消费行列。

再举个例子，你听说麦当劳有第二份半价的冰激凌，一个不够，可一个人吃两个又会有点难受，不买呢又觉得亏得慌，强迫症，怎么办呢？结果就是，呼朋唤友一起吃！得了美味还赚了实惠，重要的是都很开心。

我们继续来思考，第二杯半价了，那商家还怎么赚钱？

当然，只要计算好利润，商家还是有利可图的，而且不断刺激消费者付出剩余价值。这就是经济学中讲的"价格歧视"原理。通俗地讲，就是消费者只要买一杯就可以了，不大愿意以原价再买一杯，要让他买，就要激发他的兴趣，让他觉得划算。为什么呢？假设我们是消费者，我们想付出的价格（心理价格/需求价格）和商品的效用是直接相关的，商品给我们的满足感（效用）越大，我们愿意付出的价格就高，第一杯冰激凌我们愿意原价购买，心理和生理上都有了一定满足，第二杯是一个重复刺激，给我们的满足感是不如第一杯的，这也符合我们在第二讲中讲过的边际效用递减规律，所以我们只会希望以低于原价的价格购买。

麦当劳已经从第一杯中赚到了钱，第二杯虽然半价，但还是能够赚到钱，只是赚的少罢了。之所以卖半价，是想能多赚一点就多赚一点。如果反过来，只卖高价或只卖低价，都会失去一部分消费者，所以，为了使利润最大化，就要制定不同定价。

第二杯半价，既让对价格敏感者觉察到实惠而迅速下手，也让价格不敏感者有种捡了便宜的感觉。而且，一般第二份半价的都是店内的一两样单品，这样做既可以快速去库存，在付出较少顺带人工、店铺固定成本的同时，实现利润最大化；还可以带动店内其他产品的销售。比如你看，在麦当劳，大部分人点完半价饮料后，或多或少地会再要点薯条、鸡肉什么的，而这些额外消费带来的利润，不仅提高了营业额，还可以抵消第二杯半价的成本。

就目前来说,第二份半价这一促销策略还是深受消费者喜爱的。占便宜,是亘古不变的消费心理。但其实,从消费者下单那一刻起,商家就赢了。

2. 量大优惠,家庭装好

如果你经常逛超市,不知道你是否留意过这种现象:同一种面包,300 克的面包每克的平均价格会低于 100 克面包每克的平均价格;家庭装的洗衣液平均而言也会比小瓶装的划算;3 连包的商品会比单独买 3 个更便宜(见图 4 – 5)。

图 4 – 5 规格自选的商品

其实，以上现象就是经济学中所说的二级价格歧视，即对不同的购买数量收取不同的价格。那这样定价的原理又是什么呢？换句话说，实行此种价格歧视的原因是什么？厂家有利可图吗？

上文我们说到过，对于同样的商品，每个消费者的保留价格是不一样的，在可以知道其保留价格并且能够有效隔绝消费者的情况下，生产者可以向每个消费者都收取其保留价格，以榨干消费者剩余，扩大自己的利润，即"一级价格歧视"。

那现在我们继续思考，假设同一个消费者，买同一种商品，那他对于每单位商品愿意支付的价格一样吗？

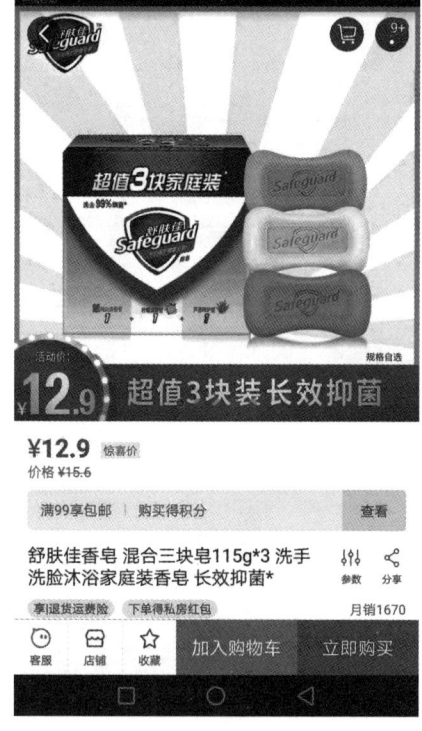

图 4-6　超值的商品

一般肯定是不一样的,比如一件你很喜欢的衣服,第一件你可能愿意咬咬牙支付很高的价格,而在已经拥有一件的情况下你再买一件一模一样的,你可能就不愿意再那么"咬咬牙"了,而需要打折你可能才会买,再继续,在你拥有两件的情况下,那可能就需要足够便宜才会买。

究其原因,是因为第一件带来的满足程度,即效用是大于第二件的,而第二件的效用也大于第三件。这个情况存在于大部分商品中,经济学中将其称之为"边际效用递减规律",我们在本书第二讲的内容里已经讲过,在此不再赘述。

我们再来继续上次那个例子,你还是那个孤岛上的唯一生产某种面包的厂商,还假定你的成本是固定的,假定依然为 5 元,现在有 2 个人,他们都愿意买 3 个,甲第一个、第二个、第三个愿意支付的价格分别为 10 元、7 元、6 元,乙为 9 元、6 元、1 元。如图 4-7 所示:

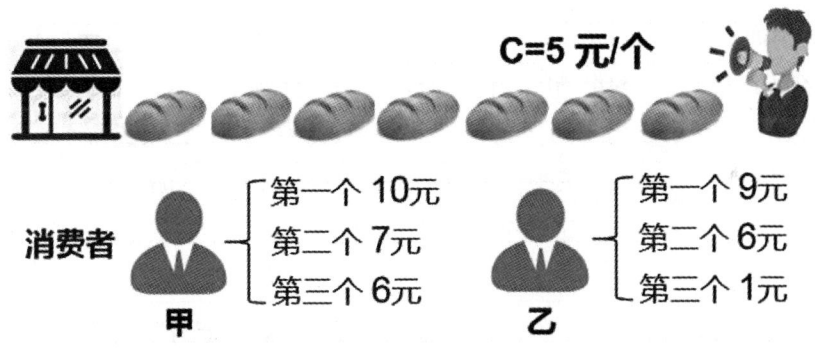

图 4-7 不同价格面包的利润

和上次一样,我们先来看一下不同价格下的利润,比如,售价为 7 元时,甲愿意买 2 个,乙愿意买 1 个,每个利润 2 元,总利润为 3×2=6 元;同样地,可以得出,售价为 5 元时总利润为 0 元;售价为 6 元时的总利润为 5 元;售价为 7 元时的总利润为 6 元;售价为 8 元时的总利润为 6 元;售价为 9 元时的总利润为 8 元;售价为 10 元时的总利润为 5 元。为了便于比较分析,我们看表 4-3:

表 4 – 3 不同价格面包的利润

单个面包售价 P（元）	厂商总利润 W（元）
P = 5	0
P = 6	5
P = 7	6
P = 8	6
P = 9	8
P = 10	5

从上表中，我们很容易就能找到最大利润时的价格（9 元），当售价为 9 元时，甲愿意买 1 件，乙也愿意买 1 件。

我们注意到，甲为第二个面包愿意出 7 元，第三个愿意出 6 元，乙为第二个面包愿意出 6 元，都是高于成本 5 元的，如果厂商能以高于 5 元的价格卖出去，是有利可图的。但是如果采用一价定律（每一个面包定价相同）将面包单价定为 6 元（高于成本），甲会买 3 个，乙会买 2 个，利润却只有 5 元，显然，是低于售价为 9 元时的利润（8 元）的。

现在来思考一下，如果你想榨干他们的每一分，该怎么办？

显然，一价定律就行不通了。

上文中我们在讲一级价格歧视的时候说过，如果能有效地把这些消费者隔绝开，对每个人都收取保留价格，这样就能榨干每个消费者剩余。但是这个做法在此时明显是不可行的，因为，我们也许可以把几个消费者隔开，让他们彼此不知道对方的价格，但是我们无法隔绝开同一个消费者买多个面包的这种情况。

例子中，甲对第一个、第二个、第三个面包的保留价格分别是 10 元、7 元、6 元，我们不想直接 6 元卖他三个，但是又想 6 元卖给他第三个，那我们是不是可以这样操作：我们一个面包卖 10 元，两个装的面包卖 17 元，三个装的卖 23 元，那么因为 23 = 10 + 7 + 6，所以，甲就会买 3 个装的，这样的话,从甲身上得到的利润就为(10-5)+(7-5)+(6-5)=5+2+1=8元。比单独10元卖他1个的利润5元、售价7元卖他2件的利润4元、售价6元卖他3件的利润3元,都大了很多。

当然,市场中肯定不止一个消费者,每个人对每一单位的保留价格也不同,比如乙对于第一个、第二个、第三个面包的保留价格分别为9元、6元、1元。

我们来看看甲和乙一起的情况,甲买一个的保留价格为10元,买两个为10+7=17元,买三个为10+7+6=23元;乙买一个为9元,买两个为9+6=15元,买三个为9+6+1=16元。假设我们将一个面包的价格设置为9元,两个装的价格为15元,三个装的为21元,那么甲会买3个装的,厂家利润为21-15=6元;乙会买2个装的,利润为15-10=5元,总利润就是6+5=11元,还是比原来的统一价格9元下的利润8元大了不少,显然,这样定价对厂商是有利的。如图4-8所示:

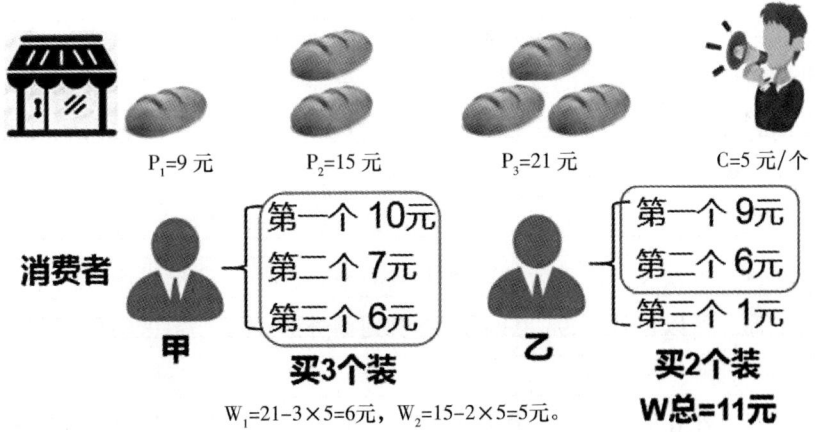

图4-8 商家的定价方法

其实这种定价方法,就是经济学中的"二级价格歧视",即对同一商品或服务的不同购买量索取不同的价格。在现实中,例如香皂、牙刷、牙膏、洗衣液等众多商品，都采用此种定价方法。

3. 为什么很多餐厅都为饮料提供免费续杯？

有的商家总是号称他每卖一样东西都亏不少钱，我们也经常能在路边看到写着"亏本甩卖""跳楼价"卖瓷器和皮具的，实际上真要是如此，那什么企业都维持不长久。所以，饮料免费续杯的常见做法就成了一个谜，餐馆怎么可能提供这种服务又不亏本呢？

我们知道，必胜客的下午茶可以免费续杯，其实有很多餐饮商家的饮品也都是免费续杯的，例如，萨莉亚的饮品，8元钱畅饮。乍一看，感觉商家要亏得血本无归了对吧，那事实上果真如此吗？

我们先简单来看一下必胜客的下午茶套餐，以红茶为例，一块蛋糕加一杯柠檬红茶的套餐能卖到30元钱，制作成本呢？一片柠檬加一包立顿红茶的成本大约2元钱，而续杯是加热水加糖，一般，一个人喝到第三杯已经是极限了，相信大家深有体会，所以你是喝不回老本的，企业并不会亏损。

大多数商家都要卖很多种商品，要想维持经营，商家用不着对每一件货品都索取高于其成本的费用。相反，它只需要使总收入等于或超过所卖货品的总成本即可。所以，要是主菜、甜点和其他物品已经包含了足够的利润率，餐馆当然可以提供免费续杯服务，同时又不亏本。

但为什么餐馆会想要提供免费续杯服务呢？这是因为，和很多其他行业一样，在餐饮业，随着就餐顾客人数的增长，为顾客提供服务的平均成本会下降。所以也就是说，只要能吸引到额外的主顾，餐馆的利润就可以增加。

现在，让我们想象一下最初的情况：所有的餐馆都不提供免费续杯服务。假设此时有一家餐馆开始这么做，情况会怎么样呢？在该餐馆享受到了免费续杯服务的就餐者就会觉得这家店特别实惠，随着口碑的流传开来，该餐馆很快会发现，自己的顾客比从前多了很多。虽然免费续杯服务会增加一定成本，但这部分成本相当低。

看到该餐馆在免费续杯服务上获得成功，竞争餐馆肯定会争相效仿。

所以我们看到，提供免费续杯服务的商家在逐渐增多。

另一个需要考虑的因素是，免费续杯提供的通常都是散装的软性饮料，如红茶、可乐、雪碧一类，一杯的成本不过几毛钱，而餐馆提供续杯服务一般要收 10 元左右。要想喝够本，一个人得添上数十杯才行，而事实上，我们喝 3 杯几乎就饱了。要是有 10% 的客人因为免费续杯的缘故点了饮料，几乎可以肯定，餐馆是稳赚的。这一推理也暗示，那些提供罐装软性饮料的餐馆，提供免费续杯的可能性很低，事实上也正是如此。

（三）厂家为什么实行三级价格歧视

上文说过，完美地进行一级价格歧视是很难的，因为知道每个人的保留价格很难，但是，虽然我们要想准确地知道每个人的保留价格很难，但是有些事情我们却是知道的。比如，坐商务舱的出差人员因为公司报销，他不在乎机票是否打折；学生因为没有独立经济来源，普遍经济并不宽裕；老年人时间充足更有时间寻找更便宜的购买地点；富人需要名牌服装来彰显身份，大多数普通人则更在乎衣服的舒服度与性价比。

所以，虽然我们不知道每个人的保留价格，但是我们却知道一个群体大概是什么样子的，于是，可以对购买意愿低的群体收取低的价格，对购买意愿高的群体收取高的价格。这也就是经济学中的"三级价格歧视"。

三级价格歧视将消费者分为两个或更多的群体，因为每个群体的需求曲线不一样，所以可以对不同群体收取不同的价格，以增加自己的利润。

这是最盛行的价格歧视形式，在现实生活中非常普遍，比如，常规机票和特价机票，名牌烟酒和非名牌烟酒，对学生和老年人的折扣，等等。下面我们就以几个常见的情况为例分析一下。

1. 为什么学生票价低

我们都知道，在日常生活中，学生持学生卡坐公交可以享受学生票价，持学生证能享受景区门票半价优惠，甚至在有的餐馆（例如必胜客）就餐可以享受八折优惠。学生票的价格比成人票要便宜很多，这是一个典型的三级价格歧视的例子。

那我们思考一下，商家给学生低价格，能获利吗？

答案是肯定的，而且，商家能通过对不同群体分别要价，可以获得更多的利润。我们还以之前那个卖面包的例子进行说明，以数据的形式来看一下（见图4-9）。

依然假设成本是5元，我们依然假设有6个人，每个人有各自的保留价格，他们愿意出的最高价格是不一样的，分别是1元、5元、8元、6元、10元、9元，如前文中所说，按照一价定律（统一要价），我们得出，最优的要价是8元，利润是9元。

但是，我们注意到，如果将这六个人区分为两类，三个人是学生，保留价格为1元、5元、6元，三个人是成人，保留价格为8元、9元、10元。

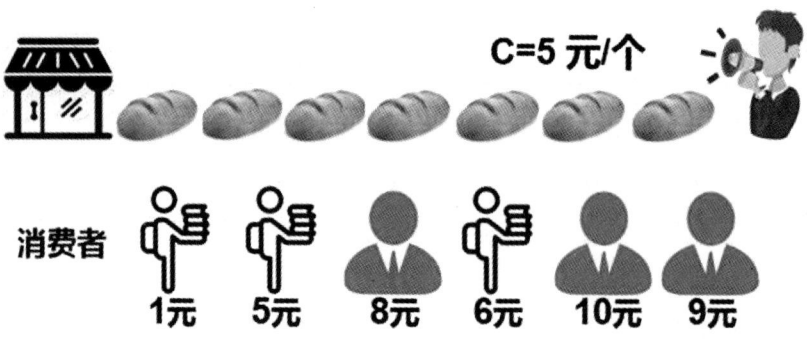

图4-9　消费者的保留价

我们假设可以通过学生证和身份证有效地区分开这两个群体，那么我们来看，对两个群体分别的要价情况下，不同价格对应的利润是多少（见表4-4）。

我们可以看到，当实行三级价格歧视时，即同样的面包，卖给学生单价6元，卖给成人单价8元时，利润最高，为1+9=10元。比不进行三级价格歧视时的最高利润9元多了1元。所以，三级价格歧视增加了商家利润。

表 4-4　　　　　　　　　　不同价格对应的利润

消费群		学生			成人		
		购买人数	单件利润	总利润	购买人数	单件利润	总利润
价格	5	2	0	0	3	0	0
	6	1	1	1	3	1	3
	7	0	2	0	3	2	6
	8	0	3	0	3	3	9
	9	0	4	0	2	4	8
	10	0	5	0	1	5	5

老年票价格低也是同样的道理。

2. 如何利用优惠券实施三级价格歧视

优惠券作为一种重要的促销手段，从 19 世纪 20 年代出现，历经纸质券到电子券的不断演化，到现在几乎每个互联网交易平台都有优惠券。看似小小的优惠券，实际上并不简单，它是个经济学问题，也是个消费心理学问题，对于运营商来说，更是一门很大的营销学问。

优惠券发展到今天，形式五花八门，有满减券、满赠券、折扣券、代金券、现金红包、订金抵现金等，并且按照可使用范围，还分商家优惠券、品类优惠券、跨店购物津贴等。除了形式多样，如今各个互联网交易平台优惠券的使用规则更是让人眼花缭乱、摸不着头脑。就以 2019 年的"双十一"为例，除了传统的跨店满减外，又新增了合伙人盖楼、签到红包、心愿单、宝箱红包、预订等活动，于是有网友说，如今的双十一购物堪比做"奥数"题，也有网友吐槽说，2019 年的"双十一"活动，就像拿着地图翻过了阿尔卑斯山，跨过了珊瑚海，最后在遥远的小山庄的某户人家墙角下，挖出了五元优惠券。

如今的"6·18"和"双十一"大促，可以说就是电商之间的优惠券大战。为什么厂商如此青睐优惠券策略呢？

从消费者的角度来说，优惠券是个心理学问题。用户需要的不一定是真正占到便宜，而是占便宜的感觉。如果厂商直接降价，短时间内确实会提升销售量，但是时间一长，在消费者熟悉了这个价格之后，这种刺激作用就没有了。而且，一旦厂商将价格提升回原来的水平，反而会使销售量下降。如果使用优惠券策略，利用一种对比效应，就会使消费者产生一种占便宜的感觉，而且会有一种有便宜不占就是吃亏的想法，因而增加购买欲望。

从厂商的角度来说，利用优惠券实施三级价格歧视会增加利润。举例来说：假设一件衣服成本为100元，当定价370元时，有9人会接受此价格，此时利润为（370-100）×9=2430元；当定价400元时，有5人会接受此价格，此时利润为（400-100）×5=1500元；如果商家不想放弃另外4个支付意愿较低的消费者，决定用30元优惠券来吸引他们，同时对原来那5个消费者依然维持400元的原价销售，此时商家利润为：（400-100）×5+（400-30-100）×4=2580元，显然，与前两种情形相比，此时利润最大。

不过现在产生了一个疑问：如何维持那5个消费者按400元的原价购买呢？同一件衣服卖不同的价格，谁会买贵的呢？如果消费者都领优惠券购买，厂家的利润不就无法增加了吗？

事实上，我们不必为此担心。对于不同的消费者，大致可以分为两大类，就是有时间的人和有钱的人，即"有闲人"和"有钱人"。"有闲人"对价格变化比较敏感（需求弹性大），这类人会愿意花很多的时间和精力去获取优惠券，而"有钱人"对价格变化不敏感（需求弹性小），这样力度的优惠他们根本看不上，所以他们不会等到所谓的购物节领到优惠券再下单，或者他们不会花时间和精力去仔细看店铺界面是否有优惠券可领。也就是说，优惠券恰好是隔离了不同消费者。消费者自以为在薅羊毛，没想到却反过来被厂商"价格歧视"了。

3. 为什么机票现买价更高，而剧院演出的门票现买价却更低？

戏剧迷下午到纽约时代广场的售票窗口，能以半价买到当天晚上不少百老汇演出的票。但要是有人预订当天的飞机票，就只能出高价，售价比平时高一倍都有可能。我们又该如何解释这样的差异呢？

航空公司和剧院都有着尽量填满空位的强烈动机。与此同时，如果以折扣价填满一个座位，往往则又意味着失去其他人出全价购买同一个座位的机会成本。所以，航空公司和剧院要克服的营销难题就是，尽量续满座位，又不至于在每个座位的平均收入上做太大牺牲。

在航空业，营销主管早就发现，较之于度假游客，商务人士在临行前一刻变更出行安排的可能性更大，而且对票价较不敏感。故此，航空公司的策略是，对最后一刻才买票的乘客（大部分都是出公差的）收全价，而对提前订票的乘客（主要是度假游客）打折。

而剧院业要面对的情况则略有不同。和航空业一样，高收入者比低收入者对票价要麻木得多，但看戏剧的高收入者一般都不愿意在最后一刻才买票。最后一刻才在售票口买半价票的观众要面对两道门槛：一是需要一两个小时的排队。高收入者大多不愿意只为了省几个钱而这么做。二是通常只有少数剧目（一般都不是特别受欢迎的剧目）会有折扣票卖。高收入者通常时间的机会成本高，他们好不容易腾出一个晚上的宝贵时间看剧，当然只想看自己最想看的剧目。而对价格更敏感的低收入观众来说，这两道门槛都比较容易迈过。而且，要是不能在售票窗口排队买半价票，他们说不定根本不会去看剧院表演了。

4. 大数据"杀熟"背后是三级价格歧视

我们先来回顾一下 2019 年初闹得沸沸扬扬的携程"杀熟"事件。

2019 年 3 月，有位网友通过携程 App 购买了一张价格为 17000 元的机票，发现无法选择报销凭证而退回，但当他二次选票时，系统已提示无票，又重新搜索后，价格却变成了 18987 元，此时比海航王的售票价格高出 2000 多元，于是网友怀疑是携程 App 通过大数据对老用户售卖高价机票。"取消订单二次搜索显示无票、官方 App 比携程价格便宜！"随着用户陈先生的微博爆料，众多网友纷纷表示自己也遇到过此类情况，携程又一次被推上了"大数据杀熟"的风口浪尖。以上便是 2019 年初闹得沸沸扬扬的携程"杀熟"事件，事实上，携程并不是第一次被用户怀疑，2018 年

5月份，就有网友称，在携程上订酒店也遇到了类似情况，当时也掀起了一阵不小的风波。

大数据杀熟，是商业公司对消费者差异定价的一种行径。因为"熟"客的消费频次、浏览时长等各项数据都比"生客"多，所以平台可以利用沉淀的更多数据信息去分析判断用户的购买力，从而给出不同的定价。大数据杀熟，其实是现代社会环境下第一类价格歧视的一种体现。同类型的还有大家熟悉的个性化推荐、个性化出价等，也都是第一类价格歧视。

十多年前，在互联网经济兴起的最初时期就出现了某些客户利用大数据"杀熟"的情况。那时受到很大关注的一个事件莫过于"亚马逊杀熟"事件。有一位用户曾曝光，在他删除了浏览器 cookies 后，之前浏览过的 DVD 商品售价从 26.24 美元降到了 22.74 美元。

大数据杀熟为什么让我们那么反感和讨厌呢？究其原因，主要还是因为大伙感到自己"被欺骗了"。试想，我们对某品牌或产品"忠心耿耿"，每次都选择该品牌，到后来竟然发现自己受到的价格待遇还不如一个新用户！老用户被宰割了一刀，自然会感到愤怒。

三级价格歧视可以说是与我们的生活最相关的，它是对于同一种产品在不同的市场、不同的消费群，收取不同的价格，而在同一群体内收取同样的价格，使得针对不同的人，价格不一样。对价格不敏感的人，价格就高，所以你定的酒店价格就高；对价格敏感的人，价格就便宜，呈现给你的酒店价格就低。

5. 为什么黑色的苹果笔记本电脑比同样规格的白色的要贵？

2006 年 7 月 1 日，苹果公司的网站上公布了该公司 13 寸苹果笔记本电脑的价格。传统的白色机型卖 1299 美元。但同一型号的黑色机型则卖 1499 美元。仔细一看，用户发现，黑色机型配备的是 80G 硬盘，比白色机型的标配硬盘大 20G。情况似乎并无神秘之处：配置较好的机器价格自然更高。但再仔细看看，白色机型也可以选配 80G 硬盘。加价多少呢？仅仅 50 美元。这样一来，谜题就出现了。为什么生产成本一样，但黑色机型却比白色机型要贵 150 美元呢？

苹果公司的定价策略，无疑是受了 2005 年秋 iPod 以黑色版上市后大受欢迎的影响。一开始，黑色 iPod 的价格和传统的白色 iPod 价格一样，技术指标也一样，但市场对黑色机型的需求，立刻耗尽了公司的库存，尽管白色款尚有现货。由于黑色款新出，有特色，使得买家更愿意预订它。等到 2006 年引入新款苹果笔记本电脑时，苹果公司就变聪明了，它对黑色机型索价更高，不过，它的确有理由这么干。

黑色机型的用户大多是什么人呢？对价格最不敏感的买家，大部分都愿意以高价格去买新机型的时髦特性。研发项目给所有买家都带来了好处，但给那些愿意为了新特性多出钱的用户带来的好处最大。黑色机型的高定价，就是辨别此类买家的一种残酷机制。只要这一门槛能发挥作用，购买较贵黑色机型的买家就没什么抱怨的余地。

6. 巴黎地铁如何利用三级价格歧视策略解决拥堵问题？

巴黎地铁是世界上最古老的地铁之一，本来它是有可能成为世界上首个地铁系统的，因为在 1845 年巴黎市政府就已经开始计划修建，可争论一直不休，所以一直没有动工。直到 1863 年，世界上第一条现代化地铁在伦敦建成，1868 年纽约第一条铁路正式通车，这之后，芝加哥和布达佩斯等城市也相继有了地铁，此时巴黎政府才开始着急，终于在 1895 年决定修建地铁，但是直到 1900 年才开通。

巴黎地铁管理部门鉴于顾客拥挤问题，而对地铁车厢进行了分级，采取了两档定价制。其具体做法是：将地铁车厢分为一等和二等共两个档次，一等车厢的票价高，二等车厢的票价低。而事实上，每一档车厢中的座位数目与座位质量几乎完全一样，并且，两档车厢的目的地也完全相同。

虽然两类车厢是几乎完全一样的，但由于一等车厢的票价高，只有对座位非常渴求且对价格不敏感的乘客才会出高价去一等车厢，这样，乘坐一等车厢的乘客人数就比较少，车厢比较宽松，乘客的座位也就有了保证；而由于二等车厢的票价低，对价格敏感的乘客为了省钱就会买二等车厢的票，进入这一类车厢的乘客就比较多，车厢里就会拥挤些，座位不一定有保证。在这里，不同的票价实质上就是把乘客进行了分类，有效地解决了乘地铁拥挤的问题。这个方案实施了几十年，直到 1991 年所有的地铁车厢才取消了分级。

7. 汽车推销存在三级价格歧视

汽车推销员给普通人更多的折扣，而对富二代却坚持汽车的标价；那些要去其他家看看的顾客总能得到较大的折扣，而匆忙的顾客只能得到较小的折扣或者没有折扣。一个好的推销员知道如何使用价格歧视，他们尽管无法完全得到保留价格，但是能在一定程度上进行价格歧视。

当然，三级价格歧视的实现必须能够有效区分消费群，或者叫"隔离消费者"。

这种区分有时候是很明显的，甚至是需要证件的，比如，你购买学生票需要提供学生证，购买老年票需要提供身份证等有效证件，儿童票需要户口本，也需要站到那儿看看身高超没超一米二。

有时候是通过附加条件的，比如，特价机票一般需要早很多天进行购买，度假旅客一般会提前进行安排，所以通常可以买到特价机票，而商务人员出差一般都比较匆忙，也没有那么在乎价格，所以就会购买正价机票，另外，航空公司也可能要求购买特价机票的旅客周六日晚上停留，这些做法都是为了分开不同的群体。

有时候是很隐蔽的，比如一个厂商可能对几乎相同的产品会冠以不同的"品牌"，"名牌"的会索取较高的价格，"非名牌"的会索取较低的价格。这种区分完全靠消费者自己给自己定义所属群体，当然，商家也会通过广告等造势。

四 价格歧视下的消费者福利

价格歧视处处可见，作为消费者，你可能经常感觉到是自己享受了优惠，那么，事实上我们消费者的福利真的是增加了吗？本小节我们就用经济学的知识来一探究竟。

(一) 一级价格歧视下的消费者福利

一级价格歧视：对每一单位产品都按消费者所愿意支付的最高价格出售。厂商剥夺了全部的消费者剩余。如图 4-10 所示：

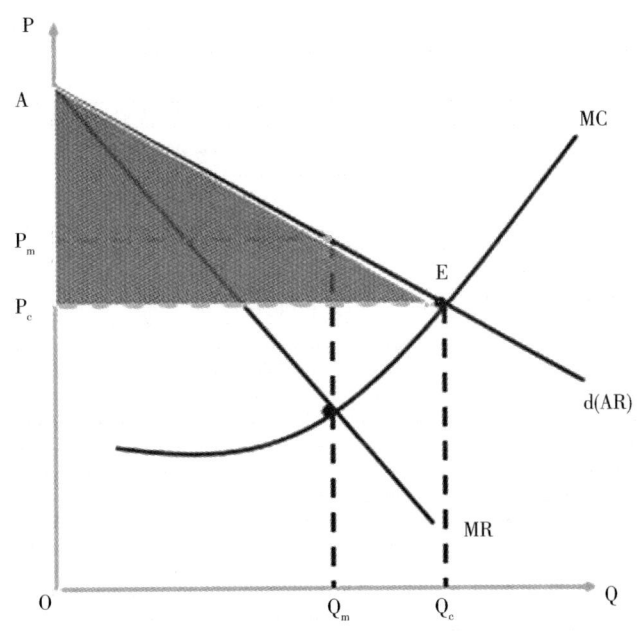

图 4-10 对每一单位产品都按消费者愿意支付的最高价格出售

图中纵轴 P 表示商品价格；横轴 Q 表示商品产量；MC 为边际成本，即增加一单位的生产，厂商成本的增量；d 表示消费者的需求曲线（同时又是 AR 平均收益曲线）；MR 表示厂商的边际收益，即增加一单位的生产，厂商收益的增量。

垄断厂商根据 MC＝MR 的原则确定均衡价格为 P_m，产量为 Q_m，如果实行一级价格歧视，在 Q_m 产量之后，消费者为每一单位产品愿意支付的最高价格仍然大于 MC，因此厂商会加大产量生产，因为有利可图，直到产量增加到 Q_c，此时，消费者愿意支付的最高价格等于生产这一单位的边际成本。即实行一级价格歧视的情况下，厂商产量为 Q_c，并且厂商卖的每一件产品的价格都是消费者愿意支付的最高价格，即对应需求曲线 d，因为需求曲线表示的正好是消费者对每个产量所愿意支付的价格。

消费者福利可以用消费者剩余来衡量，什么是消费者剩余呢？消费者剩余表示的是消费者愿意支付的最高价格和实际支付的价格之间的差额，用来衡量消费者感觉到的额外福利，是一种"心理剩余"，即心理满足感。对应于图形上就是需求曲线以下，实际支付价格线以上的部分。

我们知道，厂商实行一级价格歧视之前，商品统一售价为 P_c，直线 P_c 就是实际支付价格线，那么，消费者剩余就是三角形 AEP_c 的面积（阴影）。如果实行一级价格歧视，消费者实际支付的价格线就是需求曲线，即消费者剩余为零。也就是说，实行了价格歧视之后，消费者的全部剩余减少了，全部转化成了厂商的收益或者利润。

因此，我们说，一级价格歧视下，消费者剩余全部被厂商剥夺，消费者福利减少为零。

（二）二级价格歧视下的消费者福利

二级价格歧视：只要求对不同的消费数量段规定不同的价格。如图 4-11 所示，在第一个消费数量段上，厂商规定的价格最高，为 P_1；在第二个消费数量段上，厂商规定的价格下降为 P_2；在第三个消费数量段上，厂商规定的价格下降为更低的 P_3。

如果不存在价格歧视，消费者剩余为三角形 AP_3D 的面积。如果实行二级价格歧视，消费者剩余就会减少为图中三角形阴影面积。而图中矩形深色阴影的面积即是消费者福利减少的部分，同样，转化为了厂商的收益或利润。

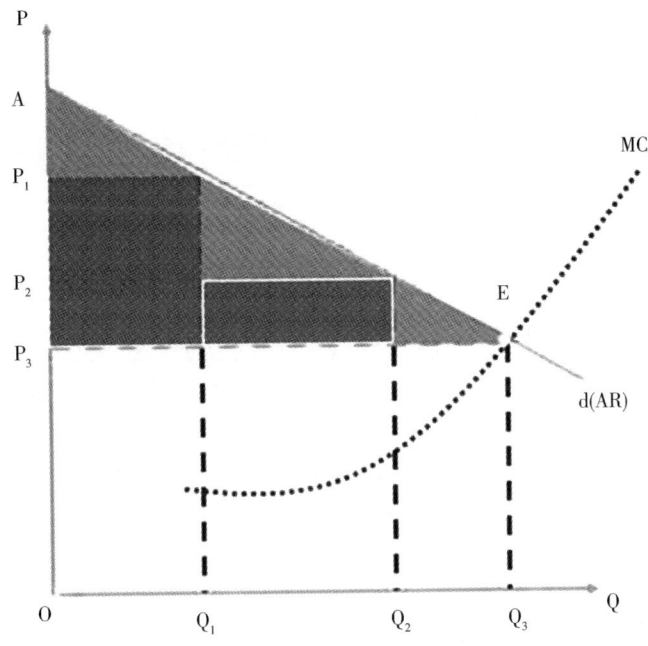

图 4-11　只要求对不同的消费数量段规定不同的价格

因此,也就是说,实行二级价格歧视,消费者的福利也会减少。

三级价格歧视下消费者的福利比较复杂,在此不再展开。

综上,我们发现,厂商实行价格歧视,能使自己利润增加。与此相反,消费者虽然感觉自己享受了折扣,获得了优惠,而这却是一个大大的假象,实际上消费者的福利是在减少的。

怎么样?学习了本讲内容之后,你作为一个理性的消费者,以后能否经受得住"双十一""双十二"的全民狂欢大促销呢?

第五讲　为什么要反垄断和鼓励竞争

在美国的阿拉斯加自然保护区内，人们为了保护鹿而消灭了狼群。从此鹿没有了天敌，生活变得很是悠闲，不再四处奔波，便大量繁衍后代，引起了一系列的生态问题，而且还一度致使瘟疫在鹿群中蔓延，鹿群开始大量死亡。后来，护养人员及时引入了狼群，狼群和鹿群之间又展开了血腥的生死竞争，在狼的追赶捕食下，鹿群只得紧张地奔跑得以逃命，这样一来，除了那些老弱病残的鹿被狼捕食外，其他鹿的体质日益增强，鹿群再次恢复了往日的生机勃勃。

对于经济学的初学者来说，看完上面的小故事后，你是不是联想到了生物学里的"物竞天择"？其实，在经济学里也存在着"竞争"和"物竞天择"，当然，也存在着"垄断"，本讲我们就来分别介绍一下竞争和垄断，以及它们之间的关系，另外，我们知道，竞争也不是说就有百利而无一害，垄断也不是有百害而无一利，那么，我们为什么要反对垄断、鼓励竞争呢？通过本讲的学习，相信你会找到答案。

一　不受干扰的市场机制——完全竞争

完全竞争，又称为自由竞争，是指一个市场仅靠一只看不见的手，即价格，来调节供求，是一种不受任何阻碍和干扰的市场结构，也是经济学中理想的市场竞争状态。完全竞争具备两个不可缺少的因素：一是所提供销售的商品是完全相同的，不存在产品差别；二是买者和卖者都很多而且规模相当，以至于没有一个买者或者卖者可以影响市场价格。

我们还是举例说明一下吧，就比如，农产品市场就是一个很典型的完全竞争市场，有成千上万出售农产品的农户和成千上万需要购买农产品的消费者，由于没有一个买者或者卖者能够影响农产品的价格，所以每个人都只是价格的接受者，他们的竞争地位是平等的。

我们来总结一下完全竞争市场的特点：

（1）市场上有无数的买者和卖者；

（2）同一种产品都是同质的，没有任何差别的；

（3）市场资源是完全自由流通的；

（4）所有人都掌握着关于市场的全部信息。

为了方便大家理解，我们对以上四个特点再做一个补充说明：既然市场上有大量的需求者和供给者，那么其中任何一个人买或者不买、卖或者不卖，都不会对整个商品市场产生影响，另外，既然产品都是一样的，那么对消费者来说，购买任何一家厂商的商品都是一样的，再加上所有人都掌握着关于市场的全部信息，那么也就排除了由于信息不畅可能产生的市场上同时存在着好几种价格的情况，也就是说，价格只能是一种，否则，顾客当然都会去买那个最便宜的了。

在这样的完全竞争市场中，商品的价格将彻底地由市场上的供给和需求来决定，而且，每一种商品都会在最后形成一种均衡价格，也就是市场中供给和需求相等时的价格。

如果你平时喜欢逛农贸市场，你肯定发现了，市场上卖鸡蛋的摊位非常多，而且，作为我们生活的必备食品之一，几乎家家户户都要去市场买鸡蛋。我们可以想一下，是不是鸡蛋市场上有无数的买者和卖者？每个摊点的鸡蛋是不是都大同小异？只要不是碎的、坏的，一般是没有人非要去比较一下不同摊位的鸡蛋的区别的，是不是也就是说，可以看作所有的鸡蛋完全同质？至于完全竞争市场的其他两个特征，我们可以看到，买方和卖方都可以自由选择进入或是退出鸡蛋市场，也就是说，鸡蛋的买卖是完全自由的，至于鸡蛋市场的信息，也没有多少值得掌握的，所以也可以看作是人们全部都掌握相关信息。所以，在这样的鸡蛋市场中，各个摊位的价格都一样，而且就是由供需决定的均衡价格。

怎么样，通过鸡蛋市场，你是不是更加理解完全竞争市场了？其实，大多数农产品市场基本都和完全竞争市场近似。

但是，这里还有个问题，在完全竞争市场或者近似的市场中，因为同质同价，卖方究竟怎样才能赚取更多的利润呢？总不能都靠运气吧？

的确，在完全竞争市场或者近似的市场中，卖方完全受到市场支配，竞争激烈，在产品完全相同的情况下，卖方就不得不在降低成本上大做文章，例如降低运费、减少商业开支等。除此之外，卖方还可以进行价格外的营销竞争，比如热情周到的服务，比如把鸡蛋装进袋子里或者盒子里便于消费者提携，或者给鸡蛋贴上标签，等等，都可以吸引更多的消费者。

在完全竞争的市场条件下，消费者和生产者都不会有什么不利，因为完全竞争的存在，迫使商品生产者竞相在降低成本、压低售价上做文章，这样就可以使消费者按照实际可以达到的最低价格来购买，同时生产者呢，他们按照此价格出售也可以获得正常利润。从社会角度来讲，完全竞争能够促使社会资源有效地分配到每一个部门、每一个产品的生产上，使之得到充分的利用。生产效率低的企业在竞争中会逐步被打败，这就使得他的资金、劳力、设备等社会资源，重新组合到生产效率高的企业中去，这是社会的一种进步。

正是因为竞争能够促进经济良性循环，刺激生产者的积极性，所以，我们要大力鼓励竞争，创造公平竞争的环境。当然，这也是我们建立社会主义市场经济体制的重要内容之一。

一开始我们说过，完全竞争是一种理想化的市场竞争状态，在我们的现实生活中其实并不存在真正意义上的完全竞争市场。但是就像伽利略的理想实验室一样，现实中是否能够实现不重要，重要的是有了这种完全竞争市场模型，我们对其进行分析，我们就有了一把尺子、一面镜子，我们就可以更好地加深对非完全竞争市场的理解。

二 没有选择的可能性——垄断

垄断,是一个经济学术语。它的原意是指站在市集的高地上操纵贸易,后来泛指把持和独占。在资本主义经济里,垄断指的是,少数资本主义大企业为了获得高额利润,通过相互的协议或者联合,对一个或者几个部门商品的生产、销售和价格进行操纵和控制。我国《反垄断法》规定,垄断行为是指:排除、限制竞争以及可能排除、限制竞争的行为。

垄断一般分为卖方垄断和买方垄断,经济学里重点研究的一般是卖方垄断,它是指唯一的卖者在一个或者多个市场上,通过一个或者多个阶段,面对竞争性的消费者,与买方垄断刚好相反(见图5-1)。垄断者在市场上可以站在自己的利益角度调节价格和产量,由于垄断者是其所生产产品的唯一卖者,因此,直接面对整个市场,也就是说,他将面对向下倾斜的市场需求,而买者人数众多,因此是竞争性的,也就是说,买者是价格的接受者。因此,垄断的卖者可以通过控制产品价格或者产量来最大化自己的利润。

图 5-1 垄断

垄断的历史其实由来已久,我们就举个历史上的典型的例子来说明一下垄断这种行为:秦朝商鞅变法后,由秦国政府控制山泽之利,对盐铁实行专卖,其实就是对盐铁的垄断经营,到了宋、元、明、清,对铁开始实行征税制,但对盐这种产品一直实行盐专卖制度,由政府垄断经营。下面我们再举个现代的例子:现代社会,电脑已经成了我们大多数人生活、学习的必备品,那请问,你用的桌面操作系统是不是微软的呢?想必你已经明白了。

垄断的形成原因说白了就是进入障碍,垄断厂商能在其市场上保持唯一卖者的地位,是因为其他企业不能进入这个市场并与之产生竞争。具体说来,形成垄断的原因主要包含以下三个:

(1) 自然垄断:生产成本使一个生产者比大量生产者更有效率。

(2) 资源垄断:关键资源由一家企业拥有(如:无线电视的配音业)。

(3) 行政性垄断:政府给予一家企业排他性地生产某种产品或劳务的权利。

通过资本主义经济的发展史,我们可以了解到,自由竞争引起生产集中,生产集中发展到一定阶段就必然引起垄断,可是垄断的出现呢,又恰恰会破坏竞争机制,进而就会影响社会资源的优化配置,又由于其缺少竞争的压力,可以自由调整价格,也会损害消费者的利益,而且缺少竞争还会使其缺乏发展的动力,进而也会影响技术的革新和发展,也造成了社会公共利益的损失(见图5-2)。另外,垄断也容易使其滥用市场支配地位,利用其在某个市场的支配性地位,设置障碍阻止其他竞争者进入,或者以"捆绑销售"等方式在另外的市场进行不平等竞争。

这种情况下,你说,我们能不反对垄断吗?

当然,打破垄断也绝非轻而易举。通常完全垄断市场有三座护卫碉堡:第一个就是垄断企业具有规模经济优势,也就是在生产技术水平不变的情况下,垄断企业之所以能够打败其他企业,靠的是生产规模大、产量高,从而总平均成本较低的优势;第二个就是垄断企业控制某种资源,比如美国可口可乐公司就是长期控制了制造该饮料的配料而独霸世界的,还有南非的德别尔公司也是因为控制了世界约 85% 的钻石供应而形成垄断的；第三个就是垄断企业具有法律庇护，比如，许多国家的政府对铁路、邮政、供电、供水等公用事业都实行完全垄断，对某些产品的商标，专利权等也会在一定时期内给予法律保护，从而使之形成完全垄断。

图 5-2　垄断破坏竞争机制

尽管如此，从 19 世纪末期世界经济的发展进入了垄断资本主义时期以后，反垄断就成为了各国规制的对象，各国均采取严厉的立法来进行反垄断的法律规制。我国自加入 WTO 以后也积极担负反垄断的责任。2007 年 8 月 30 日，第十届全国人民代表大会常务委员会第二十九次会议通过了《中华人民共和国反垄断法》。2014 年 8 月，因中石化拒绝销售公司生产的生物柴油，云南盈鼎生物科技有限公司作为一家民企将中石化告上法庭，希望中石化按照《可再生能源法》规定，将其符合国家标准的生物柴油纳入其销售体系，并赔偿经济损失 300 万元。据悉，这是云南省首例反垄断案，也是中国石油系统的首例反垄断案。全球最大的手机芯片厂商之一美国高通公司 2015 年 2 月 10 日宣布，将向中国官方支付 60.88 亿元人民币的（约合9.75亿美元）反垄断罚款，了结为期14个月的反垄断调查。2018年3月8日，江苏省物价局对手机价格垄断的vivo江苏总经销商罚款698万元。国际上的反垄断案例就更多了，在此只简单枚举两个家喻户晓的，2017年6月27日，欧盟委员会对技术垄断的谷歌公司罚款24.2亿欧元（见图5-3）。2018年1月24日，欧盟委员会对技术垄断的高通公司罚款9.97亿欧元。2018年7月18日，欧盟委员会对技术垄断的谷歌公司罚款43.4亿欧元。

图5-3　谷歌公司被罚款

总之，反垄断不分行业、不分企业，只要存在垄断行为就纳入反垄断调查和处罚，加大反垄断力度有助于维护市场秩序、公平竞争的环境，未来反垄断执法只会更加频繁、规模更大。

三　完全竞争和垄断之间的市场

其实如果以存在垄断因素的多少为标准，站在这个角度，市场依次可以分为四种类型：完全垄断市场、寡头垄断市场、垄断竞争市场、完全竞争市场。

上文中已经说过了，完全竞争是最理想化的一种市场类型，实际上并不存在。在现实生活中，我们常见的市场既不是完全竞争，也不是完全垄断（市场上只有一家企业生产的产品），而往往是处在两者之间。

我们知道，国内存在许多高氟地区，这些地区人们的牙齿对含氟牙膏过敏。当他们想去商店买不含氟的中药牙膏时，会发现很多知名牙膏品牌：田七、黑妹、两面针、冷酸灵等，这几家企业生产的中药牙膏几乎覆盖了全国的大部分市场，也对不含氟的中药牙膏的销售价格有着决定性的影响。那么，这种不含氟的中药牙膏市场究竟属于哪一类市场呢？

提供同一种产品的许多企业构成了完全竞争市场，而只有一家企业占据整个市场的就是垄断市场，虽然完全竞争市场和完全垄断市场在现实中几乎都是不存在的，但是，完全竞争市场模型和完全垄断市场模型却可以作为分析各种不完全竞争市场理论的重要基础。事实上，和牙膏市场一样，生活中大多数物品的市场都处在理想化的完全竞争和极端的完全垄断之间。在这些行业中，有数家有势力的企业相互成为竞争对手，但竞争的激烈程度却不如完全竞争市场那样充分，经济学家把这种市场称为不完全竞争市场。

不完全竞争市场又可以分为寡头和垄断竞争。寡头，是指少数几家厂商控制整个市场产品的生产和销售的市场组织，世界石油市场就是一个最好的例子。垄断竞争，是指一个市场中有许多厂商生产和销售有差别的同种商品的一种市场组织。在现实生活中，大多数物品处于垄断竞争当中，如影碟、游戏机、饮料等，还有上文中我们讨论的牙膏也属于这种情形。也因此，研究产业组织的经济学家们根据企业数量和产品类型把市场也分成了四类：只有一家企业的市场是垄断市场；有几家有势力的企业的市场是寡头市场；有许多企业且出售有差别的产品是垄断竞争市场；有许多企业且出售无差别的产品是完全竞争市场。

下面我们说说典型的寡头市场欧佩克吧，作为世界石油市场的寡头组织，其各成员国以统一的产量和价格为手段获取高额的利润。

中东地区是一个天然的大油库，在它的地底下蕴藏的石油量占到全世界的一半以上。而幸运占有这个地区的是屈指可数的几个石油寡头国家伊朗、伊拉克、科威特、沙特阿拉伯等。这些国家被高额的利润所诱惑，它们组成了一个联盟——世界石油输出国组织（简称欧佩克），它们想通过统一减少产量来提高石油的价格。1973—1985年，它们曾经成功地把原油价格每桶上涨了10多倍，从而使这些国家共同取得惊人的利润。不过，受竞争因素的影响，这种统一产量和价格的手段也并不总是灵验的。

为什么呢？

为了便于研究，经济学家把这种企业（石油国也可看成一个大企业）之间进行有关生产与价格的协商称为"勾结"，当它们以商量好的方式统一行事时，这重新形成的企业集团被称作卡特尔。可以说，形成了卡特尔的市场也就相当于只有一个垄断者，这完全适用于上文中我们对于垄断的分析。例如，当欧佩克组织在达成一致协议后，他们会减少石油产量并提高油价，从而使整个组织获得的利润最大化。

寡头都希望能形成卡特尔组织，但事实上也并不是总能如愿。原因有两个：一方面，世界上大多数国家的反垄断法都禁止寡头之间的公开协议；另一方面，卡特尔个体成员如果受到利润的诱惑而增加产量的话，它们的协议也会成为一纸空文。当欧佩克组织对各国石油产量和价格统一限定后，各成员国在私下里会多生产一些石油以便占有更大的市场份额和利润，假设伊朗是这样私自计量的，那么伊拉克也会这样私自计量，其他石油寡头国家也会这样计量，这样的话，石油的实际产量整体上会超出它们共同协议的产量许多，而油价在实际上也就会比原定的要低，这说明，寡头们在合作和利己之间是有着权衡取舍的。它们都希望通过合作达成垄断，以便使利润增加，但它们又受到自己的私利——增加生产并占有更大市场的诱惑，从而破坏达成垄断的条件，使他们的总产量增加了，价格下降了，因此共同的利润不能达到最大化。

四 保护竞争与反对垄断

2007年8月30日,《中华人民共和国反垄断法》由中华人民共和国第十届全国人民代表大会常务委员会第二十九次会议通过,自2008年8月1日起施行。这是我国经济生活中的一件大事。制定一部比较系统、全面的反垄断法是非常必要的,这样可以营造公平有序的市场环境,保持我国的经济活力,为促进社会主义市场经济健康发展,提供法律保障。

市场经济在本质上就是一种竞争型经济,竞争促进效益的提高,增强企业的实力,但竞争必然也会引致企业规模的扩大,造成市场集中甚至垄断的产生,垄断一旦形成,反过来就会破坏竞争机制,形成对竞争的损害,这是经济学的常识。改革开放以来,我国确立了社会主义市场经济的目标模式,多年来我国经济增长迅速,在相当大程度上就归功于在不同的经济领域内逐步引入了竞争机制。在我国市场经济逐步成长壮大的今天,为了保证竞争的有效性,就必须在鼓励竞争的同时充分利用规模效应,形成有效竞争。而有效竞争就是指既保持竞争的活力又充分利用规模经济的竞争格局。广义来看,竞争有利于效率的提高,比如学习中的竞争,体育竞赛中的竞争,工作中的竞争,等等。

竞争机制作为市场经济的重要内容之一,是优胜劣汰的手段和方法。还记得本讲开篇我们讲的那个小故事吗?其实,经济学里的竞争和生物学里的"物竞天择"是相通的。竞争机制对市场经济的运行和发展具有以下三个方面的重要作用:

(1) 使商品的个别价值转化为社会价值,商品的价值表现为价格,从而使价值规律的要求和作用得以贯彻和实现;

(2) 可以促使生产者改进技术、改善经营管理,提高劳动生产率;

(3) 可以促使生产者根据市场需求组织和安排生产,使生产与需求相适应。

我们就以现实中的水果店为例来分析一下。首先，竞争有利于消费者，为什么这么说呢？假如市场上有三家水果店，毫无疑问，这三家水果店之间存在着竞争，而竞争的强有力手段就是压价，或是通过其他销售方式变相地进行压价以吸引更多的消费者，显然，这种竞争的直接受益者就是消费者，所以我们总是希望能有更多的水果店的开张以降低水果店的稀缺性，变卖家市场为买家市场，以更低的价格购买更多的水果。其次，这种竞争同样也有利于水果店的经营者，面对压价以抢夺消费者与追求高利润的尖锐矛盾，使得商家不得不在销售手段上不断创新，这种竞争一方面有利于商家改进销售方式，提高营销水平，另一方面，也有利于扩大消费群体与规模，比如，收入状况不好的人，在面对低价与促销时可能就会适度增加消费，因此，就算三家水果店之间竞争力度不变，盈利差比例不变，但从总体来看，三家的销售总额是扩大的，只是不同商家之间的分配比例不同。最后，竞争有利于水果生产商，因为水果店要把由于压价造成的盈利空间的亏损，部分转移到水果生产商上，因此生产商就不得不调整生产结构，提高科技投入，改善经营管理，这实际上也有利于生产商的产业升级。

怎么样，现在是不是更明白了？其实我们将这一具体的过程引用到整个社会的生产中同样适用，我们会发现，在有序及合理的竞争中，这是一个完美的市场，消费者用自己认为合理的价格买到了合适的商品，卖家不断创新营销方式，扩大消费群体，生产者努力改进技术，扩大产量和提高产品质量。毋庸置疑，竞争促进了整个经济社会的发展与进步。

在供过于求的市场中，不断有创业者产生新创意、建立新公司，进入某个市场，对现有的公司形成威胁。竞争迫使价格下降到边际成本。如果价格继续下跌，就会有公司退出，直至价格重新上涨，形成供不应求的市场，如果价格继续上涨，新公司就会加入，或老公司就会扩大生产……由此，在竞争机制下，价格表达的不再是一种模糊的现实，而是确切的真相。

当然，竞争也不是有百利而无一害，事物都有两面性，我们应该用一分为二的方法论来看待和评价竞争,竞争所带来的并不全是好处,下面我们具体说说。

(1)无效的竞争。依旧以水果店为例,如果一地区附近只有这三家水果店,那对这一附近的居民来说,他们的选择就是有限的,所谓的主动权不过是由 A 转到 B,或从 B 转到 C,或从 C 转到 A,假定这三家水果店的所有者其实是一个人,我们左右权衡后做出的所谓最佳选择,实际上并不影响商家的收益;再从另一方面来想,推翻我们的假定,这三家水果店不是一家所有,如果在这附近的有效消费者有 3000 人,那么平均到每家水果店的消费者就只有 1000 人,在这种情形下,扩大消费群体其实是很难的,比如住得远一点的小区的居民就不会绕过一条街到这边的市场买水果。因此,水果商做的实际上是抢夺竞争对手的消费者与潜在消费者。这样的话,问题就出现了,在有限的销售能力下(如门面大小、销售人员数目、水果供应量等),消费者的消费需求得不到满足(如花大量的时间排队等待结账),自然就会转移到其他商店,即使这样会给他们带来一定的损失(但有些消费者会觉得他们被浪费的时间远比这微不足道的经济损失珍贵,而且消费市场上永远不缺乏对价格不敏感的消费者)。因此,水果商之间的竞争一定程度上带来的效益并不明显,或者说,他们竞争的不是如何扩大和抢夺消费者,而是如何保住已有的消费者。

(2)矛盾的竞争。竞争的最终结局无非是大鱼吃小鱼,小鱼吃虾米。竞争会促使企业联合以增强实力,但矛盾也由此产生,因为随着竞争对象的减少,竞争的激烈程度也会减缓,当某一行业只剩下"一条大鱼"的时候,其实也就没有了竞争,"大鱼"垄断了一切,扼杀新生力量,这就是竞争消亡。竞争导致了垄断的形成,就走向了自己的对立面。因此,一些国家制定了反垄断法,破除垄断,并对严重垄断的企业进行制裁。

(3)恶性的竞争。恶性竞争首先体现在价格上,对于大企业来说,多采取低价倾销,对于中小企业多采取低价混战,而这种恶性价格竞争的直接危害,就是扰乱了市场正常的价格秩序,不利于社会资源的优化配置。从长期来看,这也损害了消费者的合法权益,阻碍了行业发展与技术进步。其次，恶性竞争还体现在生产上，一方面，低价竞争使生产者盈利空间减少，他们不得不从生产环节降低成本，于是假冒伪劣商品由此产生；另一方面，为节约成本，生产商想出各种途径偷税漏税，也会造成国家资本的流失。最后，恶性竞争造成废气废水的肆意排放，加班加点，进一步剥削劳动者，严重破坏了生态环境，降低了人民的生活质量和幸福指数。

总之，竞争有利有弊，我们应该对其建立正确的认识，扬长避短。

第六讲　公共物品和公共资源

免费,是一个让人一听就兴奋的词语。都说天下没有免费的午餐,但是如果有的话呢?你会拒绝吗?我们生活中的绝大部分物品是由市场来进行配置的,买者得到这些东西要支付费用,卖者提供这些东西要得到收入。但是,我们生活中的有些东西确实是免费的。比如大自然提供的阳光、空气,以及政府提供的城市绿化、运动场、公园、国防安全等。本讲我们就来聊聊生活中的免费物品。

一　物品的类型

在经济学中划分物品类型有两个标准:

第一个标准:物品有没有排他性?这就是说,是否可以阻止人们使用这种物品?

第二个标准:物品是否有竞争性?这就是说,一个人使用物品是否会减少其他人对该物品的使用?

根据这两个标准,把物品分成四种类型(见表6-1):

(一) 私人物品

私人物品既有排他性又有竞争性。例如,一个面包。一个面包之所以有排他性,是因为可以阻止某个人吃面包——你只要不把面包给别人就行了;一个面包之所以有竞争性,是因为如果一个人吃了一个面包,另一个人就不能吃同一个面包。其实经济中大多数物品都是面包这样的私人物品。

表 6-1　　　　　　　　　　　　四种类型物品

		竞争性？	
		是	否
排他性？	是	私人物品 ·面包 ·手机 ·拥挤的收费道路	俱乐部物品 ·有线电视 ·天然气 ·不拥挤的收费道路
	否	公共资源 ·海洋的鱼 ·免费的博物馆 ·拥挤的不收费道路	公共物品 ·国防 ·警察 ·不拥挤的不收费道路

(二) 公共物品

公共物品既无排他性又无竞争性。这意思是说，我们不能排除他人使用，而且，一个人享用一种公共物品也并不减少另一个人对它的享用。例如，广播就是一种公共物品，我们不能排除任何一个人收听广播，而且，当一个人收听广播时，也并不会减少其他任何一个人收听广播。

(三) 公共资源

公共资源有竞争性但没有排他性。例如，海洋中的鱼是一种竞争性物品：当一个人捕到鱼时，留给其他人捕的鱼就少了。但这些鱼并不是排他性物品，因为在海洋浩瀚无边的情况下，要阻止渔民在海中捕鱼是很困难的。

(四) 俱乐部物品

具有排他性但没有消费中的竞争性。例如有线电视。有线电视通过电缆向用户提供信号，向谁提供信号只需给他接入电缆就可以了，其他居民却无法使用。那么有线电视就体现出了排他性，但有线电视并没有竞争性，一个居民接收了有线电视信号，不会影响其他居民接收有线电视信号。换句话说，多给一户居民提供有线电视信号的额外成本是微不足道的。

日常生活中我们所说的免费物品主要是没有排他性的公共物品和公共资源，因为没有排他性，所以每个人都可以免费得到这些物品。

二　公共物品

为了说明公共物品与其他物品有什么不同，以及说明公共物品向社会提出了什么问题，我们考虑一个例子：路灯。这种物品没有排他性，因要排除任何一个人享受路灯带来的光明几乎是不可能的，而且，它也没有竞争性，因为一个人享受路灯带来的好处，并没有减少其他任何一个人得到的好处。

（一）搭便车问题

一个小镇的公民希望在马路上安装路灯，修建的成本为1000元。根据经验，全镇500个居民中的每个人对路灯使用都给予了10元的估价。考虑修路灯这项行为的经济性，一旦路灯修完投入使用，总共可获得5000元的收益，付出的成本为1000元，因此，修建路灯是有效率的。此时，如果张三修建了路灯并因此而向过往的行人收费，那么行人是否愿意缴费呢？答案是，张三肯定会在收费时遇到麻烦。因为行人很容易就会想到，他们即使不缴费也能享受路灯带来的好处。当一个人真的这样做时，他的行为就被称为搭便车。

还有一个故事能够更形象地说明搭便车这种现象。话说古时候，齐国的国君齐宣王酷爱音乐，尤其迷恋竽声，于是召集了300个善于吹竽的乐师为他演奏。而且，齐宣王喜欢热闹，爱摆排场，总想在人前显示做国君的威严，所以每次听吹竽的时候，总是叫这300人在一起合奏给他听。有个叫南郭先生的人听说齐宣王有这个癖好，觉得有机可乘，是个赚钱的好机会，就跑到齐宣王那里吹，说他吹的竽鸟兽听了也会翩翩起舞，花草听了也会合着节拍颤动，愿把他的绝技献给齐宣王。"齐宣王听得高兴，不加考察，很痛快地收下了他，把他也编进那支300人的吹竽队中。这以后，南郭先生就随那300人一块儿合奏给齐宣王听，和大家一样拿优厚的薪水和丰厚的赏赐，心里得意极了。其实南郭先生撒了个弥天大谎，他压根儿就不会吹竽。每逢演奏的时候，南郭先生就捧着竽混在队伍中，人家摇晃身体他也摇晃身体，人家摆头他也摆头，脸上装出一副动情忘我的样子，看上去和别人一样吹奏得挺投入，还真让人瞧不出什么破绽来。就这样，南郭先生靠着蒙骗，混过了一天又一天，不劳而获地白拿薪水。可是好景不长，过了几年，爱听竽合奏的齐宣王死了，他的儿子齐愍王继承了王位。齐愍王也爱听吹竽，可是他和齐宣王不一样，认为300人一起演奏实在太吵，不如独奏来得悠扬逍遥。于是齐愍王发布了一道命令，要这300人好好练习，做好准备，一个个轮流吹竽给他欣赏。乐师们知道命令后都积极练习，想一展身手，只有那个南郭先生急得像热锅上的蚂蚁，惶惶不可终日。他想来想去，觉得这次再也混不过去了，只好连夜收拾行李逃走了。

这就是我们常说的"滥竽充数"，其实，用经济学的话来说，滥竽充数就是一种搭便车行为。南郭先生就是搭便车者，得到利益但避免为此支付费用的人。

其实，现实生活中有许许多多搭便车的行为存在：很多次，唱校歌时我们可能只张张嘴，却根本不发声唱出来；上课时，老师叫全班一起背诵课文，我们可能只摇头晃脑地发出一些连自己都听不明白的声音以示自己也在背诵；等到了工作岗位，我们的滥竽充数的功夫就更精到了，如果是一个团队一起工作，我们就会假装很努力，尤其是在领导面前或面临检查时。

那么，怎么解决这种"搭便车"问题呢？我们再回到小镇修建路灯的故事。如果最终全镇 500 个居民都不会去缴费，则张三无法获得收益，因此会放弃修建路灯的决策。但是，如果没有路灯，当地居民的生活会很不方便。此时，只有当地政府出面，用财政资金来修建路灯，方可解决问题。为弥补 1000 元的成本，镇政府可以向每个人征收 2 元的税收，用以筹集资金来修建路灯。

这个小镇修建路灯的故事，就说明了公共物品提供的一个特点：由于公共物品没有排他性，会存在搭便车问题。而其提供产品成本收益的不对称，会阻碍私人市场提供公共物品。此时，只有政府出面可以解决搭便车问题。如果政府确信，提供某项公共物品的总收益大于成本，就可以出面提供公共物品，并用税收为它支付，最终的结果就是会使每个人都能从公共物品的消费中获益。

（二）一些重要的公共物品

实践中的公共物品有很多，其中，有三种公共物品最为重要。

1. 国防

国防，作为一种最为重要的公共物品，能够带来巨大的收益——保卫国家主权免受他国侵犯。但是，国防的提供也会产生巨大的支出。根据数据显示，2018 年我国财政国防支出为 11281.06 亿元，占 GDP 比例约 1.3%，同比增长 8.14%。人们对这种支出量是太少还是太多看法并不一致，但几乎没有人怀疑政府用于国防的某些支出是必要的。国防是政府应该提供的公共物品。

2. 基础研究

知识的创造是一种公共物品。如果一个数学家证明了一个新定理，该定理就成为人类知识宝库的一部分，任何人都可以免费使用。

在这里我们要区分一般性知识与特殊的技术知识。特殊的技术知识，例如，一种节能灯的发明，可以申请专利，与此相比，数学家却不能为定理申请专利，每个人都可以免费得到这种一般性知识。换句话说，专利制度使特殊的技术知识具有排他性，而一般性知识则没有排他性。

对于一般性知识这种公共物品，由于搭便车现象的存在，私人不愿意花费成本去提供，只能政府努力以各种方式提供一般性知识这种公共物品。比如，国家保健研究所和国家科学基金补贴医学、数学、物理学、化学、生物学，甚至经济学中的基础研究。

3. 消除贫困

没有贫困的社会是一种更加文明和谐的社会，每个人都喜欢生活在一个没有贫穷的社会里，但我们不能阻止别人享受没有贫困社会带来的好处，说明不具有排他性，同时，我们享受没有贫困的社会带来的好处，也不会影响别人从没有贫困的社会得到的好处，所以说，消除贫穷也是一种公共物品。尽管我们都希望消除贫困，但消除贫困并不是私人市场可以提供的"物品"。由于贫困问题很大，没有一个人可以单凭自己的力量消除贫困，而且，私人慈善事业也很难解决问题：那些没有向慈善事业捐款的人可以免费利用别人的慷慨。在这种情况下，对富人征税来提高穷人的生活水平可以使每个人的状况都变好。穷人状况变好，是因为他们现在享有较高的生活水平，而那些纳税的人状况变好，是因为他们可以享受一个贫困较少的社会的生活。

三 公共资源

公共资源与公共物品一样，也没有排他性：想使用公共资源的任何一个人都可以免费使用。但是，公共资源在消费中具有竞争性。一个人使用公共资源就减少了其他人对它的享用。因此，公共资源产生了一个新问题：一旦提供了公共资源，它可能会被过度使用。这里有一个经典的故事有助于我们理解这个问题。这个故事称为"公地悲剧"。

（一）公地悲剧

英国中世纪的一个小镇上，住着十几户的人家。家家都放羊，以出售羊毛为生。镇上有一处草地，土地肥沃，草嫩多汁。镇上的人家都可以免费去那里放牧，不用出任何费用。一开始的时候，草很多，羊很少。羊毛产量高，质量好，所以小镇上家家衣食无忧，且和睦相处。但是慢慢地，镇上人口越来越多，羊的数量也越来越多，草地被如此过度利用之后逐渐失去了自我养护能力。

后来发生了什么？你肯定也猜到了。土地逐渐贫瘠，羊群无法果腹，数量逐年减少直至消失，镇上曾经繁荣的羊毛业也不存在了。小镇上的家家户户失去了赖以生存的经济支柱，生活日益贫困，繁华小镇变得破败。这就是所谓的"公地悲剧"。

站在经济学的角度来分析，这样的结果当然是注定的。现在我们就来分析一下：故事中的草地属于公共资源，人们对于不属于自己的东西，往往没有那么珍惜。古希腊哲学家亚里士多德说过："许多人公有的东西，总是被关心的最少，因为所有人对自己东西的关心都大于对其他人共同拥有的东西的关心。"

A家的羊越来越多，吃的草越来越多，势必会让B家的羊吃的草减少。可是，A并不会去考虑这个问题，他考虑的仅仅是让自家的羊吃得饱饱的，养更多的羊去赚更多的钱，他也不会去考虑这种行为最终会导致的后果。这是人性的自私在作怪，其实所有人都是A。

公地作为一项资源或财产，有许多拥有者，每一个拥有者都有使用权，但没有权力阻止其他人使用，这就很容易造成资源过度使用和枯竭。我们之所以称之为悲剧，是因为，每个当事人都知道作为公共资源的草地将会因过度放牧而退化，但大家都对事态的继续恶化无动于衷，同时，还都抱着"及时捞一把"的心态，从而加剧了事态的恶化。

可以说，悲剧的产生在于每一个人都陷入了一个体系不能自拔，这个体系迫使每个人都在有限的世界里无限地增加着自己对资源的使用程度，因此，毁灭就成了大家不能逃脱的命运。

"公地悲剧"让我想起了自己的一次经历，一天和朋友一起到公园散步，发现供人休息的长椅和石墩，不知被谁弄得斜歪到了水里；为防止儿童落水而在河岸上连接起来的铁链，也一根接一根地断落，继而不见踪影；本来清澈见底的河水上面也漂起了各种各样的垃圾。看到这种情形，朋友非常痛心地说："公共设施是为大家服务的，是为了保护大家的身心安全，可是怎么却遭到破坏呢？是不是谁都可以破坏公共环境而不用负责任呢？"其实这是因为，公园里的设施景观是一种公共资源，是大家共享的。在这种思维下，有些人就会抱着公共资源不占便宜就是吃亏的心理，他们觉得，就算自己不从中获取利益，别人也会从中获取利益，而自己从中获取的利益越多，别人获取的利益就越少，那么自己的损失就越少。人们只想从公共资源中捞取好处，并不关心自己的行为是否会对它造成伤害，因此就造成了一个个的"公地悲剧"。

再比如前几年，广州的消防栓也深受其害。随着我国经济的飞速发展，城市规模的不断扩大，消防器材成为市区里越来越重要的公用设施。近年来，公用消防栓的数量每年都在递增，然而，递增的速度再快，也远远赶不上被破坏的速度。每次灭火器年检时，时不时就会发现消防栓的出水龙头被损毁，无法拧紧甚至断掉，大帽和耳帽不知所终，甚至有些消防栓被整体破坏。一旦消防栓被损坏，造成的经济损失是小事，万一周围出现火情，还会影响施救，给周围居民的人身财产安全造成危害。更重要的是，消防栓与埋于地下的自来水管道相连，一旦被撞断，不但会造成大量水资源的浪费，而且维修或是更换的成本都极高。为此，广州从 2018 年开始，就将旧的消防栓全部更换成了能够防撞击、防破坏的新式消防栓。这种智能消防栓一旦被车损毁后，能够自动封锁自来水出口，制止自来水的涌出，从而大大地减少了消防栓被撞后，水流不止，水资源浪费的现象。

2016 年底，"共享单车"突然红遍中国，各种品牌的共享单车出现在许多城市的大街小巷。简便快捷的共享单车成为街道上一道亮丽的风景线。然而，共享单车在带给广大市民便利的同时，也在经受着市民的摧残。即便大部分的使用者素质比较高，能够做到爱护公共财物，但是仍有少数市民道德水平低下，出现了用完不归还原位、即用即扔、故意损坏自行车的现象，致使共享单车很"受伤"。这些人缺乏对共享单车的爱惜，造成共享单车及站点设备磨损现象严重,甚至还有人贪图便宜,为了方便自己使用而且省去一笔开支,长期霸占共享单车不还。在某地的共享单车维修站的地下仓库里,存放着上百辆被损坏的共享单车。它们安静地"睡"在那里,等待着修车的师傅们来修理,每辆自行车身上都有各种各样、不同程度的损伤。它们的损伤一看上去就知道是人为造成的。最常见的损坏情况有:各种链条的断裂,车镫的断裂,车胎的磨损漏气,车把手、车筐弯曲,车脚架的松动,车座明显的割痕等。这些"受伤"的自行车已经算是幸运的了,还有不少共享单车莫名消失,经常能够在居民小区或偏街小巷里发现一些被遗弃的共享单车,这些共享单车长期流浪在外,受损程度已经无法修复,锈迹斑斑,根本无法再继续使用。据调查显示,某地的共享单车自从正式运行以来,一共丢失了三百多辆,近一百辆报废,自行车的维修频率更是高达两千多次。

共享单车屡遭恶意破坏,其中斥责国人素质差的说法铺天盖地。但是,如果从经济学的角度来看,单车悲剧似乎也是一种"公地悲剧"。设想一下,如果每个人都想私藏共享单车,你可能也想私藏一辆以防明天出门没得骑,如果每个人都对共享单车丝毫不加爱惜,那么你也可能不会太爱惜它们,那么,结果就是私占单车和损害破坏的情况随处可见。对于共享单车而言,每个人都有使用权,却没有权利阻止他人使用,即使单车的产权很清晰,但人们不必为破坏承担责任,这就造成了类似的"公地悲剧"。

类似的例子在现实生活中随处可见,比如渔民们对江河湖海中的鱼虾进行过度捕捞,破坏了江河湖海的平衡;工厂将废水排放到公共河流里,导致水源被污染;"光头强"的"李老板"们对森林植被进行乱砍滥伐,导致生态被破坏;公共场所的卫生是最令人头疼的,城市公用设备是最容易受损的,等等。对公共资源而言,你若从中获益,他人也会,于是每个人都无所顾忌,最后损失的便是大家的利益,最终酿成一个个"公地悲剧"。

公共资源往往都会被过度使用。要想解决这样的问题,主要有两种途径：一是私有化，比如刚才的牧场，可以把牧场切割为 10 份，分给 10 个家庭。牧场一旦私有化后，牧民的捞一把心态就会消失，他们会有内生的动力，在放牧和保护牧场之间找到平衡。二是强管制，有些公共资源没有办法私有化，比如海洋、空气，那怎么办呢？可以考虑用收费、发放许可证等制度，来实现强管制。比如海洋，国家会强制规定禁捕期，网眼大小等。再比如刚才的牧场，可以把牧场围起来，每头牛收 100 元的放牧费，发放养殖许可证。这实际上是对公共资源的定价和管制。

可以联想到农村土地制度的重要改革——家庭联产承包责任制。在家庭联产承包责任制之前，土地是集体的，无论做多做少，得到的都是一样的，而实施家庭联产承包责任制后，自负盈亏，多劳多得，每个人都是为了各自利益而劳动，充分调动了农民的积极性。每个人都会出于私利来保护自己的私有物不受损害，所以土地、山林通过承包使用的方式得到了保护。在这之前，不管付出多少每个人得到的都是相同的，必然会导致类似"公地悲剧"的发生。

当然，公共资源的享用不仅会带来"公地悲剧"，同时也存在"公地喜剧"。例如，互联网的应用、知识的共享，这些公共资源的共享无疑给我们带来了很多积极的影响。随着全球经济的变化，我们已经正式进入了共享经济时代，包括我们日常使用的滴滴、微信、支付宝……，共享已经与我们的工作、生活完全地结合，并不断地推动着社会的进步。同样，知识的共享，可以使大家相互交流思维碰撞，使知识由个人的经验扩散到公众，获得解决问题的方法，减少重复劳动的时间，使资源得到了最优化的利用。

（二）一些重要的公共资源

生活中公共资源的例子很多。

1. 清洁的空气和水

清洁的空气和水和草地一样是一种公共资源，而且过度污染和过度放牧一样，环境污染是现代社会的一种公地悲剧。

2. 拥挤的道路

道路既可以是公共物品也可以是公共资源。如果某条道路不拥挤，那么你使用并不会影响其他人使用。在这种情形下，它不具有竞争性，因此为公共物品。但如果某条道路是拥挤的，那么该道路就具有竞争性。当一个人在该条道路上开车，路变得更拥挤了，其他人开车必须开得更慢。在这种情形下，道路就是公共资源。道路拥挤是很多城市存在的问题，尤其是一线大城市，为了解决交通拥堵问题，许多政府试图通过制定政策来减少交通堵塞，现在就有不少城市通过价格机制来调节道路上的车流量。在车流量大的地区或时段，对使用道路这一公共资源的车辆征收交通拥堵费，让一些经济条件不太好的车主放弃开车进城，改乘公共交通，或骑自行车，或与别人拼车。这样，使用道路的车辆便会减少，从而缓解了交通压力，提高了道路的使用效率。

3. 鱼、鲸和其他野生动物

我们会发现很多有商业价值的野生动物濒临灭绝的危险，原因就在于它们是公共资源。例如，鱼和鲸鱼有商业价值，任何人都可以到海洋中去捕捉。每个人都不会想着下一年这些物种是否会恢复。正如过度放牧会摧毁公共牧地一样，过度捕鱼也会毁灭有商业价值的海洋生物。例如，政府收费发放捕鱼许可证和打猎许可证，而且还规定了鱼的大小和打猎季节。再比如，政府通常要求渔民们将小鱼放生、要求打猎者只能猎杀有限数量的动物。所有这类法律都降低了公共资源的使用，有助于维持动物种群的数量。

案例研究：为什么黄牛没有绝种

在整个历史上，许多动物的物种都遭受过灭绝的威胁。当欧洲人第一次到达北美洲时，这个大陆上野牛的数量超过6000万头。但在19世纪期间猎杀野牛非常盛行，以至于到1900年，在政府开始保护这种动物之前，只剩下400头左右了。在现在的一些非洲国家，由于偷猎者为取得象牙而捕杀大象，大象也面临着灭绝的危险。

事实上，并不是所有具有商用价值的动物都会面临这种威胁的风险。

比如黄牛，黄牛供给人类食用，消耗量是极为巨大的，但你会担心黄牛绝种吗？不会，对吧？实际上，对牛肉的需求反而保证了这种动物的大量繁衍。

那么究竟为什么大象的商用价值成了其催命符，而牛肉的商业价值却是其保命符？原因在于：野生的大象是公共资源，而黄牛则是私人物品。大象可以自由自在地漫步，不属于任何人。偷猎者为了追逐自己的利益，就去尽可能猎杀大象。并没有一个群体为了保护自己的利益去保护大象。而黄牛则不同，农场主会为了自身的利益去保护黄牛。

有一些国家政府将猎杀大象并且出售象牙作为违法行为。但这些法律一直很难得到实施，反而政府和偷猎者之间的斗争越来越激烈，大象的数量却一直在持续减少。与此相反，一些国家例如马拉维、纳米比亚，允许捕杀大象，但是只能捕杀自己所有的大象，这样就让大象成为一种私人物品。这种方式反而让大象数量上升。

这就是市场经济和私有制的好处，在利润的作用下，希望有一天非洲的大象也会像黄牛一样，摆脱灭绝的威胁。

公共物品往往供给不足，而公共资源却过度使用，这些问题的产生其实都是源于产权没有很好地建立。就比如，正因为没有人拥有空气的产权，因此也没有人能对污染空气者收费，结果就是太多的空气污染，如果有了产权，显然就不会这样。所以，其实政府的一些公共政策是可以改善市场结果的，比如，帮助界定产权，从而释放市场的力量来解决公共物品供给不足和公共资源过度使用的问题，当然，除此之外，政府还可以进行市场干预，如管制、征税和提供公共物品。

第七讲 买的没有卖的精——信息不对称

一 什么是信息不对称

买者：你这件衣服多少钱？

卖者：550元。

买者：太贵了，我最多给250元。

卖者：250元多不好听啊，干脆我以进价卖给你，450元。

买者：还是太贵了，300元怎么样？

卖者：300元太便宜了，要不咱们都让让，400元就成交。

买者：350元给不给？不给我就走人。

卖者：等会儿、等会儿，350元就350元吧。这次绝对是亏本卖给你了。

在现实生活中，我们常会碰到这样的状况，是我们捡便宜了？还是商家获利了？这恐怕只有商家自己知道。人们在购买商品的过程中，会发现有些商品是内外有别的，而且很难在购买时加以检验，如瓶装的酒类，盒装的香烟，录音、录像带等。人们或是看不到商品包装内部的样子（如香烟、鸡蛋等），或是看得到、却无法用眼睛辨别产品质量的好坏（如录音、录像带）。显然，对于这类产品，买者和卖者了解的信息是不一样的。卖者比买者更清楚产品实际的质量情况，也就是我们常说的"卖的总比买的精"，其实，这反映的是一个典型的经济学现象——"信息不对称"。

信息不对称，指交易双方信息占有不对等，一方知道的信息多一些，另一方知道的信息少一些。在市场经济活动中，掌握信息比较充分的人员，往往处于比较有利的地位，而信息贫乏的人员，则处于比较不利的地位，这便是信息不对称理论。该理论是由三位美国经济学家——约瑟夫·斯蒂格利茨、乔治·阿克尔洛夫和迈克尔·斯彭斯于1970年提出的，基于对这一理论的杰出贡献，他们荣获了2001年度经济学诺贝尔奖。

关于信息不对称可能导致的结果，有两个：

（1）事前的信息不对称——逆向选择；

（2）事后的信息不对称——道德风险。

二　事前的信息不对称——逆向选择

逆向选择是二手车市场上最新流行的一个经济学术语，简单来说，逆向选择就是事与愿违。它是美国著名经济学家阿克尔洛夫提出的，当时他对旧车市场进行了深入仔细的研究，随后在1970年提出了分析旧车市场的"柠檬"（在美国的俚语中，柠檬是次品或者二手货的意思）模型，开创了逆向选择理论的先河。

二手车市场，即旧车交易市场。照我们通常的想法，既然是市场，一边有卖车的，一边有买车的，大家公平交易，是不会出啥问题的。比如，这辆二手车使用的年头比较短，性能和质量都还不错，应该能够卖一个好价钱，反之，性能和质量比较差，就只能卖一个不好的价钱。

可事实真的是这样吗？不是的。下面我们就来分析一下。

假如有一辆较好的二手车，准备进场交易。这车究竟质量怎样性能如何，应该说只有卖车人最清楚。但买车的人就不同了，他从来没用过这辆车，车子质量究竟如何，他可以说是两眼一抹黑，浑然不知，那怎么办呢？为了慎重起见，也为了防止风险，买车人必然要尽量杀价，本来值10万元的，他只出8万元，而卖车人呢，明知道这车完全可以值10万元的，偏要他8万元出手，他当然不干。

就这样，一个坚持要价，一个拼命杀价。僵持的结果，自然是谈不下来。最终，这辆好车只好退出市场，不卖了。

一辆辆好车，陆续退场，剩下的车质量越来越差。而车的质量越差，买车人就越要杀价。就这么着，经过卖车人与买车人一轮又一轮的博弈，最终，二手车市场只能是一天天萎缩，甚至倒闭关门。

这就是事与愿违，也就是经济学家说的逆向选择。

如今，逆向选择已经成为一个时髦的概念，尤其是在二手商品市场上，尤为流行。通常，二手市场上很多商品的质量都存在着不确定的因素，而二手商品的卖者是拥有商品质量信息的关键人，而买者对此就了解的很少，买者只能按商品的平均质量出价，这样就导致了质量好的二手商品离开了二手市场，即，出现劣币驱逐良币的结果，甚至最终会导致整个市场的消失。

实际上，逆向选择的经济学现象不仅存在于二手商品市场上，经济生活中很多领域同样存在逆向选择。

（一）逆向选择的典型表现

1. 代购市场

全球购、海淘网、海狐海淘、panli、代购中国、中国风代购网、趣拜代购、Q买网……想必这些代购网大家都不陌生。熟人代购、网店代购、微信代购近年来也越发普遍，大家身边或多或少都有从事代购的人，留学生代购更是成为一种趋势。

但你可知道，代购市场存在着严重的信息不对称。譬如商品的价格，大部分消费者不了解代购商品在国外的真实价格，更不会关注国际汇率差，代购商就利用这一点，大幅度哄抬物价，使消费者支付远高于真实价格的费用，从中赚取高额利润；再比如代购商品的质量，代购商对于商品的介绍总是会夸大其词，对商品质量的介绍更是十分吹捧，但实际上质量可能与描述相差甚远。更有"真瓶装假货"，很多高仿包坐着飞机去了国外，贴上"代购"标签再飞回来，身价直接就翻了几十倍。当然，代购市场更存在卖家在交易前总是会向买家承诺商品的质量、效用等，当交易完成后，卖家却以"代购商品一旦售出，概不退换"以及"我们只是商品的搬运工"等说辞来拒绝买家的退货要求。

代购市场产生信息不对称的原因主要有两个方面：

（1）从客观上来讲，一方面，因为存在地域等方面的限制，消费者无法真实地看见商品，无法判断商品的真假以及质量问题，只能通过在网络上查询或向卖家询问相关信息，而这些信息与商品本身可能相差甚远，这就造成了信息不对称的出现。另一方面，买卖双方的交易是通过微信、淘宝等网络方式进行的，网络作为一种新兴的信息传递手段，虽然传递信息速度很快，但网络传递的信息难以鉴别真假，代购市场的参与者很多，信息量大，交易环境也十分复杂，这就加剧了信息不对称现象的发生。

（2）从主观上来讲，由于自利主义和机会主义的存在，代购者为了追求自身利益的最大化，他们会选择隐瞒商品的一些真实信息，只向消费者展示好的一面，甚至以次品充当正品卖给消费者，这也是造成信息不对称的重要原因。

在代购市场上，一方面，消费者知道代购商比自己更了解商品的价格与质量，因而就有可能利用这一信息优势来进行欺骗，即出售一些成本较低的劣质产品充当正品以获取更大的利润，基于这种认识，消费者只愿意对代购提供的商品支付较低的价格；另一方面，由于消费者只愿意支付较低的价格，代购商也不愿意提供成本较高的优质产品，这样一来，优质产品被劣质产品驱逐出市场，最终出现一种"柠檬"市场，即劣质品占主导地位的市场。

2. 婚介市场

近年来《非诚勿扰》《爱情保卫战》《非常完美》《百里挑一》《乡约》《爱情连连看》《全城热恋》《相亲才会赢》等相亲综艺节目大火。因为婚姻永远是一个古老而又令人极具兴趣的话题，随着经济学帝国主义分析范式的扩张，婚姻不再是纯社会学和人类学的专利，众多的经济学家对此展开了积极而富有成效的探索和分析（斯蒂格勒，1968；贝克尔，1973、

1974；张五常，1972等），进而形成了一门专门学科——婚姻经济学。

在婚姻市场上，最有效率和交易成本最小的估计就是一见钟情了，但是这往往只会在电影里出现，众多的人依然需要"众里寻他千百度"，而且还必须花费一笔巨额的成本。在婚姻市场上，婚配双方由于双方的信息不对称，这进一步加大了婚姻合约的交易成本。

首先，婚配双方开始只能了解一些表面信息特征（如相貌、财富等），并不了解对方潜在的信息特征（如品德、学识等），而这些特征往往会被特质较差的人所隐瞒，而特质较差的人往往会因为本身成本投入或竞争性出价的不足，就会在婚配市场上花费更多的成本投入来搜寻甚至掩饰自己特质的不足，直到自己在婚姻市场上的边际成本等于自己找到配偶的边际收益时，他（她）才会停止搜寻，而在这一点上，如果他（她）的总成本低于对方的竞争性出价，即获得了消费者剩余。由于特质较高的人往往竞争性出价较高，也就是本身的禀赋投入成本较高，因而他（她）在婚配市场上不会花费更多搜寻成本，甚至连基本的搜寻信息成本都可能会被节约，于是，特质较高的人本希望是与特质较高的人在一起，但是由于信息不对称的原因，他（她）可能因为不了解信息而最终做出了最坏的决定：将自己出价给在婚姻市场上积极的搜寻者了。因此，这就造成了一种现象：特质较高的人往往较难相互相识并形成较好的组合，而特质较差的人往往在婚姻市场能获得一个不小的消费者剩余。这就是通常人们所说的"美女身边的男性都比较丑，帅哥旁边的是丑女"的社会现象。

其次，婚配双方在促进信息的双向交流时，往往会出现典型的逆向选择。比如，在约会中，特质较差的人往往会出手阔绰，表现超凡脱俗，为达成婚姻合约而故意表现一些并不存在的信息特征，并且会为迎合对方的喜好而委屈自己，甚至会每天都热情地纠缠对方。在这种情况下，也会导致逆向选择的最差结果。如果双方相互了解，即信息是对称的，这种情况肯定不会发生。

因此，在婚介市场上，当未婚男女了解到婚介市场信息不对称之后，其中一些人，特别是一些条件不错的人就会选择离开婚介市场，通过其他更可靠的途径去选择伴侣。这样就使得一些条件不错，本应在婚介市场"抢手"的单身男女退出婚介市场，而留下的都是条件相对不好的未婚男女。

3. 信贷市场

近些年，借呗、花呗、易贷网、京东白条、人人贷等一大批信贷平台如雨后春笋般兴盛起来。然而，"校园贷"、"金朝阳涉案900亿、e租宝卷款747亿、泛亚侵吞430亿、中晋系涉案340亿"等百亿级P2P平台却接连倒下。

下面我们就以P2P借贷交易为例，来看下信贷市场中的信息不对称。

P2P借贷双方交易的达成依赖于借贷信息的传递，因此，信息的真实性、准确性、完整性、及时性对借贷双方进行理性决策具有重要意义。在P2P市场中，信息不对称是普遍存在的。但信息在产生与流动的各个环节中，真实性、准确性、完整性和及时性产生偏差则将进一步使贷款人处于信息弱势地位，造成信息不对称。

P2P借贷交易中存在信息不对称问题具体体现为：（1）贷款人对平台及借款人的资信状况难以判断。贷款人作为信息弱势的一方，很难有大量精力分析筛选出质量高的借款用户和平台，贷款人的选择多受"搭便车"心理以及逐利心态的驱使。具体而言，信息产生后并不能保证其本身的真实性，当信息传递到平台后，平台未能做出有效的评估以及向广大贷款人提供较为可信的资信评估信息，这就使得贷款人承担较大的投资风险。（2）资金用途等信息不明确，贷款人对转移后的资金去向难以了解。网站上标明的资金用途大多较为简单，而且也没有详细说明，以"拍拍贷"为例，在竞拍标的介绍中仅写明"资金周转""日常花费"等信息，这表明，平台在借贷交易过程中信息披露是不完全的。而且平台本身对借款人的借款用途也不了解，甚至存在借款人欺诈的情形，可平台缺少明晰这一信息的动力，这就容易导致借款人卷款跑路情形的发生。（3）平台自身的业务瑕疵和违规行为导致信息效力弱化和产生偏差。随着市场监管趋紧，P2P平台的运营逐步走向规范化，但仍有部分平台存在自融、设立资金池等行为，而贷款人往往对此并不知情。如近期发生的大规模 P2P"爆雷潮"，唐小僧、联璧金融等明星平台"爆雷"引发之后的一系列连锁反应，导致大量投资人利益受损。其根本原因就在于，平台自身存在违规的运营行为，而投资者对这一信息无从知晓，平台与贷款人之间信息不对称，所以，公司私自挪用资金进行其他领域的投资，导致资金链断裂，进而引发民众挤兑，公司最终破产倒闭。

由于金融机构（平台）无法准确判定贷款客户的资信条件，所以它只能根据其潜在贷款客户的平均信用风险程度来确定贷款的利率水平。这一贷款利率水平自然要高于那些信用风险程度较低的借款人所能接受的水平，使得这些优良客户不愿意借贷，从而退出信贷市场。而金融机构所设定的这一贷款利率水平一定会低于那些信用风险程度较高的借款人所能接受的水平，使得这些劣质客户产生追加申请贷款的冲动。其结果就是，真正拿到贷款或者更多地获得贷款的，恰恰是金融机构本来并不愿意贷出的那些劣质借款人。这就是信贷市场的逆向选择问题。我们还是举个例子说明一下：假如 A 和 B 都想从银行借 10 万元，A 是保守型，确定能还钱才借钱，而 B 热衷赌博，一旦赌输无法还钱。如果信息对称，A 贷款利率可能 3%，B 贷款利率可能 5%。但信息不对称，银行对他俩并不了解，给 A 和 B 的贷款利率都是 4%，最后 A 不会向银行申请贷款，只有 B 向银行申请贷款。

在贷款实践中，为克服逆向选择，金融机构特别乐于向信用历史记录良好的借款人贷款，这就可以理解为，是金融机构基于弥补信息不对称而采取的对策。金融机构也可以主动地向新客户表达建立长期资金合作关系的愿望，并在其第一次贷款合同中就主动地提供优惠的贷款条件，然后再根据第一期合同完成的情况来修正对该新客户的风险判断，从而确定其第二期贷款合同的信贷条件。具体来说就是，如果企业的第一期贷款能够按时还本付息，则在第二期贷款合同中就允许该新客户继续享受较低的贷款利率和抵押要求；反之，则将承担较高的贷款利率和贷款抵押，甚至是排除继续合作的可能性。

4. 保险市场

逆向选择同样出现在保险市场上。比如，有一群人想买医疗保险或者人寿保险，其中一些人可能有与生俱来的高风险，比如他们很容易得病，有家族病史，或天生喜欢比较危险的生活方式生活等，而另外一些人则具有与生俱来的低风险，例如家族寿命都比较长，或者很注意有规律地生活。这样的风险信息是个人的私有信息，而保险公司无从获知和观察到，因此保险公司将对所有的人以同样的保险费率进行保险。但是这样的话，低风险类型的消费者投保后得到的效用可能低于他不参加保险时的效用，因而这类消费者会退出保险市场，只有高风险类型的消费者才会愿意投保。当低风险消费者退出后，如果保险金和赔偿金不变，保险公司就将亏损。为了不出现亏损，保险公司将不得不提高保险金。这样，那些不大可能碰到事故的顾客认为支付这笔费用不值得，从而不再投保，高风险类型消费者就会把低风险类型消费者"驱逐"出保险市场。这就是保险市场的逆向选择问题。

为了解决这一问题，其实保险公司可以通过提供不同类型的合同，将不同风险的投保人区分开，让买保险者在高自赔率加低保险费和低自赔率加高保险费两种投保方式之间选择，以防止被保人的欺诈行为。但总之，很显然，保险市场，买方比卖方具有更多信息。

5. 劳动力市场

劳动力市场上也会出现逆向选择。企业在招聘员工时，企业当然不清楚求职者的整体素质，也不清楚每个求职者的素质，更不清楚求职者是否适合这个工作，但求职者自己对自身能力是心知肚明的，这同样也是信息不对称。企业只能通过求职者递交的简历表和对求职者进行笔试、面试来获取对方的相关信息，但对其实际工作能力、工作热情和长期打算却不甚了解，而且已获取的信息又含有相当程度的虚假成分，在这种情况下，企业只能根据求职者的平均能力来确定待遇。

假定求职者有两种类型：$Q=4000$（高能力）和 $Q=1000$（低能力），企业遇到两类求职者的概率为 1/2。如果信息是对称的，企业会在不同的工资水平上雇用到相应的人才。但由于信息不对称,企业就只能按照平均能力 2500 出资,并希望能雇到高能力的求职者。但在此工资下,高能力求职者将退出应聘过程,招聘市场上只留下能力程度较低的求职者。这样求职者的平均能力就会下降,理性的招聘企业知道这一情况以后,便会降低待遇。结果造成更多的较高能力的求职者退出招聘市场,如此循环下去,形成"劣币驱逐良币"现象,即低能力求职者对高能力求职者的驱逐。这也就是劳动力市场的逆向选择。

正是由于劳动力市场上企业和求职者之间的信息不对称,要求必须靠一种市场信号来帮助信息缺少的一方进行识别。对于企业来说,求职者的受教育水平起着筛选和指示的作用。一个有大学文凭的人可以向雇主提供一种能够证明其有能力的信号。正是凭着"文凭"这个信号,企业会按平均水平所做的决策来取舍求职者,并决定其应得到的报酬。所以,人们上学被认为可能主要不是为了获得更多的知识、生产技术,而是为了使潜在的雇主相信他们能创造较高的生产效率,应拿较高的工资。

(二) 逆向选择的解决方法

市场竞争机制是优胜劣汰,但在信息不对称的情况下,会出现劣币驱除良币的现象,继而引起市场交易的低效率,甚至会导致整个市场的失灵。所以,在实际生活中逐渐形成了以下方法,可以用来促使交易双方信息对称,增加交易双方信息的透明度。

1. 价格评判质量

因为"柠檬"原理告诉我们,在非对称信息环境中,商品质量依赖于价格,也就是说一分价钱一分货,高价格意味着高质量。或者更进一步地讲,我们可以将价格作为传递和判断质量高低的信号。

2. 市场信号

市场信号有两种类型:

(1) 当有信息的一方采取披露自己私人信息的行动时,这种现象称为发信号。有信息的一方发出来证明自己商品质量的信号,比如有信息的厂商通过品牌、广告或者向客户提供质量保证书、保修、退回等办法，来使消费者把他的产品与"柠檬"区别开，以相信它的产品质量。

在生活中我们会发现，一些商家为了促销和招揽顾客，经常在店堂内张贴"假一罚十"的告示，或以其他方式，对消费者做出"假一罚十"的承诺，其实这就是给大家发送它们的产品不是假货的信号。有信息的应聘者通过获得的学历、证书向雇主发送信号，他们能创造较高的生产效率，应拿较高的工资。

（2）无信息的一方采取行动以引起有信息的一方披露私人信息时，这种现象称为筛选。比如，一个买二手车的人会要求这辆车在出售之前经过汽车技师的检验，拒绝这个要求的卖者表明他的车是次品，买者会决定出一个低价或者直接走人去寻找另一辆车。

筛选的另一个例子较为微妙，我们一起来看一下。比如，一个出售汽车保险的企业。这个企业想向安全驾驶的司机收取较低的保险费，而向爱冒险的司机收取较高的保险费。但是，如何才能把这两种司机区分开呢？司机们自身当然是知道他们自己是习惯安全驾驶的还是爱冒险的，但爱冒险的司机不会承认这一点。司机的历史记录是一种（保险公司实际上在使用的）信息，但由于汽车事故固有的随机性，历史记录是预期未来风险的一种不完美的指标。保险公司通过提供能使司机自行分开的不同保险单来区分两类司机。一种保单保险费较高，但补偿所发生的任何一次事故的全部费用；另一种保单保险费较低，但要免赔1000美元（就是说，司机要对事故的第一个1000美元负责，而保险公司只补偿剩余的风险）。要注意的是，对于爱冒险的司机，有免赔条款的保单会带来更大的负担，因为他们更可能发生事故。因此，在免赔额足够大时，含有免赔条款的低保险费保单将吸引安全驾驶的司机，而没有免赔条款的高保险费保单将吸引爱冒险的司机。面对这两种保单，两类司机就会通过选择不同的保险单而披露自己的私人信息。

劳动力市场，雇主制定不同工资和贡献的劳动合同供雇员选择而使雇员信息披露；信贷市场，银行是信息劣势方，利用对不同风险程度的企业进行信贷配给的利率有别而使企业信息披露。

3. 中介

中介利用它的专业知识为买方提供信息，通过它来"撮合"买卖双方，所以说，其实各种中介都是为了减少买卖双方信息不对称。比如你要去留学，你会去找一个留学中介；要租房，你会去找一个租房中介；要找工作或招聘员工，你会去找一个猎头公司；要找对象的时候，你还可能会去找一个婚姻中介机构。

4. 许可证制度

许可制度实际上就是通过政府的公信力来证明从业者的行为能力。比如医师许可证、律师许可证等。

5. 搜寻

这种方法说的就是缺乏信息的一方通过自身进行信息搜寻来改变其所处的不利地位。比如，买房者对于拟购买的房屋的质量、价格、附近有没有好的学校、医院、购物超市等信息不了解，可以通过走访调查搜集相关信息。再比如相亲市场，信息不对称问题也非常严重，双方都可以通过走访调查去搜集对方信息。

三　事后的信息不对称——道德风险

信息不对称除了会导致逆向选择，还会导致道德风险，这就涉及委托代理问题了，比如你（委托人）委托别人（代理人）做事，你防止不了别人做与你委托的事无关的事，甚或是做与你委托的事相违背的事，在这种情况下，你（委托人）就要试图用各种方法鼓励别人（代理人）更负责地行事。

（一）道德风险的典型表现

1. 代购市场

在代购市场上，由于信息不对称引发的道德风险主要由代购商和消费者两个方面构成。一方面，代购商基于自利主义和机会主义，在买家支付商品订金后不提供商品给买家，或者在承诺买家"保真"的前提下以次充好，造成消费者的利益损失；另一方面，消费者欺诈代购商的事件也时有发生，比如有部分代购商会基于对买家的信赖，约定货到付款，然而买家在收到商品后却拒绝向卖家付款，造成代购商的损失。

2. 婚介市场

在婚介市场上，道德风险主要表现在征婚双方成功结合之后。由于有了婚姻的保障，信息优势方很容易出现与之前的承诺不一致的现象，恋爱中百依百顺、隐恶扬善，结婚后真相毕露，从"奴隶"到"将军"。因为离婚是有成本的，包括：（1）婚姻合约前的沉没成本，包括双方在实现婚姻合约中的交易成本；（2）在一个道德约束感较强的社会，离婚的道德成本是不低的；（3）离婚在对家庭，包括对自己的心灵的伤害成本，而且对下一次婚姻的负面影响；（4）本身婚约解除的交易成本。更多的人还在承受婚约中道德风险的煎熬。

3. 信贷市场

信贷市场中道德风险是指从贷款者角度看，由于无法完全跟踪监控那些已经获得贷款的客户的资金使用情况，借款者会有从事不道德投资活动的风险，而这些活动会导致无法还贷。比如，银行借10万元给B，他想用来开店，然而借给他之后，他可能会跑去赌博，获胜的话会得到100万元，输了的话他就无法还钱给银行，这就是银行面临的道德风险。解决办法就是出借者可以要求贷款人提供抵押品或者担保。

4. 保险市场

在工作场合之外，生活中也有许多关于道德风险的例子，保险市场就是一个比较经典的例子。道德风险来自保险公司不能观察到投保人在投保后的个人行为，投保人在得到保险保障之后改变日常行为的一种倾向。

被保险人行为的改变有两种类型，分别是事前道德风险和事后道德风险。

保险可能会对被保险人的防止损失的动机产生一定的影响，这种影响叫作事前道德风险。举例子来说，在购买汽车的保险后，有些人可能不会锁车子或开车会变得更莽撞一些，因此就会增加车子被偷或发生车祸的危险性。在购买火险后，有些人可能就会较少关注防火措施，有可能在床上抽烟，或忘了替换火警的电池。有了医疗保险后，消费者对疾病发生的预防程度会降低，进而也会提高罹病的概率。

损失发生后，保险可能会对被保险人的减少损失的动机产生一定的影响，这种影响叫作事后道德风险。例如，一个人给家庭财产投了足额保险，当发生火灾时他可能不会采取积极措施来抢救财产以防止损失进一步扩大，甚至他可能完全袖手旁观，任凭全部财产化为灰烬，因为他可以获得足额赔偿。但如果没有投保，他可能会试图抢救出尽可能多的财物。就这样，保险在无形之中将损失"扩大"了。还比如，享受失业保险的人可能比条件相同却没有失业保险的人在找工作时付出的努力要小。有医疗保险的人会比没有医疗保险的人更多去医院而且会选择较高档的医院。

那保险公司该怎么办呢？其实，保险公司可以通过风险分担办法来减少道德风险。例如，采取在保险合同中设立免赔额，即损失低于这个点时不赔付，或投保人自己承担一部分损失等手段。

5. 劳动力市场

雇佣关系是经典的例子。企业是委托人，而工人是代理人。企业的效益是通过工人能力的发挥来实现的。但是工人的能力发挥是无形的，对它的监督和控制是很困难的。企业无法判断出工人现在的努力程度和工人行为在多大程度上符合企业的利益等，而且，根据"理性人"假设，工人往往倾向于做出有利于自身的决策。由此，导致雇佣关系中的"道德风险"问题。

但雇主可以用各种方法对这个问题做出反应：

（1）更好地监督

雇用保姆的父母在自己家里安装隐蔽录像机，以便在父母外出时录下保姆的行为。其目的是防止保姆不负责的行为。

(2) 高工资

1914年1月亨利·福特开始向其工人支付每天5美元的工资,当时流行的工资在每天2—3美元之间,福特公司的工资远远高于均衡水平。当时的一份调查报告显示:福特的高工资摆脱了惰性和生活中的阻力。工人绝对听话,高工资提高了工人积极性,增强了企业的凝聚力,带来了更高的劳动生产率。为什么高工资带来高的产出?实际上是因为,如果工资定得太低,工人偷懒的概率就会很高,因为即使被解雇也不会失去太多,如果定一个均衡工资,被解雇了也还能找到一个同样的工作,但如果定一个高于均衡工资的高工资,被解雇了再找工作,也只能得到均衡工资,所以这样工人就不会偷懒,因为他们会认为被解雇的代价太大了。

所以说,工人是努力还是偷懒,这个信息工人知道而厂商不知道,但厂商可以通过支付一个更高的工资以确保工人努力,解决道德风险问题。

(3) 激励制度

员工工作没动力,其根本在于缺少相应的激励机制,通常,企业都会出台一些激励机制,比如让职工持股,可以增强公司员工的主人翁责任感,鼓励其自律性、积极性和创造性,保证公司规章制度的有效执行,维护正常的生产秩序和工作秩序,提高劳动生产率和工作效率。

(4) 延期支付

企业有时会延迟支付工人的部分报酬,因此,如果工人被抓住怠工并被解雇,那他就会遭受较大的惩罚。延期支付报酬的一个例子是年终奖金,近年来很多公司都将年终奖推迟到了来年的7月,将年终奖变成了"年中奖"。类似地,一个企业可能会选择在工人生命的后期进行支付,因此,工人的工资随着年龄而增加可能不仅仅是反映经验带来的利益,也是对道德风险的一种反映。

(二) 道德风险的解决方法

1. 信号发送和信号甄别

造成道德风险的根本原因是信息不充分和信息不对称,因此化解道风险的根本途径就是加强信息沟通。

2. **信誉机制**

信誉机制是指在长期的经济交往过程中，交易双方彼此掌握的、控制对方和克制自己的机制。在现代市场经济中信任机制的惩罚措施是有效地降低道德风险的方式。

3. **部分保险和抵押机制**

大多在信息不对称的情况下，分担风险也是有效地降低道德风险的方式。

4. **长期合同机制**

大多长期合同有助于市场交易双方建立起较强的互相约束机制，长期合同机制与声誉密切相关，建立声誉要耗费大成本，从而加大了道德风险的机会成本。

21世纪就是一个信息社会，对于个人来说，拥有信息越多，越有可能做出正确决策。然而现实情况是，一小部分人垄断事物状态的信息，而另外绝大多数人则缺乏事物状态的信息。因此，提高我们获取信息的能力，增加我们获得信息的渠道，以我们充满智慧和理性的头脑来指导行动，这样我们才能在消费时尽可能减少信息不对称造成的损失。

第八讲　贫富差距有多大——基尼系数

在某银行工作的小王，第一年年薪就达到了10万多元，加上平时奖金及年终奖金，年收入可达14万多元；而小王的同班同学小李，在一家外贸公司做文职工作，月薪仅3000元，且第一年无年终奖金。

2017届大学毕业生小欧和小施，分别在深圳和福州工作。小欧在深圳一家广告公司工作，月薪8500元；小施在福州从事的是同一行业同一工种，月薪4000元。"为什么他们工资那么高？为什么很多单位工资年年涨，而我们单位几年都不涨？"谈起工资，不少人一肚子抱怨。证券、银行、航空运输等行业年平均工资在10万元以上，而农林牧渔业的年平均工资则低于4万元。

的确，从小到大，我们或多或少也能感受到收入差距，有的人因为贫穷早早就辍学，有的人则因为家庭环境好，初中就被送去了国外接受更好的教育，有的人因为贫穷不得不早早扛起生活的重担，有的人则因为富有吃不了苦头不肯外出工作，一个班上有的同学三四千元的衣服一个月买三五件，有些同学为了回家的火车费要省好几个月。

当然，绝对平均的社会也是不正常的，物竞天择，优胜劣汰，这是不可抗拒的经济规律，有竞争就会有差距，就会有先进和落后，就会有富有和贫穷。这种富有和贫穷的差距也会是一种动力，促使贫穷者不断向富有的方向努力奋斗，但是，一个社会的贫富差距也不能太大，太大的话可能就会导致社会不安定。所以，经济学中对一个国家的收入差距是非常关注的，而衡量社会收入差距的国际通用的指标就是基尼系数。

一 基尼系数

(一) 洛伦兹曲线

在介绍基尼系数之前,我们有必要先提一下洛伦兹曲线。洛伦兹曲线是由美国经济学家洛伦兹提出的,由此得名,主要研究一个国家的收入分配问题。洛伦兹首先将一国人口按收入由低到高排队,然后考虑收入最低的任意百分比人口所得到的收入百分比,例如收入最低的20%人口、40%人口……得到的收入比例分别为3%、7.5%……,最后,将这样得到的人口累计百分比和收入百分比的对应关系描绘在图形上,即得到洛伦兹曲线(见图8-1)。

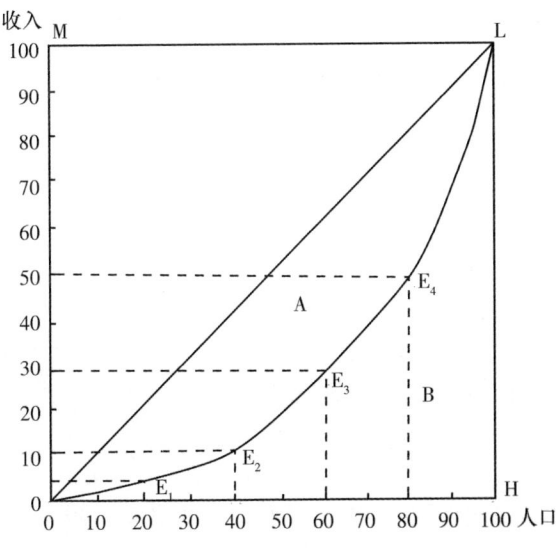

图8-1 洛伦兹曲线

图8-1中横轴H表示人口(按收入由低到高分组)的累积百分比,

纵轴 M 表示收入的累计百分比，弧线 L 为洛伦兹曲线。洛伦兹曲线的弯曲程度具有重要的经济学意义。一方面，它反映了收入分配的不平等程度：弯曲程度越大，收入分配越不平等；反之，亦然。特别是，如果所有收入都集中在一个人手中，而其余人口均一无所获时，收入分配达到完全不平等，洛伦兹曲线成为折线 OHL。另一方面，如果任一人口百分比均等于其收入百分比，从而人口累计百分比等于收入累计百分比，则收入分配是完全平等的，洛伦兹曲线成为通过原点的 45 度线 L。

一般来说，一个国家的收入分配，既不是完全不平等，也不是完全平等，而是介于两者之间，相应的洛伦兹曲线，既不是折线 OHL，也不是 45 度线 L，而是像图 8-1 中这样向横轴突出的曲线 L，曲线的弯曲程度与收入分配不平等程度成正比。

（二）基尼系数

1912 年意大利经济学家基尼，根据上述洛伦兹曲线找出了判断分配平等程度的指标。设实际收入分配曲线和收入分配绝对平等曲线之间的面积为 A，实际收入分配曲线右下方的面积为 B，并以 A 除以 A + B 的商表示不平等程度，即 $G = A/A + B$。这个数值就被称为基尼系数。

基尼系数的经济含义是：在全部居民收入中，用于进行不平均分配的那部分收入占总收入的百分比。基尼系数最大为"1"，最小等于"0"。前者表示居民之间的收入分配绝对不平均，即 100% 的收入被一个单位的人全部占有了；而后者则表示居民之间的收入分配绝对平均，即人与人之间收入完全平等，没有任何差异。但这两种情况都只是在理论上的绝对化形式，在实际生活中一般不会出现。因此，基尼系数的实际数值只能在 0 和 1 之间，基尼系数越小，收入分配越平均，基尼系数越大，收入分配越不平均。

目前，国际上用来分析和反映居民收入分配差距的方法和指标有很多。由于基尼系数给出了反映居民之间贫富差异程度的数量界线，可以较客观、直观地反映和监测居民之间的贫富差距，预报、预警和防止居民之间出现贫富两极分化，因此世界上大部分国家都采用这一指标来衡量本国的收入差距。联合国有关组织根据基尼系数的实践应用，明确基尼系数代表实际收入差距，制定了相关标准：

若低于0.2，表示收入高度平均；

若是0.2—0.3，表示比较平均；

若是0.3—0.4，表示相对合理；

若是0.4—0.5，表示收入差距较大；

若高于0.6，表示收入差距悬殊。

而通常把基尼系数为0.4时作为一个警戒线。实际上，世界各国对基尼系数的运用并不完全一致，在很多国家，基尼系数的标准和界线都不同，但总体上，基尼系数仍作为一个综合考察居民内部收入分配差异状况的重要指标。

一般发达国家的基尼系数普遍在0.24到0.36之间。美国偏高，2018年该系数为0.485。那么，我国的基尼系数在一个什么样的"水位"上呢？从图8-2中我们可以清晰地看到，我国居民收入的基尼系数自2000年首次超过警戒线0.4以来，总体呈现出先攀升后稳定的态势。但值得注意的是，2003年至今，我国的基尼系数从未低于0.46，而最近三年，更是逐年增大，由2016年的0.465升到了2018年的0.474。

在此基础上，我们可以按照《中国统计年鉴》的统计口径，依据收入水平的不同，将全国居民人数进行五等份分组来进一步加以考察。由图8-3可以清晰地看到，我国收入水平最高的前20%数量的居民，2017年的人均可支配收入为77097.2元，遥遥领先其他80%的人群；即便是位于第二梯队的中等偏上收入群体，2017年的人均可支配收入也只有45163.4元，只占高收入群体的58.6%；而收入最低的20%人群，2017年人均可支配收入仅仅为13723.1元，只占高收入群体的17.8%。这些数字充分显示了中国贫富不均的严重程度，也显示出，高速增长的成果未能被社会各阶层共享，而是绝大部分聚集在少数人手中。

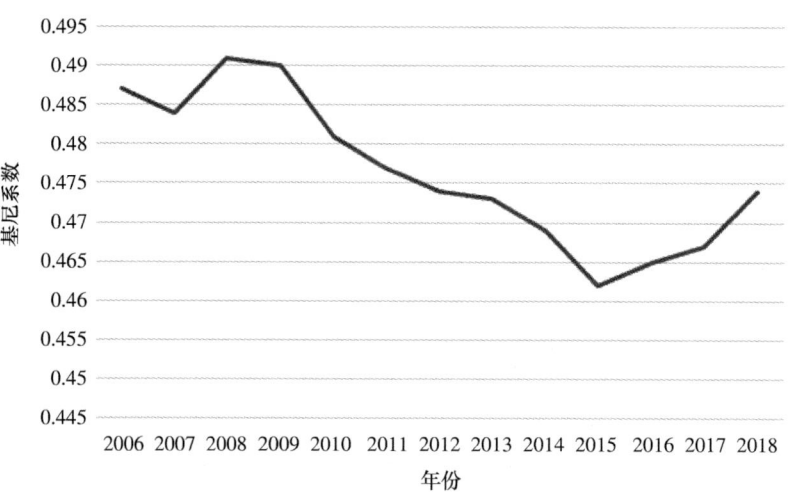

图 8-2 我国居民收入基尼系数变化情况（来源：中国统计年鉴）

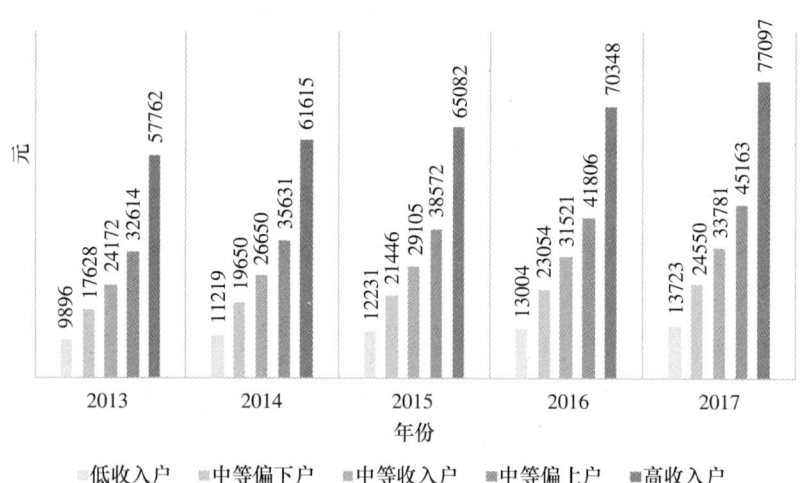

图 8-3 全国居民人数进行按收入五等份分组的人均可支配收入
（来源：中国统计年鉴）

二 我国的收入差距有多大

收入分配差距是市场经济的必然产物，适度的收入差距有利于促进竞争、提高效率。但过大的收入差距则会带来社会冲突、社会动荡等一系列妨碍整个社会稳定发展的后果。当前我国的收入差距悬殊主要表现在城乡之间、地区之间、行业之间和个人之间。

（一）城乡差距悬殊

改革开放至今，虽然我国无论是城镇居民还是农村居民，收入水平都有了较大幅度的提高，然而不容忽视的一点是，城乡居民的收入差距正在与日俱增。由图8-4我们可以看到，1978年，我国城乡居民的人均可支配收入分别为343.4元和133.6元；到了2018年，我国城乡居民的人均可支配收入各自上涨至39250.84元和14617.03元，分别是1978年的114.3倍和109.4倍。从城乡居民历年可支配收入的差距来看，1978年为209.8元，到2018年已经攀升至24633.8元。不过，从城乡居民收入比来看，在经历了长期的攀升后，近些年开始有了下降的趋势，2018年为2.69，这比2010年的3.23低了不少。这说明，城乡居民收入的绝对差值虽然在增大，但相对差值却有所缓和。总体上看，我国城乡发展仍旧不平衡，二元经济结构问题依然严峻，农村生产力水平长期低于城镇，而且户籍制度对农村人口向城镇流动也造成了制约；同时，受限于农业本身的特点，农产品附加值要低于工业与服务业产品，致使农民增收相对缓慢。其实，我国城乡除了收入差距，农村的教育普及程度、医疗保障水平、卫生条件、住房条件，乃至农村各项社会事业发展都整体落后于城市，个别地区甚至存在未开发状态。

城乡收入差距让我想起湖南卫视的《变形计》节目，节目中农村孩子和城市孩子互换，大部分人喜欢看城里孩子去到农村时发生的种种，却忽略了农村孩子进到城里对各种神奇事物的难以接受感。同样年龄的大城市孩子可能早就玩腻了玩具，而农村的孩子可能还在干粗活或者带弟弟妹妹，不知道享乐是何物。这也就难怪有人说我国的"城市像欧洲，农村像非洲"了。

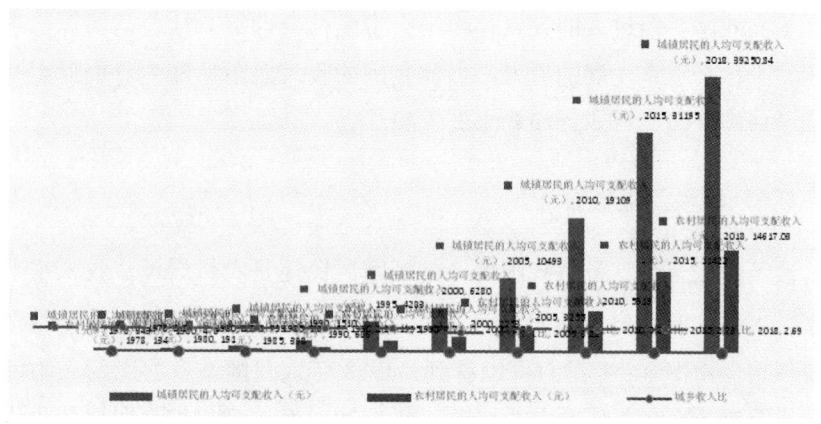

图 8-4　1978—2018 年城乡居民人均可支配收入比较（来源：中国统计年鉴）

（二）地区差异明显

在上海、广东、深圳、北京吃一顿肯德基就像吃顿包子一样，然而在西部很多城市却还是像奢侈品一样的存在。这说明，从空间维度考虑，不同省市自治区居民收入也不尽相同。国家统计局数据显示，2018 年全国各地区居民人均可支配收入最高的前 5 个省市分别为上海、北京、浙江、天津和江苏，而最低的 5 个省区分别为西藏、甘肃、贵州、云南和青海。其中，人均可支配收入最高的上海，为 64183 元，而最低的西藏，仅为17286 元，仅比上海的四分之一略高，收入差距可见一斑（参见图 8-5）。

从东、中、西部及东北地区的城乡居民收入水平比较来看，东部地区的居民收入水平大幅度高于中西部和东北地区。2018 年，东部、中部、西部和东北地区生产总值分别达到 48.1 万亿元、19.3 万亿元、18.4 万亿元和 5.7 万亿元。东部地区如广东省 GDP 为 9 万亿元，而西部的西藏只有

1400亿元。

(三) 行业差距

行业差距不断拉大,与中国经济体制改革中一些制度不完善以及经济发展不平衡有关。

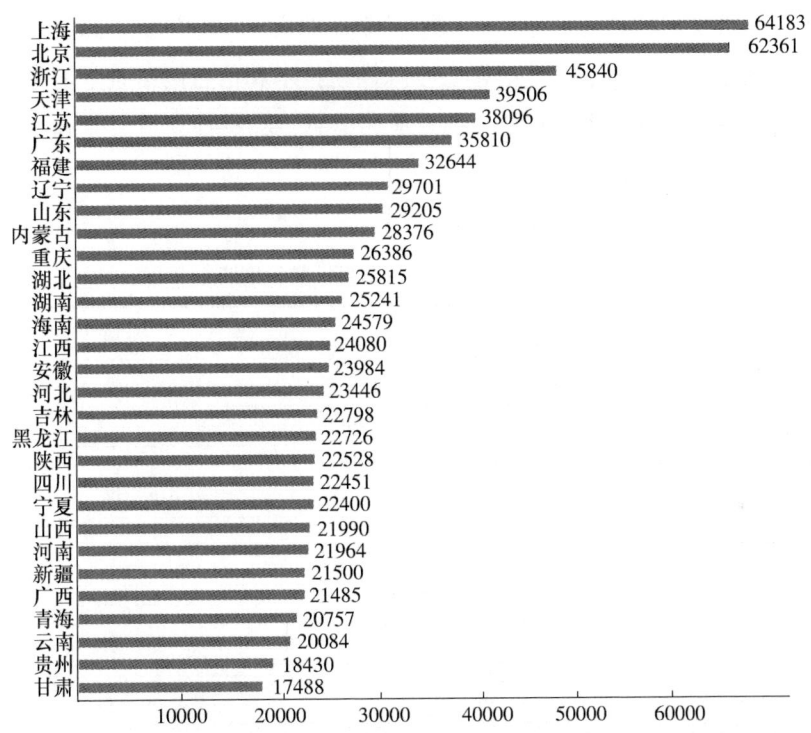

图8-5 2018年全国各省市自治区居民人均可支配收入(元)

(来源:中国统计年鉴)

从我国居民工作所属行业来看,不同行业人群的收入差距较为悬殊,这与我国经济体制改革中一些制度不完善以及经济发展不平衡有关。鉴于工资是绝大多数人的主要收入来源,我们可以从各行业平均工资水平的变化情况来加以考察。

表8-1中给出了1978年至2018年间几个重要年份中行业收入分别处于最高三位和最低三位的行业。从中我们可以看出，1978—1990年，一直处于高端收入行业的，有电力、燃气及水的生产和供应业、建筑业、水利管理业、地质勘查业、采矿业，这些行业的职工的平均工资一直都高于全国平均水平。20世纪90年代以后，特别是1992年以后，金融业和房地产业也迅速跻身于高收入行业，这两个行业在1995年和1998年都位于最高行业收入前三位。20世纪末，随着全球高新技术和信息网络技术的蓬勃发展，科学研究、技术服务和地质勘查业、信息传输、计算机服务和软件业的收入水平也得到了巨幅提高。

表8-1 我国1978—2018年行业高低收入排位

年份	最高收入行业前三位	最低收入行业前三位
1978	电、地、建	社、农、批
1980	电、地、建	社、农、批
1985	地、建、采	社、农、批
1990	采、电、地	农、批、制
1995	电、金、房	农、批、制
2000	科、金、电	农、批、采
2003	信、金、科	农、批、住
2005	信、金、科	农、住、建
2010	金、信、科	农、住、水
2014	金、信、科	农、住、水
2018	金、信、科	农、住、水

注：行业简称（1978—2002年）：农——农、林、牧、渔业；采——采矿业；制——制造业；电——电力、燃气及水的生产和供应业；建——建筑业；地——地质勘查业；水——水利管理。

另外，从表8-1中，我们还可以看出，2003年以后，处于行业收入前三位的始终是信息传输、软件和信息，金融业，科学研究和技术服务业，只是在不同年份其位次稍有变化。这些行业大体呈现出两个特征：一是属于知识与资本密集领域，二是带有垄断性和资源性。相比之下，农林牧渔业的平均工资几乎始终为所有行业中的最低，这可能与农产品的低附加值与劳动密集型特点有关。电力、电信、金融、保险、烟草等垄断行业职工总数不到全国职工总数的8%，却占全国职工工资总额的55%，高于社会平均工资10倍左右。

从工资差距看，1978年人均工资最高的电力煤气业与人均工资最低的社会服务业的工资差距仅为458元。然而，随着时间的推移，人均工资水平最高与最低行业的差距越拉越大。到了2018年，人均工资水平最高的是信息计算机软件业133150元，人均工资水平最低的农林牧渔业36504元，最高比最低多出96646元，这意味着一个拿着平均薪资的金融从业者，一年可以比一个农民多赚近10万元，而且这种差距还有继续加大的趋势。不过，从比值来看，自2005年开始，我国平均工资水平最高行业与最低行业的相对差距有逐渐缩小的趋势，2018年为3.65，不过这一数值仍比2000年以前高出不少，反映出我国行业间的工资收入水平总体上仍在拉大。

（四）高收入群体和低收入群体差距

财富原始积累的不同及财富增速的差异，逐渐形成高收入群体和低收入群体，且二者的收入差距随着时间而扩大。"一个亿小目标"的王健林、"要钱有什么用"的马云等高收入群体的存在，以至于2018年中国家庭财富报告称：人均20万，人均有套房等"被平均"成为热词，经久不衰。根据央行和西南财经大学的调查数据显示，收入最高的5%的群体，人均存款47.2万元，剩下的95%的群体人均存款只有2.4万元。

三 理性看待基尼系数

通过以上几个维度的考察,相信你已经对我国的收入差距状况有了一个整体的把握。我国当前基尼系数上升,贫富差距拉大,是不争的事实,但同时,我们也要科学理解基尼系数,不能产生"基尼恐慌",我们应该理性看待基尼系数。

(一) 基尼系数的应用不能绝对化

国际上有些基尼系数超过 0.4 警戒线的国家,当年似乎都没有发生动乱。而发生动乱的国家,原因非常复杂,有政治的、宗教的、民族的、国际的,也有经济的,但有好多并非是收入差距扩大直接引起的。

国际劳动组织有一项关于基尼系数的研究显示:基尼系数的高低,同人均国内生产总值(GDP)密切相关。即经济发展水平越低(人均 GDP 低)的地域,其社会的收入分配也普遍趋于不平均(基尼系数高)。这提示我们,基尼系数的应用不能绝对化,我们应该注意基尼系数运用的社会条件、发展水平差异等,而不能照搬。因此,当面对类似于我国这样一个庞大的地域来测算和比较基尼系数时,就更要谨慎,更要讲求科学运用。我国地域辽阔,人口众多,经济呈现典型的城乡二元结构,各地区的基本物价水准和生活费用指数也呈现出较大的差异。而基尼系数评价指标体系,是产生于市场经济发育比较充分、人口比较少、地区差异比较小、城乡二元结构基本消除的西方社会。这些就要求我们在应用基尼系数时,应做正确的背景分析。

(二) 基尼系数在反映经济公正性方面有局限性

基尼系数反映的是一个静态的结果,针对指标分配的结果,而不考虑分配的初始条件和分配中各群体投入的劳动。因此,它是一个单纯指示结果公正的工具，而不反映过程的公正与否，即它只看不同人群最后获得了多少钱，而不看各组人群到底为获得那些钱各自付出了多少劳动、接受了多少教育等。所以，当我们在追求结果公平的时候，更重要的是要强调社会公平和规则公平，改变那种只看结果不关心过程的思想方法。

基尼系数作为世界认可的一个衡量收入差距的指标，虽然从数据上看，我国的基尼系数早已超过了警戒线，但是基于我国的实际情况，基尼系数现状总体上是合理的，用基尼系数来衡量我国国民收入差距还是比较可行的。

为实现全社会共同富裕的发展目标，也要求我们要分析基尼系数所反映的实际问题，找出造成收入差距扩大的根本原因，寻求合理的解决途径。

四 导致我国收入差距的原因

（一）由于基础不同、改革力度不同导致城乡收入差距

我国经济发展在城市与农村之间存在着二元结构，第一产业主要在农村，生产条件差，劳动生产率较低；第二、三产业主要在城镇，基础好，劳动生产率普遍较高，这就使得城乡发展不平衡，城乡之间收入差距大。

（二）"先富与共富"政策的实施

改革开放以来，根据"鼓励一部分人、一部分地区先富起来，先富带动后富，最终实现共同富裕"的大思路，我国将效率原则和效益目标放在区域经济布局和发展的优先地位，制定并实施东部地区优先发展的非均衡发展战略。东部地区得益于国家的优惠政策和财政、税收、稀缺资源的优先供给以及自身的地理区位优势，建设成就斐然，经济飞速增长，同时拉开了东部与中、西部地区经济发展的距离。实践也证明了，实施让一部分

地区先发展起来的战略是科学而卓有成效的。问题在于先发展起来的地区带动落后的地区，先富帮后富，这后半段的战略思路没能得到有效的贯彻实施，导致了区域之间的收入差距扩大。

（三）行业垄断及行业政策倾斜的影响

行业薪酬差距扩大，有客观因素，如行业之间劳动生产率不同、员工人力资源结构不同等。但专家们普遍认为，即便考虑这些因素，也远不应达到近几年如此大的差距。比如金融、电信，在行业收入中一直排名靠前，这与其人才相对紧缺、技术含量高有关，但也受到了行业企业产权单一、具有一定垄断特性的影响。国家发改委宏观经济研究院有相关研究表明，我国行业间工资差距中，约1/3是垄断因素造成的。垄断是行业收入差距不可忽略的重要影响因素，尤其是行政垄断，对行业收入差距影响更甚。目前，我国的不少行业，例如金融、电信、能源等，都存在着行政垄断问题。

行政垄断的存在会从三个方面让收入分配格局发生恶化：首先，行政垄断的行业可以借助政策倾斜等非市场力量迅速占领市场，从而保证超额收入；其次，行政垄断行业可以利用定价机制推高行业收入；最后，由于这些垄断行业的寻租空间巨大而监管却相对困难，因此容易滋生大量的"灰色收入"。以上三方面原因的叠加，造成了行政垄断行业的员工收入远远高于竞争性行业的员工收入，并由此带来了居高不下的行业间收入差异。

（四）非法收入和腐败因素

社会上少部分人在利益的驱使下，通过偷税漏税、制假售假、走私贩毒，从而获取暴利，或欺行霸市、黑心宰客，从而暴富起来，形成了被社会关注的高收入群体；或一些掌握着行政权力和稀缺资源的单位和个人，利用手中的公共权力为自己谋私利，寻求在行政定价与市场价格之间产生的巨额政策"租金"，从而导致腐败现象的蔓延。据专家测算，2009年我国隐性收入超过10万亿元,2010年超过12万亿元,2011年仍超过10万亿元,其中超过5万亿元为灰色收入。隐性收入和灰色收入的相当一部分,都是来自公职人员的腐败所得,虽然这部分人在总人口中比重不大,但其危害性不可低估,其实,我们对分配不公的痛恨,很大程度上就是对非法收入者的反感,非法收入的产生和发展,不仅削弱了人们对分配制度改革的信心,也加剧了居民收入分配差距的扩大。

(五) 税收制度的不合理

个税的缴纳主体无疑应该是高收入者,这几乎成为绝大多数国家个税的通例。以美国为例,将近50%的工薪阶层只承担了联邦所得税的10%,10%的高收入者承担了个人所得税的60%多,1%的最高收入者承担了30%多,由此,通过个人所得税便可以调节个人收入分配的差距,防止贫富分化过分悬殊。但我国个人所得税的征收情况恰恰相反。低收入者如工薪阶层,由于其收入简单明了,却成了个人所得税的纳税主体。绝大多数的高收入者的收入来源,由于信息的不透明,一方面征管比较困难,另一方面,逃避个人税收的手段五花八门,常漏征个人所得税。这也印证了频繁出现在福布斯(或胡润)中国富豪榜上的中国富豪们,并没有出现在缴税排行榜的前列。个人所得税管住了工薪阶层,却管不住富人阶层,富人大量逃税,不仅造成了国家税收的巨额损失,还使得个人所得税的调节作用失效,富者更富,贫者更贫,导致了贫富差距进一步拉大。

(六) 社会保障乏力

目前我国的社会保障面太窄,只有国家机关、事业单位、国有企业和部分大型集体所有制职工享受,而私营企业、乡镇企业、外资企业的中方员工却很少享受。这种在享受社会保险方面的不均等性,也使城镇居民的收入差距进一步拉大。

完善的社会保障制度是调节社会公平的基础,然而与我国经济快速发展相对应的却是我国的社会保障体系的发展相对滞后,主要表现在财政总支出中社会保障支出占比较低，2019年前三季度，我国社会保障和就业支出23897亿元，仅占财政总支出的13%左右，占2019年前三季度GDP的3.4%，与发达国家相比还有很大的差距，发达国家社会保障支出占财政总支出的比例在30%—50%左右，过小的社会保障支出规模抑制了其收入调节功能。而且我国社会保障还存在覆盖面不全、制度碎片化的现象，从而导致不同群体享受不同的社会保障待遇，并进一步固化了城乡、区域和行业之间的差距。

五　解决收入差距的对策

（一）加快新农村建设，推进城乡融合发展

要缩小城乡差距，就一定要从政策上扶持农村经济发展，提高农民收入。比如，要加强对农村的转移支付力度，在农村建立最基本的社会保障制度，设立最低生活保障线；加大对农业的基础设施投入和科技投入，从根本上改善农业生产条件，增强抵御自然灾害的能力。

除了要从政策上扶持农村经济发展，还要推进城乡融合发展。城乡融合发展的关键在于人才能在城乡之间双向流动，重点是推动企业家、专家学者、医生教师等市民下乡，农村大学生回乡，农民工返乡（即三乡）创新创业。一方面，要健全激励机制，鼓励企业家、专家学者、医生教师等市民到乡村和企业挂职、兼职和离岗创新创业，另一方面，要完善在外打工、创业有成的农民工、农村大学生、退伍军人返乡创业扶持机制，吸引他们返乡创业。

（二）继续"两大战略"

"西部大开发"和"中部崛起"的战略在缩小收入差距方面发挥了一定的作用，但效果还不太明显。因此，应该采取进一步的措施，继续加大对中、西部地区的转移支付，加强中西部地区基础设施建设，努力吸引国

外投资者和东部的资金、技术、人才到中西部地区,从而有效加快中西部地区的经济发展,提高中西部地区的生活水平,最终缩小与东部发达地区的贫富差距。

(三) 加强对垄断行业的监管

目前对垄断行业的高收入情况,除了运用个人所得税进行调节,我们还要借鉴国外的经验,以法律和规则的形式,对垄断的范围和垄断价格等加以限制。同时,在垄断行业引入竞争机制,削弱垄断行业与非垄断行业之间的收入差距,并对垄断行业的工资收入加强检查力度。

(四) 加强法制建设

现实生活中,以权谋私、官商勾结、走私贩私、假冒伪劣等违规、违法行为时有发生,引起了广大人民群众的强烈不满。对此,必须加强法制建设,并依法重拳出击,严厉打击违法乱纪,权钱交易等丑恶现象,有助于规范许多领域和环节的收入分配秩序,有助于缩小收入差距,遏制贫富分化。

(五) 完善个人所得税制度

要缩小贫富差距就需要完善个人所得税制度,加大收入分配调节力度。国外的一些做法也许会给我们某种启示。在发达国家,对富人在银行的存款有严格的限制,超过一定的限额将被课以重税,以强迫其储蓄进入消费和投资。在税收上的收入累进制,也强迫富人缴纳更多的税赋。还有,高达50%的遗产税将使富人不可能将他的财产大部分地留给他的后代。于是,在发达国家,绝大多数的富人在其拥有了一定的财富后,他们发现,除了他们自己个人和家庭的消费(对于绝大多数的能被称作富人的人来说,那只不过是一个很小的数字)外,其余的财富都是社会的,他们不过是这些财富的托管人而已。于是,发达国家对富人的政策,强迫许多富人成为这样的人:一方面他是企业家;另一方面他又同时是慈善家,他必须把企业所赚来的钱，流水似的大把大把地花出去，或者大把大把地捐给穷人或公益事业。通过这样的调节，实现一种社会公平。

（六）完善社会保障制度，加大对低收入阶层的扶持

社会保障制度作为对社会收入分配进行再调节的有效经济杠杆，可以在一定程度上缓解市场经济条件下的社会分配不公，贫富过分悬殊问题。西方发达的资本主义国家之所以能较好地解决贫富差距问题，与他们拥有完善的社会保障体系不无关系。所以，政府应扩大对社会保障的支出，适当扶持低收入阶层，提高贫困人口的收入水平，使其生活有基本保障。另外，要健全失业保障金制度，通过发放失业保障金的办法，保证失业者在待业期间的生活费用，并通过待业培训和职业介绍，帮助失业者重新就业，对贫困线以下的贫困者实行社会救济；对老工业基地和贫困地区，可通过中央财政的转移支付来解决。

（七）提高低收入者的收入

改革开放以来，我国经济增长取得举世瞩目的成绩，但多数人，如农民、下岗工人，并没有分享到我国经济快速增长的红利，这部分人的收入增长甚至还赶不上我国经济增长的速度，这是极不合理的。因此，我们必须大幅提高这些低收入者的收入水平。如，除了完全免除农民的各种税费以外，还给农民尤其是种地农民大量的补贴；大幅提高城镇职工的最低工资水平和最低生活保障线。但仅这些还不够，我国有句古话叫"授人以鱼不如授人以渔"，所以，还应通过教育扶贫和加强培训来提高低收入者的收入。

发展农村教育事业才是阻断贫穷代际传递、减少相对贫困的根本办法，是提高低收入者收入最紧要的措施。"扶贫先扶智，农村劳动力受教育水平严重低下，劳动生产率低，收入就低。"随着精准扶贫政策的不断落实，2020年，我国全部农村贫困人口脱贫的目标有望实现。如果将眼光放得更长远些，5年以后，即便贫困人口脱离绝对贫困，也远未能达到社

会平均水平，需要教育扶贫等更多政策持续性地支持。

同样，如果不提高低收入人群的劳动生产率，也难以解决增加收入的问题。但只是通过不断提高最低工资标准来提高低收入者的收入是不现实的，因为提高最低工资标准必须与低收入人群的劳动生产率保持同步，不然企业会认为劳动力成本太高，也会"机器换人"，反而会带来失业问题。因此，通过职业技能培训来提升低收入人群的劳动生产率才是出路。

总体而言，基尼系数是一个反映收入分配公平程度、衡量收入分配差距的指标。对此，我们要科学认识、科学运用。中共十九大之后，我国政府正在加大收入分配的改革力度，进一步缩小收入差距，解决收入分配不公问题，更加努力地建设公平社会，实现全社会共同富裕的发展目标。所以我们也应相信，当前我国存在的收入差距、贫富差距拉大的问题，一定会在建设社会主义和谐社会的过程中逐步得到解决。

第九讲 为什么有富国与穷国之分
——GDP 的衡量和决定

为什么世界上会有穷国和富国之分？看到这个问题，你是不是想到了穷人和富人之分？在现实中，有的人收入高，可以拥有更好的住房、汽车、医疗和教育等等；有的人收入低，可能只能维持温饱，穷人和富人之分，很明显，判断依据就是收入。其实国家也是一样，有富国和穷国，判断一个国家是穷国还是富国时，也要看"收入"。在经济学中，这个"收入"有一个专业的称谓——国内生产总值（GDP），该指标代表了一国（或地区）一定时期的总收入，是公认的、衡量一国穷富的指标。

我们先来看下 2018 年世界各国的 GDP 排名情况：

（1）美国 205130 亿美元；

（2）中国 134573 亿美元；

（3）日本 50706 亿美元；

（4）德国 40291 亿美元；

（5）英国 28089 亿美元；

（6）法国 27947 亿美元；

（7）印度 26900 亿美元；

（8）意大利 20869 亿美元……

通过上面的数据，你是不是已经很直观地感受到了世界各国的"穷"与"富"？

这一讲我们就来专门说说这个大名鼎鼎的国内生产总值——GDP，以及它是如何决定的。

一 国内生产总值及其衡量

(一) 国内生产总值的含义

国内生产总值（Gross Domestic Product，GDP）指的是一个国家（或地区）在一定时期内所生产的所有最终物品和劳务的市场价值。

我们来解读一下：

第一，GDP统计遵循国土原则，即以地理上的国境或边境为统计范围，是一个地域概念。凡是在本国领土上创造的收入，不管是否为本国国民所创造，都被计入国内生产总值。而与此相联系的是国民生产总值，国民生产总值（Gross National Product，GNP）指某国国民所拥有的全部生产要素在一定时期内所生产的最终产品的市场价值。GNP遵循国民原则，以人口为统计范围，是一个国民概念。凡是本国国民所创造的收入，不管生产要素是否在国内，都计入国民生产总值。

第二，GDP衡量某一特定时期内的生产的价值，统计时间通常指一年或一个季度。也就是说，GDP是一个流量的概念，统计的是一定时期内发生的变量，而非某一时点上的存量。

第三，GDP衡量的是现期新生产的产品和价值。这里有三层含义：一是，GDP统计的是本期新生产和创造的产品，而非现期销售的产品，因为现期销售的产品，可能是以前年份生产的，它们不应计入当年的GDP当中，也可能只是当期生产的产品的一部分，因为当期生产的产品，未必能全部卖掉。就比如，若某企业当年生产了100辆汽车，卖掉了80辆，剩下20辆，那么当年GDP应该计算的是100辆的价值，因为它们都是企业在当年生产的，属于当年新创造的价值。同样的道理，如果当年生产了100辆汽车，但是却卖掉了120辆汽车，则计入当年GDP的仍是100辆汽车的价值，因为当期只生产了100辆，其余20辆汽车必然是以前年份生产的，不属于当年新生产的产品。二是，GDP衡量的是当期新生产的产品和价值。

假如某企业当期生产和销售100万元的产品，能否说这100万元都是企业新生产或创造的呢？答案是不能。因为企业在生产过程中，必然消耗了原材料、能源等，扣除生产材料和能源的消耗30万元以后，实际上企业新生产的产品和价值就是100万元－30万元＝70万元，这个差额才是该企业在当期新生产的产品和价值，也就是说，GDP统计的是新增价值。

第四，GDP衡量的是最终产品的价值，而非中间产品。前面说过，GDP统计的是现期新生产产品的价值。所谓最终产品，是指由最后使用者购买的产品和劳务。相对应的中间产品，是指用于再出售而供生产别种产品用的产品。最终产品与中间产品的区分其实很简单，就是是否再转售。例如，同样是面粉，如果是家庭购买就是最终产品，因为家庭是面粉的最终使用者，但如果是企业用于生产月饼的面粉，那就是中间产品，因为企业会把面粉加工成月饼，再对外销售，月饼成了最终产品。另外，GDP统计的是一国在一定时期内（如1年）内生产的所有最终产品的价值总和。关于这一点我们也举个例子进行说明：农民种了棉花（假设生产成本为0），以5元的价格卖给织布厂，织布厂把棉花纺成布，又以15元的价格卖给服装厂，服装厂将布做成了衣服，以100元的价格向消费者出售。在这个产业链中，农民生产棉花，产生增加值5元（5－0），织布厂织布，产生增加值10元（15－5），服装厂生产衣服，产生增加值85元（100－15）。这样，在该产业链中，总共产生的价值增值＝5＋10＋85＝100元，显然，总价值增值（100元）恰好等于最终产品——衣服的价格（100元）。其实原因也很简单，因为最终产品——衣服定价时，必然包含前期耗费的各种材料——布的价值，而布在定价时，又必然包含棉花的价值，这样一来，衣服的价格自然包含了各阶段的价值增值。因此，我们在计算GDP时，只需统计各最终产品的价值即可。也只有这样，才能避免重复计算的问题。

第五，GDP统计的、现期生产的产品，既包括有形的物品，也包括无形的劳务。

第六，GDP统计的是能以货币加以衡量的、生产性交易的市场价值。

假如某国一年只生产了 100 辆汽车，每辆汽车售价 10 万元，则该国一年生产汽车的市场价值为 1000 万元。亦即 GDP 为 1000 万元。而一些生产性非市场交易，如家务劳动，以及非生产性市场交易如贩毒、赌博、转移支付、证券交易（二级市场）等，均不计入 GDP。

第七，GDP 衡量的是各种最终产品的市场价值。在 GDP 统计中，各种最终产品的价值都是用其单位市场价格乘以产量得到。例如某国一年只生产了 100 个苹果，每个苹果售价 2 元，则该国 GDP = 200 元。

（二）真实 GDP 和名义 GDP

由于 GDP 是用货币进行衡量的，是产量和价格的乘积，所以，当一国 GDP 变动时，有可能是因为产量变动引起的，也有可能是价格变动的原因。如果一国生产的产品数量没有增加，而仅仅是价格上涨了，那么该国经济实际上并没有增长，因为产量没有变化，满足国民需求的能力也没有增加。但此时 GDP 确实是增长了。

为了更准确地衡量国民经济的发展情况，弄清国内生产总值变动到底是由产量变动还是价格变动引起的，经济学家们提出了真实 GDP 和名义 GDP 两个概念。

名义 GDP（或货币 GDP）是用生产物品和劳务的当年价格计算的全部最终产品的市场价值。真实 GDP（或实际 GDP）是以某一不变价格（通常选取某一年份的价格，也称为基期价格）计算出来的全部最终产品的市场价值。

我们可以用一个例子来说明名义 GDP 和真实 GDP。假设一个国家只生产两种产品 A 和 B，第一年 A 的价格是 10 元，B 的价格是 8 元，全年生产 A 的量为 1000 件，生产 B 的量为 500 件，则第一年 GDP 计算出来应该为 $10 \times 1000 + 8 \times 500 = 14000$ 元。

第二年，A 的价格涨到 12 元，B 的价格涨到 9 元，全年生产 A 的量为 1500 件，生产 B 的量为 800 件，则第二年的 GDP 计算出来为 $12 \times 1500 + 9 \times 800 = 25200$ 元。

如果我们对比 25200 和 14000，可以发现，GDP 增速达到 25200/14000×100% −1=80%，这个就是名义 GDP 增速，也就是说，直接按照第二年的市场价格计算的 GDP。

而实际上，如果你生活在这个国家，你根本感受不到 80% 的 GDP 增速，为什么这么说呢，假设你第一年手里有 10000 元，全部用来买 A 产品，可以买 1000 件，按照 80% 的 GDP 增速，第二年假设你有 18000 元，这时候，你能买的 A 产品数量为 1500 件，并不是 1800 件，也就是说，GDP 增长了 80%，而你能买到手里的产品呢？只增长了 1500/1000×100% −1=50%。这是为什么呢？

因为产品的价格发生了变化，A 产品价格从 10 元涨到了 12 元，如果不考虑价格变化，你当然可以买到 1800 件 A 产品。产品价格的变化会让大家能感受到的实际 GDP 增速与名义 GDP 增速会有一定差别，就这样，真实 GDP 就诞生了。

上面的例子里，真实 GDP 增速 =（1500×10+800×8）/14000×100% −1=52.86%，也就是用第二年的产量乘以第一年的价格来计算 GDP，这样就不考虑第二年价格发生的变化了，而只考虑实际产量的变化情况。

由于产品的价格可能波动比较大，这就会使得名义 GDP 的波动比较大，不确定性强，而不考虑价格波动的真实 GDP 相对波动就小得多。因为名义 GDP 是用当年价格评价经济中物品和服务的价值，真实 GDP 是用不变的基期价格来评价经济中的物品和服务的价值，所以真实 GDP 不受价格变动的影响，它只反映生产的产量的变动。因此，当经济学家谈到经济的 GDP 时，他们通常是指真实 GDP，而不是名义 GDP。

同一年的名义 GDP 和真实 GDP，在计算时，产品的种类和产量是相同的，不同的只是价格，所以二者的差别可以用来反映这一时期和基期相比价格变动的程度。在上面的例子中，25200（第二年名义 GDP）÷21400（第二年实际 GDP）×100% =117.8%，说明该国物价水平上升了 17.8%。在这里，117.8% 称为 GDP 折算指数（或平减指数）。可见，GDP 折算指数是名义 GDP 和实际 GDP 的比率。GDP 折算指数的计算公式是：

$$\text{GDP 折算指数} = \text{名义 GDP}/\text{真实 GDP} \tag{9-1}$$

GDP 折算指数用来反映物品与服务的价格，经常被经济学家用来监测经济中平均物价水平。也正是因为 GDP 折算指数能够反映价格的变动情况，所以经济学家也会用它来衡量通货膨胀率。在下一讲我们讲消费物价指数时，我们还会介绍 GDP 折算指数和通货膨胀率之间的关系。

二 GDP 的核算方法

国内生产总值有三种表现形态，即价值形态、收入形态和支出形态。

因为 GDP 统计的是现期新生产产品的价值。所以从价值形态看，GDP 是所有常住单位在一定时期内生产的全部货物和服务价值与同期投入的全部非固定资产货物和服务价值的差额，即所有常住单位的增加值之和。

从支出形态看，它是一定时期内整个社会购买最终产品的总支出，或者也可称为最终产品的总卖价。再次提醒一下，这些购买和卖出，必须是最终产品，而非中间产品。

从收入形态看，它是所有常住单位在一定时期内创造的各项收入之和，包括劳动者报酬、生产税净额、固定资产折旧和营业盈余。

因此，在实际核算中，国内生产总值有三种计算方法：生产法、收入法和支出法。这三种方法分别从不同的方面反映国内生产总值及其构成。

需要注意的是，以上三种方法中，无论是从收入角度，还是从支出角度，计算出的 GDP 必然是一样的。因为，对于每一种产品，买者支出的价格必然等于卖者的销售收入。所以，从全社会看，所有产品的买者支出 = 所有产品的卖者收入，即使在这个过程中，有的产品未被卖出，但在国民收入核算中，我们将未被卖掉的产品视为存货，从会计上看，存货仍然属于投资支出，因此未被卖掉的产品依然属于总支出的一部分，这样一来，即社会总支出 = 社会总收入。

（一）生产法

该方法从国民经济各行业生产过程中创造的货物和服务价值中，剔除生产过程中投入的中间货物和服务价值，得到其增加值，将所有产品和服务的当年增加值相加，即得到 GDP。具体计算公式如下：

增加值 = 总产出 − 中间投入

例如，一国一年生产了 100 千克面粉，价格每千克 2 元，所耗费的原材料为 40 元。那么，如果用生产法统计，该国的 GDP 为 200 − 40 = 160 元。类似地，我们用相同的方法将国民经济各行业生产法增加值相加，即可得到生产法 GDP。

在我国，多年来一直采用生产法计算 GDP。具体操作是：

首先，将 GDP 从产业角度，划分为第一产业、第二产业、第三产业。在我国，根据《国民经济行业分类》（GB/T 4754 − 2011）和《三次产业划分规定》的规定，将产业划分为：第一产业是指农、林、牧、渔业（不含农、林、牧、渔服务业）；第二产业是指采矿业（不含开采辅助活动），制造业（不含金属制品、机械和设备修理业），电力、热力、燃气及水生产和供应业，建筑业；第三产业即服务业，是指除第一产业、第二产业以外的其他行业，如金融业、交通业。其次，分别统计第一产业增加值、第二产业增加值、第三产业增加值。最后，将各产业增加值加总，即可得到我国 GDP。

目前，我国对 GDP 的核算，实行"分级核算、下管一级"原则，分为国家、省、市、县四级核算。

（二）支出法

支出法是从最终使用的角度反映一个国家（或地区）一定时期内生产活动最终成果的一种方法，包括最终消费支出、资本形成总额及货物和服务净出口三部分。即：

支出法国内生产总值 = 最终消费支出 + 资本形成总额 + 货物和服务净

出口

最终消费支出，指常住单位为满足物质、文化和精神生活的需要，从本国经济领土和国外购买的货物和服务的支出。它不包括非常住单位在本国经济领土内的消费支出。最终消费支出又可分为居民消费支出和政府消费支出。

居民消费支出指常住住户在一定时期内对于货物和服务的全部最终消费支出。居民消费支出除了直接以货币形式购买的货物和服务的消费支出外，还包括以其他方式获得的货物和服务的消费支出，后者称为虚拟消费支出。居民虚拟消费支出主要包括：单位以实物报酬及实物转移的形式提供给劳动者的货物和服务；住户生产用于自身消费的货物（如自产自用的农产品），以及纳入生产核算范围并用于自身消费的服务（如住户的自有住房服务）；银行和保险机构提供的间接计算的金融服务。

政府消费支出指政府部门为全社会提供的公共服务的消费支出和免费或以较低的价格向居民住户提供的货物和服务的净支出，前者等于政府服务的产出价值减去政府单位所获得的经营收入的价值，后者等于政府部门免费或以较低价格向居民住户提供的货物和服务的市场价值减去向住户收取的价值。

资本形成总额指常住单位在一定时期内获得减去处置的固定资产和存货的净额，包括固定资本形成总额和存货变动两部分。

固定资本形成总额指常住单位在一定时期内获得的固定资产减处置的固定资产的价值总额。固定资产是通过生产活动生产出来的，且其使用年限在一年以上、单位价值在规定标准以上的资产，不包括自然资产、耐用消费品、小型工器具。固定资本形成总额，包括住宅、其他建筑和构筑物、机器和设备、培育性生物资源、知识产权产品（研发支出、矿藏的勘探、计算机软件）的价值获得减处置。

存货变动指常住单位在一定时期内存货实物量变动的市场价值，即期末价值减期初价值的差额，再扣除当期由于价格变动而产生的持有收益。存货变动可以是正值，也可以是负值，正值表示存货上升，负值表示存货下降。存货包括生产单位购进的原材料、燃料和储备物资等存货，以及生产单位生产的产成品、在制品和半成品等存货。

货物和服务净出口指货物和服务出口减货物和服务进口的差额。出口包括常住单位向非常住单位出售或无偿转让的各种货物和服务的价值；进口包括常住单位从非常住单位购买或无偿得到的各种货物和服务的价值。货物的出口和进口都按离岸价格计算。

（三）收入法

收入法是从生产过程形成收入的角度，对生产活动成果进行核算。按照这种计算方法，增加值由劳动者报酬、生产税净额、固定资产折旧和营业盈余四个部分组成。计算公式为：

增加值 = 劳动者报酬 + 生产税净额 + 固定资产折旧 + 营业盈余

当然，国民经济各行业收入法增加值之和等于收入法国内生产总值。

在真实的经济生活中，GDP 统计是个十分复杂且庞大的工作，市场经济中商品和服务的价格瞬息万变，经济学家们一直绞尽脑汁试图让 GDP 统计变得更为准确。不管是季度 GDP 还是年度 GDP，都会经过"初步核算""初步核实""最终核实"三次发布与修正，以确保数据尽可能准确。

三　国民收入核算的其他指标

在国民收入核算体系中，衡量一国穷富的指标不仅仅有 GDP，还有许多其他的收入衡量指标。它们可以从不同角度衡量国民收入，对 GDP 形成了有力补充。这些指标有：国内生产净值、国民收入、个人收入和个人可支配收入，及其相互关系。下面我们具体介绍一下。

先来看国内生产净值（NDP）。最终产品价值并未扣去资本设备消耗的价值，如把消耗的资本设备价值扣除了，就得到净增加值。也即，从 GDP 中扣除资本折旧，就得到 NDP。"总"和"净"对于投资也具有类似意义。总投资是一定时期内的全部投资,即建设的全部厂房、设备和住宅等,而净投资是总投资中扣除了资本消耗或者重置投资部分。

国民收入(ND),这里的国民收入指按生产要素报酬计算的国民收入。从国内生产净值中扣除间接税和企业转移支付加政府补助金,就得到一国生产要素在一定时期内提供生产性服务所得报酬,即工资、利息、租金和利润的总和意义上的国民收入。间接税和企业转移支付虽构成产品价格,但不成为要素收入;相反,政府给企业的补助金虽不列入产品价格,但成为要素收入。故前者应扣除,后者应加入。

再来看个人收入(PI)。生产要素报酬意义上的国民收入并不会全部成为个人的收入。例如,利润收入中要给政府缴纳公司所得税,公司还要留下一部分利润,只有一部分利润会以红利和股息形式分给个人。职工收入中也有一部分要以社会保险费的形式上缴有关机构。此外,人们也会以各种形式从政府那里得到转移支付,如退伍军人津贴、工人失业救济金、职工养老金、职工困难补助等。因此,从国民收入中减去公司未分配利润、公司所得税及社会保险税费,加上政府给个人的转移支付,大体上就得到个人收入。

那个人可支配收入(DPI)呢?个人收入不能全归个人支配,因为要缴纳个人所得税,税后的个人收入才是个人可支配收入,也即人们可用来消费或储蓄的收入。

四 简单国民收入的决定

本讲开篇我们就提到过,国民收入是直接决定一个国家人民生活水平的重要指标,反映了一个国家的"穷"与"富",继而我们也介绍了国民收入的统计方法,这些都弄清楚了,但是还有个问题:GDP到底是由什么因素决定的呢?又是如何决定的呢?或者说,经济社会的生产和收入水平到底是怎样决定的呢?

本部分我们通过介绍凯恩斯的国民收入理论来回答以上问题。

凯恩斯的国民收入理论,因为其只研究产品市场,所以又被称为简单国民收入决定理论。

(一) 假设条件

为便于理解,在此我们只讨论简单国民收入的决定,从最简单的经济关系开始。为此,需要假设:

(1) 经济中不存在政府和对外贸易,只有家庭部门和企业部门

家庭部门包括消费和储蓄,企业部门包括生产和投资。并且,企业投资是自发的外生变量,也就是说,它不随着利率和产量的变化而变化,是一个常量。这种简单的经济关系被称为两部门经济。

(2) 不论需求量为多少,经济社会均能以不变的价格提供相应的供给量

也就是说,当需求量变动时,只会引起产量和收入的变化,不会引起产品价格的变动。这在西方经济学中有时被称为凯恩斯定律。凯恩斯在写作《就业、利息和货币通论》时,面对的是1929—1933年的大萧条,工人大批失业,资源大量闲置。在这种情况下,社会总需求的增加,只会使闲置的资源得到利用,生产增加,而不会使资源的价格上升,从而产品成本和价格大体上能保持不变。这条所谓凯恩斯定律被认为适用于短期分析,即分析的是短期中收入和就业如何决定。因为在短期中,价格不易变动,或者说具有黏性,当社会需求变动时,企业首先考虑的是调整产量,而不是改变价格。

(3) 折旧和企业未分配利润为零。也就是说,国内生产总值和国民收入相等

这几条假设条件是简单国民收入决定理论的基础。

(二) 均衡国民收入的条件

我们要研究的是经济处于均衡状态下的国民收入,根据上述假设条

件，经济社会的产量和国民收入，取决于总需求，因此，和总需求相等的产出被称为均衡产出或均衡国民收入。总产出可以用字母 Y 来表示，当只考虑两部门经济时，总收入只有两种用途，要么消费要么储蓄，所以 Y = C + S。总需求可以用总支出 E 来表示，两部门经济中只有家庭消费支出和企业的投资支出，所以总需求 E = C + I。需要注意的是，这里的 C 和 I 指的是家庭和企业希望持有的消费和投资，即意愿消费和投资的数量，而不是第一节当中提到的支出法用到的实际发生的消费和投资。也就是说，本部分用到的消费和投资是计划值，而国民收入核算时用到的是实际值。

举例来说，假定企业部门由于错误估计了市场，生产了 1200 辆汽车，而市场的实际需求是 1000 辆汽车，于是就有 200 辆汽车卖不出去，这 200 辆汽车就被称为非意愿存货投资。那么就有了等式：计划产出 = 实际需求 + 非意愿存货投资。实际生活中，非意愿存货投资有可能大于零也有可能小于零，只有当它等于零时，才意味着产出等于总需求，此时的产出才是均衡产出或均衡国民收入。

均衡条件用公式表示就是：

$$Y = E = C + I \qquad (9-2)$$

要增加均衡国民收入，关键是增加总需求，因为均衡国民收入取决于总需求。因为国民收入 Y 又等于消费和储蓄之和，带入到上面的均衡公式中就可以得到 C + S = C + I，消掉 C，则得：

$$I = S \qquad (9-3)$$

因此，均衡国民收入的公式也可以写成 I = S，但需要再次强调一下，这里的投资和储蓄都是计划值，也就是计划储蓄等于计划投资时，经济才会达到均衡。

（三）消费函数

因为均衡国民收入 Y = C + I，所以，要知道收入 Y 是多少，就要先知道消费（C）和投资（I）是如何决定的。下面我们首先来研究一下消费。

现实生活中影响消费的因素有很多，比如收入水平、财产状况、价格水平及其变动趋势、利率水平、收入分配状况、社会保障制度等，而凯恩斯认为，这些因素中有决定意义的是家庭可支配收入，而且他还总结了关于消费和收入之间的一条基本心理规律，他认为，当人们收入增加时，会增加消费支出，但消费支出的增加量将小于其收入的增加量，随着收入的增加，其消费支出在其收入中所占的比例会越来越小，而储蓄在收入中所占的比例会越来越大。收入和消费之间的这种关系可以用以下两个消费倾向来表示。

边际消费倾向（MPC）：增加的消费与增加的收入之比。用公式表示就是：

$$MPC = \triangle C/\triangle Y \text{ 或 } dC/dY \tag{9-4}$$

平均消费倾向（APC）：在任一收入水平上消费支出在收入中的比率。用公式表示就是：

$$APC = C/Y \tag{9-5}$$

由于消费增量是收入增量的一部分，所以边际消费倾向总大于0小于1，但平均消费倾向有可能大于、等于或小于1，因为消费有可能大于、等于或小于收入。同时，边际消费倾向和平均消费倾向都呈递减趋势，因为，根据凯恩斯的心理法则：当其收入增加时，将会增加其消费支出，但消费支出的增加量将小于其收入的增加量，随着收入的增加，其消费支出在其收入中所占的比例将会越来越小。

根据消费和收入之间的关系，如果二者之间存在线性关系，则边际消费倾向为一常数，消费函数可以表示为：

$$C = a + bY \tag{9-6}$$

其中a为自发性消费，指即使收入为零也要进行的消费，为了保证基本的生存需要。bY称为引致消费，b是边际消费倾向。也就是说，消费是由两部分构成，一部分是与收入无关的自发性消费，一部分是与收入有关的引致消费。

（四）两部门国民收入的决定

要想说明均衡国民收入的决定，除了消费函数以外，我们还需要弄清投资函数的决定，不过为了研究方便，我们在两部门经济中假设投资是自发的外生变量，也就是一个固定值 I_0。有了这条假设，我们只要将均衡国民收入的条件和消费函数结合起来，就可以求得均衡收入：

$$\begin{cases} Y = C + I \\ C = a + bY \\ I = I_0 \end{cases}$$

解方程，得到均衡收入：

$$Y = C + I = a + bY + I_0$$

$$\Rightarrow Y = \frac{a + I_0}{1 - b} \tag{9-7}$$

均衡收入决定也可以用几何图形（见图 9-1）来表示，图 9-1 表示如何用消费曲线加投资曲线和 45°线相交决定收入。图中横轴表示收入，纵轴表示消费和投资，消费曲线 C 加上投资曲线 I 可以得到总支出曲线 C+I。由于投资被假定为自发投资，是一个固定值，因此，消费曲线加上投资曲线所形成的总支出曲线与消费曲线相平行，其垂直距离就是投资。总支出曲线和 45°线相交于 E_0 点，在这一点满足 $Y = C + I$，经济达到均衡状态，E_0 点决定的收入水平 Y_0 就是均衡收入。这时，家庭部门想要有的消费支出与企业部门想要有的投资支出的总和，正好等于总收入。如果经济离开了这个均衡点，企业部门的产出就会大于或小于总支出，从而出现非意愿存货投资大于或小于零的情况，企业也会根据非意愿存货投资的正负来调整生产，这就会引起产出量的扩大或收缩，直到回到均衡点为止。

以上表达式和图形就说明了均衡国民收入的决定：国民收入的大小取决于总需求。只有和总需求相等的产出水平才能被称作均衡产出。因而总需求可以用总支出来衡量。当假设经济中只有家庭和企业两个部门时，总支出就是等于家庭支出 C 和企业投资支出 I 之和，因此，均衡产出（均衡收入）的条件就是 $Y = C + I$。

前面我们通过凯恩斯的消费理论得到了消费函数 $C = a + bY$，投资被假定是固定值的情况下，我们得到均衡国民收入的表达式，它由边际消费倾向、自发性消费以及投资共同决定。

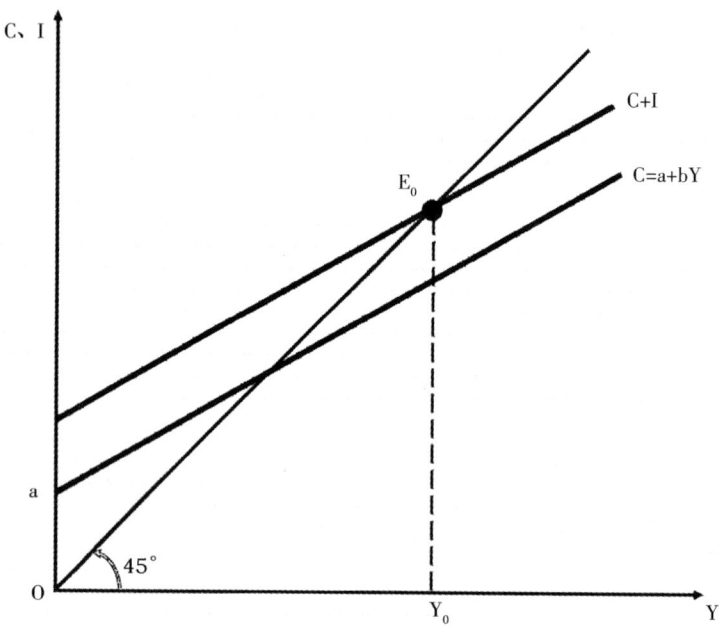

图 9-1　用消费函数决定均衡国民收入

在了解了国内生产总值的衡量和决定以后,我们知道它是用来衡量总收入和总支出的指标,GDP 的高低直接决定了一个国家人民的生活水平,GDP 高的国家可以提供更好的教育体系、更好的医疗水平和更健全的社会保障体系等。但是,GDP 并不是一个衡量人民福利水平的完美指标。

我们需要注意:

首先,因为 GDP 衡量的是买卖的商品,所以,那些会影响生活质量但没有买卖的东西不会直接计入 GDP,典型的例子是家庭生产:一位厨师为他的家人做了一顿丰盛的晚餐,但是他的家人并不会为这顿晚餐付他工资,因此不存在市场交易,也就不计入 GDP。还有著名经济学家格里高利·曼昆的一个经典例子:小 K 每周给小 D 家的院子修剪草坪,小 D 给他付钱,这笔交易计入 GDP,但如果有一天,两人结婚了,小 K 还是每周剪草坪,但是这时草坪已经成为自家的了,因为家庭内的生产消费不计入

GDP，就这样莫名其妙地，GDP 就减少了。

其次，GDP 没有将闲暇时间和环境污染包括在内。因为有可能 GDP 增长了，但付出的代价却是闲暇时间的减少或者是环境污染。设想，企业为了追求利益而减少工人们的休息时间，地方政府取消了环境管制，使得企业不用考虑污染而生产物品和劳务，显然，这些都有可能带来 GDP 数据上的增长，但为此带来的负面影响却没有在数据上得到体现，这种以牺牲闲暇时间和环境破坏的方式提高收入，极大可能造成了幸福感的下降。这也是为什么央视在近些年在对过年回家的人们进行采访时，由前些年的"你今年赚了多少钱"变成了"你幸福吗"，因为，收入并不能完全代表你的幸福水平，GDP 也是一样。

最后，GDP 也不能反映一个国家国民收入的分配情况。

因此，GDP 有低估一个国家实际收入的一面，因为没有包含很多非市场化的经济活动，比如家务劳动。更有高估一个国家实际经济活动成就的一面，因为不能反映经济增长方式付出的代价，比如环境污染。GDP 不能反映一国国民拥有的休息闲暇时间多少，也不能反映劳动者的劳动紧张程度。

尽管 GDP 这个指标存在很多不足，但是目前它依然是衡量经济发展与福利水平的一个重要指标，因为从总体上讲，其他福利指标（如人们的受教育状况、寿命）还是和 GDP 正相关的。

总而言之，GDP 是一个非常重要和值得我们重视的经济指标，但从政府的角度出发，也不能单一地追求 GDP 的高速增长，而忽略经济发展应当是"以人为本"的，国民生活水平的提高才是经济发展的最终目的。

第十讲　物价如何影响生活：认识 CPI

2019 年 8 月 9 日，国家统计局公布数据：7 月份，全国居民消费价格（CPI）同比上涨 2.8%，颇受关注的食品价格上涨 9.1%。其中，鲜果价格上涨 39.1%，猪肉价格上涨 27.0%。人们纷纷表示，已经失去了"水果自由"和"猪肉自由"。

我们可以明显感受到，居民消费价格（CPI）这个指标与我们的日常生活关系非常密切。那么，居民消费价格（CPI）到底是什么意思？鲜果、猪肉和 CPI 又是什么关系呢？相信通过本讲的学习，你一定可以找到答案。

一　居民消费价格指数

（一）CPI 的含义与计算

CPI，即居民消费价格指数（consumer price index），是一个反映居民家庭一般所购买的消费品和服务项目价格水平变动情况的一个综合价格指数。CPI 直接反映了我们消费的一系列商品的价格变化，是衡量通货膨胀的尺子。

这一指数是这样得到的：我们选取一些具有代表性的、消费者购买的产品和服务，然后分别计算今天购买它们的总花费、某一基年购买它们的总花费，然后将二者相除，再乘以 100，即为 CPI。公式如下：

$$CPI = \frac{一组固定商品按当期价格计算的价格总额}{一组固定商品按基期价格计算的价格总额} \times 100$$

下面我们通过一个案例来具体看一下 CPI 的计算。

假设一个经济社会只生产 A、B、C 三种商品，三种商品的价格和数量如表 10-1 所示，根据所给数据计算现期的价格指数和通货膨胀率。

表 10-1　　　　　　　　一个假设的价格指数示例

商品品种	交易量（件）	基期价格（美元）	现期价格（美元）	价格变化（%）
A	2	1.00	1.50	50
B	1	3.00	4.00	33
C	3	2.00	4.00	100

基期总花费 = $1 \times 2 + 3 \times 1 + 2 \times 3 = 11$（美元）

现期总花费 = $1.5 \times 2 + 4 \times 1 + 4 \times 3 = 19$（美元）

CPI = （19/11）×100 = 173

通货膨胀率 = （173 - 100）/100 × 100% = 73%

在这个例子中，现期价格总水平（即价格指数）比基期价格总水平上升了 73%，这就是这一时期（从基期到现期）的通货膨胀率。

在我国，计算 CPI 的过程中，为了确定"篮子"当中消费种类及数量，国家统计局和地方统计部门会分级确定用于计算 CPI 的商品和服务项目以及调查网点。国家统计局根据全国城乡居民家庭消费支出的抽样调查资料，统一确定商品和服务项目的类别，设置食品、烟酒及用品、衣着、家庭设备用品及服务、医疗保健及个人用品、交通和通信、娱乐教育文化用品及服务居住八大类 262 个基本分类，基本涵盖了城乡居民的全部消费内容。全国抽选约 500 个市县，确定采集价格的调查网点，包括食杂店、百货店、超市、便利店、专业市场、专卖店、购物中心、农贸市场、服务消费单位等共 6.3 万个。

消费物品及劳务价格会按照"定人、定点、定时"的方式，统计部门派调查员到调查网点现场采集价格。目前分布在全国 31 个省（区、市）500 个调查市县的价格调查员共 4000 人左右。价格采集频率因商品而异，对于 CPI 中的粮食、猪牛羊肉、蔬菜等与居民生活密切相关、价格变动相对比较频繁的食品，每 5 天调查一次价格；对于服装鞋帽、耐用消费品、交通通信工具等大部分工业产品，每月调查 2—3 次价格；对水电等政府定价项目，每月调查核实一次价格。最后，根据审核后的原始价格资料，计算单个商品或服务项目以及 262 个基本分类的价格指数。然后根据各类别相应的权数，再计算类别价格指数以及 CPI。我国 CPI 中的权数，主要是根据全国城乡居民家庭各类商品和服务的消费支出详细比重确定的。

还需要注意的是，CPI 进行基期轮换，也就是说，选定的基期不是固定不变的。目的是使 CPI 调查所涉及的商品和服务更具有代表性，更及时准确地反映居民消费结构的新变化和物价的实际变动。按照统计制度要求，我国 CPI 每五年进行一次基期轮换，2016 年 1 月开始使用 2015 年作为新一轮的对比基期，前三轮基期分别为 2000 年、2005 年和 2010 年。

（二）如何解读和使用 CPI

如今，腰包日益鼓起来的人们对通货膨胀等宏观经济现象越来越关注，加入理财大军的人们关注 CPI 的热情更是明显升温。但如果不了解 CPI 数据的内容和性质，很容易造成误解和误用。

1. CPI 不包含投资品和隐性收费

CPI 反映的是居民购买并用于消费的商品和服务价格变动情况的宏观经济指标，反映的是消费品的价格变化，而不是投资品的价格变化情况，因而不包括房价和农业生产资料。因为它们都是投资品。另外，CPI 中也不包括乱收费和一些没有明码标价的隐性收费项目。

2. CPI 不是绝对价格

CPI 反映的是当前的物价水平相对于过去某个时期上涨（或下降）的幅度，而不是绝对价格的高低，CPI 涨幅高并不意味着绝对价格高，反之亦然。

3. CPI 是一个平均数

在使用 CPI 时，既要看价格总水平的变化，也要看其内部不同类别价格的变动。总水平的上涨并不意味着所有商品和服务项目价格的全面上涨，反之亦然。

另外，CPI 并不是越低越好。目前，我国经济正处于高速增长和结构快速转型时期，较低的 CPI 并不利于经济的增长。这是因为如果商品、服务价格不断走低，可能使企业效益下降，从而造成企业经营困难、就业机会减少、居民收入下降、市场消费不足等一系列问题，整个国民经济体系将陷入一种互相牵制的恶性循环中。

（三）为什么 CPI 有时与人们的感受不同？

各个国家的居民都会抱怨 CPI 同自身感受不一致。就全国 CPI 而言，不同地区消费者的感受可能是不一样的，同一地区不同人群的感受也可能不一样，产生这种差异的原因有很多，具体可能有以下几个主要方面：

首先，个体与总体、部分与全部的差异。我们知道，CPI 是一个综合统计指标，并且是一个平均数。它反映的是一篮子产品和服务总体的价格变动情况，是一个各种产品综合影响、抵消的结果，因而不一定与某些产品的价格变动一致。从 CPI 涵盖的人群看，既包括城镇居民，也包括农村居民；既包括有收入的人群，也包括无收入的人群。每个人的具体情况不同，对反映总体的统计指标的感受当然就会有差异。从统计内容看，CPI 中既包括价格上涨的商品，也包括价格下降的商品，还包括水、电、气等由政府定价、价格相对稳定的商品。有时人们根据对某一个或某一部分价格变化的感受，与根据全部商品价格平均计算出来的涨跌幅度相比较，可能会产生巨大差异。

其次，个人承受能力的差异。由于地区间、行业间、群体间的收入差距较大，消费水平与消费结构也不相同，对物价上涨的承受能力和感受程度也就不一样。

再次，对比时间（基期）的差异。在日常生活中人们感受的价格变化，往往是将时点价格进行比较，一般是将今天某一商品的价格与昨天或者前几天的价格相比，最近购买的价格和上一次购买的价格相比，对比时间因人而异，各不相同。而CPI的对比时间相对固定，其中同比价格指数是本月与上年同月对比，环比价格指数是本月与上月对比。特别是，CPI是用月度平均价格比较计算出来的，不是用时点价格比较计算的，这样会带来感受上的差异。

最后，地区间的差异。在大市场、大流通的环境中，地区间、城市间和农村之间价格水平的差距正在逐渐缩小。但由于地区间、城市和农村之间经济社会发展的较大差异，仍然存在价格上涨不同步以及价格高地、价格洼地的现象。

除了以上几点，还有即时与滞后的差异。老百姓对价格变化的感受往往是即时的、不断变化的，而价格指数是一个滞后的统计指标，是事后反映，它对市场价格的反映客观上存在一个滞后期。鉴于此，统计数据与人们的感受不尽一致也就难以避免。

了解了CPI后，我们就可以在生活中正确地解读和使用CPI，以2019年1月—2019年7月CPI数据为例，全国居民消费价格比2018年同期上涨2.3%。2019年上半年，CPI上升2.3%，即生活成本比一年前平均上升了2.3%。当生活成本提高，我们所持的现金价值也会随之下降，一年前的100元纸币，今天只可以得到97.7元的货品及服务。另外，理解好CPI数据对个人理财也非常有帮助，特别是CPI同比数据，2019年上半年CPI同比上涨2.3%，银行半年期定期存款利率为1.69%，半年期银行存款利率低于CPI同比数据，如果钱放在银行，就相当于贬值了。怎么样？理解了CPI是不是让你明白了很多事？

现在回到我们一开始的问题，为什么水果贵了近4成，CPI才上涨2.8%，它们之间到底什么关系？其实，我国的CPI指数，由"八大类"构成，分别为食品烟酒、衣着、居住、生活用品、交通和通信、教育文化和娱乐、医疗保健及其他用品和服务，每个大类在CPI中所占的权重不同。其中，食品烟酒、居住、教育文化和娱乐占据了超过60%以上的权重，分别为29.61%、20.02%和14.15%。大类中又包含若干个具体项目,总共有260多个细分指标。

从2019年7月的居民消费价格分类同比涨跌幅看,八大类呈现出"七升一降"。食品烟酒成为上涨最多的类别,达到了6.7%,成为推动CPI上涨的重要因素。在食品烟酒这一项下面,又有很多子项目。其中,猪肉和鲜果的涨幅最大。鸡蛋的涨幅也超过了10%。那么,猪肉、鲜果,对CPI的影响应该怎么计算呢?

我们举个例子说明一下。假设一个班评选优秀学生,采取打分制。小明作为参选学生,他的分数由老师和学生共同决定。如果老师给小明70分,同学给小明90分,如果平均计算的话,小明最终的分数就是(90+70)/2=80分,但因为老师说话分量比同学重,现在假设老师的权重是2,同学是1,那按照加权平均得到的分数就成了(90×1+70×2)/(1+2)=76.7分。很显然,因为老师的权重更大,所以老师的打分影响就更大一些。同样的道理,虽然猪肉和鲜果上涨幅度大,但是CPI中还包含了其他涨幅不那么大和下跌的商品和服务,而CPI指数是所有商品和服务的加权值。

统计显示,7月份,鲜果价格上涨39.1%,影响CPI上涨约0.63个百分点;猪肉价格上涨27.0%,影响CPI上涨约0.59个百分点。在图10-1当中,我们可以看到居民消费价格指数和以猪肉、水果为代表的食品类居民消费价格指数的变化情况,二者的升降基本一致,但是居民消费价格指数的升降幅度要明显低于食品类居民消费价格指数的变化。

2019年8月份,一些时令水果,如西瓜、葡萄、香蕉等价格有所下降。综合农业农村部、商务部公布信息,进入8月份,水果价格已有所回落,有望步入季节性下行走势。猪肉方面,价格则依旧坚挺。农业农村部市场与信息化司司长唐珂曾表示,猪价上涨较快主要受非洲猪瘟疫情影响,预计下半年猪肉供需关系进一步趋紧,猪价继续上涨压力较大。蔬果降价,肉类涨价。

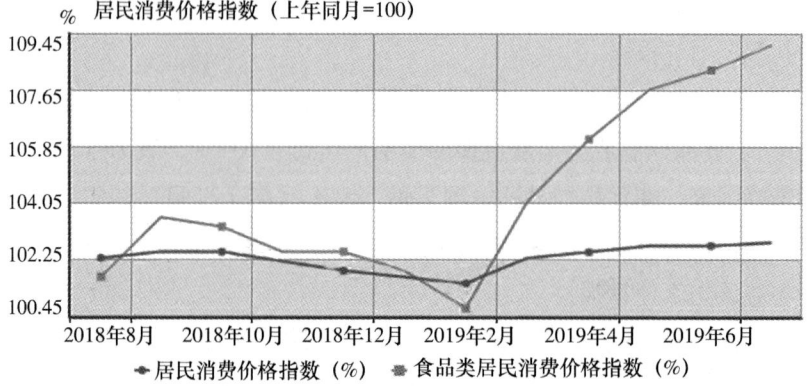

图 10-1 2018 年 8 月—2019 年 8 月居民消费价格指数变动情况

资料来源：国家统计局。

二　CPI 衡量过程中存在的问题

居民消费价格指数的目的是衡量生活费用的变动。也就是说居民消费价格指数可以确定为了保持生活水平不变，收入应该增加多少。但是，居民消费价格指数并不是衡量生活费用的完美指标，这个指标在衡量过程中存在三个主要问题。

（一）替代偏向

在 CPI 的计算过程中，第一步就是固定篮子里面商品的种类和数量。也就是说，之后每一年在计算篮子费用的时候，用到的商品数量是固定的。而在实际生活中，当价格年复一年地变动时，一些物品的价格上升得比其他物品快一些，消费者习惯用那些相对便宜的物品来替代相对贵的物品，而 CPI 没有考虑这种替代，因为它使用了一篮子固定不变的物品。用个例子来说明替代偏向（见表 10-2）。

表 10-2　　　　　　　　　计算消费价格指数的例子

年份	牛肉	鸡肉	CPI 篮子的费用
2004	4 美元	4 美元	120 美元
2005	5 美元	5 美元	150 美元
2006	9 美元	6 美元	210 美元

已知 CPI 固定篮子：10 磅牛肉，20 磅鸡肉，而 2006 年的家庭实际购买篮子：5 磅牛肉，25 磅鸡肉。

（1）计算 2006 年家庭购买篮子的费用；

（2）以家庭篮子来计算 2005 到 2006 年的增长率，并与 CPI 篮子通货膨胀率比较。

首先，我们计算 2006 年家庭购买篮子的费用：9 美元 ×5 + 6 美元 ×25 = 195 美元

然后，分别用家庭购买篮子和 CPI 固定篮子计算 2005 到 2006 年的增长率：

2005 年家庭购买篮子的费用：5 美元 ×5 + 5 美元 ×25 = 150 美元

2006 年家庭购买篮子增长率：　（195 美元 - 150 美元）/150 美元 = 30%

用 CPI 篮子计算 2006 年通货膨胀率 = （210 美元 - 150 美元）/150 美元 = 40%

从计算中我们发现，用固定篮子计算出来的通货膨胀率要高于用家庭实际购买篮子计算出的增长率，也就是说，用固定篮子计算时，会高估我们的生活费用。而这种差异正是由替代偏向导致的。

（二）新产品的引进

新产品的引进可以增加产品的种类，可以使消费者选择那些更满足他们需求的产品，从而每一元钱变得更值钱。当市场上引进了一种新物品时，消费者就有了更多的选择，这就减少了维持相同经济福利水平的费

用。为了说明这一点，我们考虑一种假设的情况：假设你可以在提供各种物品的大商店的 100 元购物卡和物品价格相同但选择范围有限的小商店的 100 元购物卡之间做出选择，你会更喜欢哪一个呢？大多数人会选择品种更多的商店。实际上，可选择范围的扩大可以使每一元钱更值钱。这对经济进步同样适用。当引入新物品时，消费者就有了更多选择，每一元钱也就更值钱了。但由于消费物价指数是基于固定不变的一篮子物品和服务的，所以它就没有反映出因引进新物品而引起的货币价值的增加，从这个角度来说，CPI 高估了我们生活费用的增加。

（三）无法衡量的质量变动

篮子中物品质量的提高也能增加每一元钱的价值，统计局试图统计质量的变动，但还是漏掉了一些，因为质量是难以衡量的。如果一种商品的质量在逐年上升，而价格不变，那么从 CPI 的数据上就反映不出这些变化。

为了减小这些问题给 CPI 在衡量过程中造成的误差，国家统计局会在基期轮换时对调查目录做出修改。2016 年，国家统计局开展的第四轮 CPI 基期轮换，参考了联合国制定的《按目的划分的个人消费分类》（COICOP）和国家统计局发布的《居民消费支出分类（2013）》，对 CPI 调查目录进行了调整，新基期调查目录和规格品与国际标准更为接近，一些新产品和新服务被纳入其中，能进一步反映居民消费和经济结构的变化。

与上一轮基期相比，该轮基期的 CPI 调查目录有几个主要变化。一是按照《居民消费支出分类（2013）》，原来的"食品""烟酒"合并为现在的"食品烟酒"；原来的"医疗保健和个人用品"被拆分到现在的"生活用品及服务""医疗保健"和"其他用品和服务"中；原来的"娱乐教育文化用品及服务"被拆分到现在的"教育文化和娱乐"和"其他用品和服务"中；原来的"家庭设备用品及维修服务"被拆分到现在的"生活用品及服务"和"其他用品及服务"中。二是食品的指标内涵发生了变化，旧分类中的"食品"为大类，包括粮食、肉禽、鲜菜、鲜果、水产品、茶及饮料、在外餐饮等分类；新"食品"为"食品烟酒"大类下的中类，仅包括粮食、畜肉、禽肉、鲜菜、鲜果、水产品等，不再包括"茶及饮料"和"在外餐饮"两项。三是新增了"园艺花卉及用品""宠物及用品""养老服务"和"金融服务"等居民支出增加较快的分类，能够更加及时准确反映居民消费结构的新变化。

三　通货膨胀率的衡量

通货膨胀是衡量经济运行的一大重要指标，因为这一指标与居民福利和社会稳定息息相关。通货膨胀是指流通中的货币数量超过经济实际需要而引起的货币贬值和物价水平全面持续的上涨。一般认为，居民消费价格指数（CPI）、GDP折算指数、工业生产者出厂价格指数（PPI）等指标都可以从不同角度反映通货膨胀的程度。

一是上面提到的消费价格指数（CPI），它与通货膨胀率的计算公式已经在上一小节做过介绍。

二是生产者价格指数（PPI），指通过计算生产者在生产中所有阶段上所获得的产品的价格水平变动而得到的指数。这些产品包括制成品和原材料。

三是国内生产总值折算指数（平减指数），GDP折算指数用于修正名义GDP数值，从中去掉通胀因素，其统计计算对象包括所有计入GDP的最终产品和劳务，因而能全面反映一般物价水平变动。但作为居民和厂商，主要关心的是与自己有关的物价水平的变化，从中判断自己受通胀影响有多大。为满足这种需要，就有消费价格指数（CPI）和生产者价格指数（PPI）。

以上这三种价格指数之间，既相互有联系，又有一定的区别。PPI和CPI的区别已如名称所示，那CPI和GDP折算指数（平减指数）的区别又有哪些呢？

CPI与GDP折算指数（平减指数）的差异：一是包含物品与服务范围

不同，GDP 折算指数（平减指数）反映国内生产的所有物品和服务的价格，CPI 反映消费者购买的物品和服务的价格（包括进口消费）。举个例子说明一下，假设丰田公司提高了其汽车的价格，由于丰田汽车是在日本生产的，所以这种汽车并不是中国 GDP 的一部分，但是中国消费者购买丰田汽车，所以这种汽车是普通消费者一篮子物品中的一部分，因此，像丰田汽车之类的进口消费品价格的上升反映在消费价格指数（CPI）中，但并未反映在 GDP 折算指数（平减指数）中。

二是如何对各种价格进行加权，GDP 折算指数（平减指数）比较的是现期生产的物品和服务的价格与基年的价格，CPI 比较的是固定的一篮子物品与服务的价格和基期年这一篮子物品与服务的价格。例如，假设某农产品当年大歉收，在计算 CPI 时，仍给此产品固定权重，而在 GDP 折算指数中它的权重则下降了。

综上所述，我们从 CPI 的计算、存在的问题以及和其他指数的比较三个方面认识了与我们的生活息息相关的 CPI，虽然它也不是完美的，但它能够很好地衡量我们的生活成本，是一个非常重要的经济指标。

第十一讲　税收与财政政策

相信大家一定都看过迪士尼电影《疯狂动物城》，在这部电影里，有这样一件事：狐狸尼克卖冰棒没有缴税，被兔子朱迪发现了，兔子朱迪为了让狐狸尼克帮她查案，就威胁尼克说要报告税务部门。为什么朱迪可以拿没有缴税这件事来威胁到尼克呢？很显然，没有缴税这件事是非常严重的。其实在美国，缴税确实是非常重要的事。美国有句谚语："在这个世界上，只有死亡与缴税是永恒的。"事实上，税收不仅仅对于美国重要，对世界上任何一个国家，当然也包括我国，都很重要。

税收，本质上就是国家调控经济的一种手段，属于财政政策的一个构成部分。下面我们就先从财政政策说起。

一　财政政策

财政政策是什么？要理解它，我们首先要弄清楚，政府在经济上是如何运转的？事实上，从经济角度看，政府运作原理与家庭是类似的。那么，家庭又是如何运转的呢？简单地说，主要有两方面：赚钱和花钱。家庭的成员通过劳动获得收入，然后将这些收入用在满足日常生活的吃穿用度、教育、精神需求等方面。与家庭类似，政府为了实现其职能，也要解决两方面的问题：赚钱与花钱。政府赚钱，我们就称之为"财政收入"；政府花钱，我们就称之为"财政支出"。简单地说，财政政策要解决的，就是政府如何赚钱与花钱的问题，亦即财政收入与财政支出的问题。

（一）财政收入

那么，政府是如何赚钱的呢？我们知道，老百姓靠劳动赚钱，企业靠提供产品和服务赚钱。那政府到底是靠的什么呢？主要有以下三个途径：

1. 税收

对于一个国家来说，税收非常重要。因为它是一国政府"赚钱"的主要方式，一国财政收入的主要来源。例如，根据财政部统计，我国2018年税收收入占当年财政收入的85%。

什么是税收呢？简单地说，税收就是"国家向纳税人（个人、企业等）按照不同税率强制性征收的货币和实物"。

国家向老百姓征税，从古至今由来已久。例如，据史料记载，国外有记载的税收有5000多年的历史，我国也有2000多年的历史。纵观古今中外，历朝历代，国家无不向"民"征税。在古代，征税的目的，是取得收入并统筹运用于军备、公共管理及维持国家机器的运转。而在现代市场经济条件下，税收已成为国家调节经济的重要手段。这一手段，随着现代社会化大生产的发展而被日益强化，成为国家宏观经济调控体系中不可或缺的一部分。具体表现在：（1）政府通过税收手段筹集财政收入，用以提供公共产品和公共服务，并利用税收间接引导非政府部门的资源配置。（2）政府运用税收来调节居民收入、财富分配的差距，消除贫富差距，促进公平分配和社会稳定。（3）政府可以运用税收来调控社会总供给与总需求，以促进宏观经济稳定。税收虽然不是总需求的组成部分，但是它和我们的生活息息相关，可以间接地影响总需求。比如，以我们最熟悉的个人所得税为例，当个人所得税增加时，就会减少人们的可支配收入，消费就会跟着减少，而消费作为总需求的一部分，它的减少就会引起总需求的减少，从而达到减少国民收入的目的。反之，当政府减少个人所得税时，总需求和国民收入就会跟着增加。所以，政府可以在需求不足时通过减税来抑制经济衰退，可以在总需求过旺时用增税来抑制通货膨胀。

税收具有三个特征，是理解和区分它的关键：

（1）强制性。税收是国家凭政治权力，通过颁布法律等形式强制性向老百姓征收的，任何单位和个人均不得违抗。

（2）无偿性。我们平时的商品交换，以有偿为前提。例如，超市提供你一瓶水，必然会要求你支付相应的货币，这是一种建立在双方平等自愿基础上的等价有偿交换。而国家向你征税之后，不会支付给你任何报酬，也不会把钱再还你。从个人角度来看，这种行为是一种无偿的行为。但是，需要注意，如果从整个社会来看，国家会将从老百姓手里征收的税款用于提供公共物品等途径，最终使每一个人获益，也即我们经常听说的"取之于民，用之于民"。我们把税收的这种特点称为"个别无偿、整体有偿"。

（3）固定性。即国家在向纳税人征税前，就已经通过立法的形式确定了征税的标准，如对谁征税、征收多少。这些标准，一旦确定，不得随意更改，征税亦只能按这个标准来。

关于税收的具体内容，我们将在本讲后面的内容中进行详细介绍。

2. 公债

所谓公债，就是政府向公众（企业、个人等）借钱，并承诺将来还本和支付利息。这种借钱的行为，本质属于信用行为，以还本付息为前提而开展。

公债的发行人，是各级政府。其中，中央政府（财政部）向百姓借的债，称为"国债"（国库券属于短期国债，是国债的一种）。而地方政府向百姓借的债，则称为地方债。而公债的投资人，可能是个人、企业、金融机构。从性质上看，发行人是债务人，投资者是债权人。

公债利率的高低根据借债期限的长短而不同，一般短期债券利率较低，而中长期债券，因为时间长、风险大，所以利率一般较高。因为债券其实也是资本市场上的交易品种之一。

公债也是财政收入的一个重要来源。特别是当税收收入无法满足财政支出的时候，政府就需要发行公债来弥补这一缺口。此外，政府有时需要建设一些大的国家项目，也可能通过发行公债来筹集资金。此外，公债又能影响货币的供求，对包括货币市场和资本市场在内的金融市场的扩张和紧缩起重要作用，从而调节社会的总需求水平。

3. 其他收入

（1）收费收入

在政府对公众提供公共服务、公共设施或进行行政管理时，需要向使用人或被管理人收取的费用。如高速费、行政收费（如护照费、商品检测费等）、司法规费（如民事诉讼费）等。

此类收入一般占政府财政收入的比重很小，不是政府财政收入的主要形式。

（2）国有资产收益

在我国中国特色社会主义市场经济体制下，政府拥有许多国有资产。其主体，就是国有企业。对这些国有企业，国家直接或间接地进行控股或参股，而这些企业也会定期向国家这个股东，分配利润、分红、发放股息。这一部分收入，也是财政收入的一个构成部分。

（二）财政支出

由上可见，国家通过征税、发行公债、收费、国有资产收益等形式，就可以取得财政收入。国家手里有钱了，接下来需要解决的，就是如何"花钱"的问题。我们知道，在市场经济运行过程中，"看不见的手"并不能解决一切，有时市场会失灵。此时，政府就可以运用"财政支出"这一手段，对经济进行宏观调控，这是政府"花钱"的根本原因。具体而言，"花钱"的途径主要有以下几种：

1. 政府购买

在市场中，有些公共产品，社会很需要，如公共设施（高铁、医院）、国防、教育。但由于这些产品投资大、风险高、收益低等原因，市场主体（企业、个人）往往不愿进行投资，此时，就需要政府出面投资，来提供这些产品。比如，政府花钱建设道路、修建桥梁、提供国防、开办学校等等。此外，国家和政府要运转，就需要雇用许多工作人员，如公务员、军人，这些人对国家和政府运转至关重要，没有他们，政府将瘫痪，国家将失去保护，因此，政府必须支付工资，来雇用他们为国家和政府服务。而工资，只能由财政支付。

以上所讲，我们统称为政府购买，即各级政府购买物品和劳务的支出。

政府购买是财政支出的一个主要部分，同时作为计入 GDP 的四大需求项目（消费、投资、政府购买、净出口）之一，也是国民收入的一个重要组成部分。它的变动可以直接影响总需求和国民收入。

需要注意的是，政府购买是一种实质性支出，有相应产品和服务的产生。当经济处于低迷时，政府可以通过增加政府购买来增加总需求，从而增加国民收入，帮助经济走出衰退。当总支出水平过高时，政府可以通过减少政府购买来降低社会总需求，进而抑制通货膨胀。因此，政府购买是财政政策的重要手段。

2. 政府转移支付

在经济发展过程中，会不可避免地存在收入不平等和贫富差距（本书的第八章我们已经详细讲过）。而人们的生活水平差距太大，会导致社会发展出现不和谐，增加社会的不稳定性。此外，在社会群体中，总有一些弱势群体，如老、弱、病、残、失业者，如果对他们放任不管，也会导致社会不和谐，增加社会的不稳定性。

此时，就需要政府出面，从财政中拿出钱，对落后地区和贫困者、弱势群体、企业，予以补贴和救助，如贫困救济、住房补贴、对部分企业补贴、养老金等。其目的，是促进社会公平、和谐与稳定。

政府提供这种补贴和救助，就是政府转移支付。其本质上属于政府单方面、无偿的支付，相当于通过政府的手把一部分人的收入转移给另一部分人，因而称为转移支付。

与政府购买不同的是，政府的转移支付大都带有福利支出性质，如社会保险福利津贴、抚恤金、养老金、失业补助、救济金以及各种补助费、农产品价格补贴等。转移支付没有产生实际的产品和劳务，只是将一部分人的收入转移给了另一部分人,此时,仅仅是收入在不同人之间的分配比例发生了变化,整个社会的收入总量并未变化。所以它不是国民收入的组成部分。但是,政府的转移支付可以通过增加或减少人们的可支配收入,进而影响消费,从而影响总需求。一般来讲,在总支出不足时,失业会增加,这时政府应增加社会福利费用,提高转移支付水平,从而增加人们的可支配收入和消费支出水平,社会有效需求因而增加;在总支出水平过高时,通货膨胀率上升,这时政府应降低转移支付水平,从而降低人们的可支配收入和社会总需求水平。

(三) 什么是财政政策

所谓财政政策,就是政府通过确定或改变财政收入、财政支出来调节社会总需求,进而对经济进行宏观调控的政策。

1. 财政政策的目标

作为一种宏观经济政策,财政政策的最终目标是,通过对宏观经济运行的调控,增进整个社会福利、改进国民经济运行状况。具体来说,财政政策的目标主要一般包括充分就业、经济增长、物价稳定、国际收支平衡等(关于这几个目标,将在货币政策一讲详细介绍)。

2. 财政政策工具

要实现以上目标,政府必须借助一定的工具和手段,即为财政政策工具,主要包括:

(1) 变动税收

即政府通过变动税收的手段来影响社会总供给与总需求,进而对经济施加影响。

首先,当经济出现萎缩的时候,一般而言,市场会出现企业产品卖不出去,工人失业没活干,消费者收入降低、减少消费的情况。此时,政府可以降低税收。这样的话,一来,对消费者来说,税缴的少了,手中可支配的钱就变多了,自然就能增加消费,进而刺激社会总需求,拉动经济增长;二来,对企业来说,税缴的少了,企业留存利润增加,就有更多的钱进行周转，企业经营不易陷入困境，还可以有更多的钱进行投资，从而扩大社会总需求；三来，企业经营稳定了，工人的失业问题自然也就解决了，工人工作稳定，手中有钱，自然会去消费，进而增加社会总需求。就这样，最终，整个宏观经济又进入了良性循环。减税以后，短期看，政府的财政收入是减少了，但长期来看，减完税之后，由于经济获得了良性发展，必然会带来企业效益提高、个人收入增长，进而会向国家贡献更多的税收，所以政府的税收总量反而会增加。

其次，当经济过热、需求过旺的时候，政府则可以通过增加税收减少社会总需求，以抑制经济过热。其作用机制与上面所讲相反，感兴趣的话你也可以自己推理一遍。

总之，因为税收是国家财政收入的主要来源，因此，变动税收自然成为国家调控经济的重要手段。此外，由于税收广泛涉及国民经济各个部门、各个环节，因此，税收变动对国民经济的影响是全面的、巨大的。这一点，也是其他财政政策工具无法比拟的。

你看，这一政策工具的实施，目前正在我国得到体现。我们都知道，近年来，我国持续推进减税降费。2012 年，我国了实施"营改增"改革。2013 年以来，中央累计取消、停征或减免政府性基金和行政事业性收费多项。2019 年，我国推出了"前所未有"的、总规模达到 2.3 万亿元的减税降费计划。这些政策实施以来，不仅个人、企业获得了真金白银般的实惠，也对我国应对经济下行压力，稳定和引导市场预期，深化供给侧结构性改革等发挥了重要作用，有效促进了我国经济高质量地发展。

下面我们再举个例子说明一下：

20 世纪 60 年代初，美国第 35 任总统约翰·F. 肯尼迪上台时，那时，第二次世界大战后美国的第四次经济危机还未过去，失业率最高时达到了 7.1%，企业破产数创 1929—1933 年大萧条以来的最高水平。怎么办？肯尼迪是美国第一位旗帜鲜明地奉行凯恩斯主义的总统，但届时传统的凯恩斯式的大搞工程建设的处方已不再有效，因为继续投资公共工程，不仅效率低下，而且为投资这类工程需要大量放出货币，从而会导致严重的通货膨胀。

这时候,作为肯尼迪政府经济顾问的萨缪尔森等人提出了一套既保卫美元又刺激增长的政策建议。在货币政策方面,提高短期贷款利率以阻止美元外流,降低长期贷款利率以刺激国内投资。在财政政策方面,主要通过降低税收,增加企业、居民收入以促进更多消费和投资、拉动内需来实现经济复苏。肯尼迪总统采纳了由这些经济学家组成的特别研究小组起草的一份报告中的大部分减税建议。

在降低公司税收方面,政府对新投资提供了7%的投资税优惠,并提高第二次世界大战时推行的企业固定资产的加速折旧率。公司所得税税率从30%—50%降低到22%—50%,1965年进一步降低到22%—48%,在降低个人所得税方面,将个人所得税税率从20%—91%降低到16%—77%,1965年进一步降低到14%—77%,有效期至1981年。由联邦政府通过减税、免税、退税对私人企业提供投资优惠、加速折旧等办法,对个人消费和私人投资提供了刺激,对20世纪60年代美国经济的快速增长起到了很大的推动作用。1964—1966年,美国实际GDP以令人瞩目的5.5%的平均速度增长,失业率在1965年下降到4.4%,通货膨胀率每年低于3%。因此肯尼迪减税政策的成功往往被认为是凯恩斯主义经济学的伟大成就之一。

(2) 发行公债

政府发行公债,不仅能增加政府财政收入、筹措建设资金,同时又能影响货币供求、使利率发生变动,进而影响消费和投资,最终对社会总需求产生影响。也就是说,这一工具同时具备财政政策、货币政策的属性。

(3) 变动政府购买支出

由于政府购买是社会总需求的构成部分,因此当政府改变政府购买支出时,会直接导致社会总需求改变,进而影响国民收入。例如,在经济衰退来临时,政府可以提高购买支出水平,如建设道路、修建桥梁、增加教育投入,此时会扩大整个社会总需求,拉动经济增长,减少失业。我国在2008年就曾实行过这样的财政政策来拉动经济增长(具体见下文案例)。

反之，当通货膨胀出现时，政府可以通过减少政府购买，如压缩办公经费，来减少社会总需求，抑制通货膨胀。

（4）改变政府转移支付

一般该工具应逆经济风向实施。即当社会总需求不足时，政府应增加转移支付。这样可以增加人们的可支配收入和消费支出水平，一定程度上增加社会总需求，以促进产出和就业增加。反之，当经济过热、通货膨胀率上升时，政府应减少社会福利支出，降低转移支出，从而降低人们的可支配收入，减少社会总需求。

但是，由于转移支付只能对少部分人产生影响，且对总需求的影响是间接的，因此，其效果不如政府购买明显。

我们再来举个例子说明一下，比如，我国应对国际金融危机的"四万亿投资计划"。

2008年9月，以美国次贷危机为标志的国际金融危机全面爆发。彼时，我国经济面临严峻考验：国内经济一路下滑，出口也出现负增长，经济面临"硬着陆"的风险。

为应对此次危机，2008年11月，我国政府推出了进一步扩大内需，促进经济平稳较快增长的十项措施。初步匡算，实施这十大措施，到2010年底约需投资4万亿元。此后，一些媒体和人士就将这一揽子措施称为"四万亿投资计划"。这一计划本质是一个财政支出计划，意在扩大内需，拉动经济增长。因而属于财政政策（财政支出）的范畴。

据国家发改委的统计，在这个计划中，有约37%的资金（15000亿元左右）被用来建设基础设施和城市电网，约25%的资金（10000亿元左右）被用在地震灾区灾后重建，剩下的资金，其用途包括保障性住房、自主创新和农村水电路气房等建设。

这些财政支出，广泛涉及各个行业，极大地拉动了内需，缓和了就业，使我国避免了因为出口受阻，而导致经济发展垮掉。特别是，我国现在引以为傲、在国际上打出"品牌"的高铁，之所以能发展这么快，很大程度上也是得益于"四万亿投资计划"的实施。当然，这个计划也带来了一些副作用：一些地方政府在获得资金后，用于投资重工业和房地产项目，于是，水泥、钢铁、化工等项目开始快速发展，但单位 GDP 能耗、资源产出率等指标都不理想，而且还加剧了环境恶化，导致了雾霾等问题。此外，还有部分资金用到了房地产业，造成了我国房价不合理的高增长。

（四）相机决策的财政政策与自动稳定器

1. 相机决策的财政政策

基于对宏观经济形势的判断，政府会利用财政政策给宏观经济"下药"。一般有两种：第一，扩张性财政政策，专治经济萎缩与经济衰退；第二，紧缩性财政政策，专治经济过热与通货膨胀。以上两种财政政策，均是政府主动运用财政政策有意识地对宏观经济进行调控，简单地说就是"逆经济风向而行"，称为相机决策的财政政策。

（1）扩张性财政政策

在经济萧条时，总需求小于总供给，失业增加，此时政府可以通过扩张性的财政政策予以调节。其主要的手段，包括增加财政支出，减少税收。以上手段，在上文已有解释，在此不做赘述。

（2）紧缩性财政政策

在经济过热时期，总需求大于总供给，通货膨胀上行，此时政府可以采取紧缩性的财政政策，即减少政府财政支出，增税等。同样，上文已有解释，在此不再赘述。

2. 自动稳定器

政府的财政收支及其变动，会直接、间接地影响宏观经济的运行。政府会在必要时有意识地实行所谓反周期的相机抉择的财政政策。但有时不用政府主动出手，财政政策也能自动发生作用，它们被称为自动稳定器。

所谓自动稳定器，是指经济系统本身存在的一种会减少各种干扰对国民收入的冲击的机制，能够在经济繁荣时期自动抑制通货膨胀，在经济衰退时期自动减轻萧条，无须政府采取任何行动。财政政策的这种内在自动稳定经济的功能主要通过下述三项制度得到发挥：

(1) 政府税收的自动变化

当经济衰退时，国民产出水平下降，个人收入减少；在税率不变的情况下，政府税收会自动减少，留给人们的可支配收入也会自动减少，从而使消费和需求也自动地少下降一些，在实行累进税的情况下，经济衰退使纳税人的收入自动进入较低纳税档次，政府税收下降的幅度会超过个人收入下降的幅度，从而可以起到抑制衰退的作用；同理，当经济繁荣时，失业率下降，人们的收入自动增加，税收会随个人收入的增加而自动增加，可支配收入也就会自动地少增加一些，从而使消费和总需求自动地少增加一些，在实行累进税的情况下，繁荣使纳税人的收入自动进入较高的纳税档次，政府税收上升的幅度会超过个人收入上升的幅度，从而起到抑制通货膨胀的作用。

由此，西方学者认为，税收的这种因经济变动而自动发生变化的内在机动性和伸缩性是一种有助于减轻经济波动的自动稳定因素。

(2) 政府转移支付的自动变化

包括政府的失业救济和其他社会福利支出。当经济出现衰退与萧条时，失业增加，符合救济条件的人数增多，失业救济和其他社会福利开支就会相应增加，这可以抑制人们收入特别是可支配收入的下降，进而抑制消费需求的下降。当经济繁荣时，失业人数减少，失业救济和其他福利费支出也会自然减少，从而抑制可支配收入和消费的增长。

(3) 农产品价格维持制度

经济萧条时，国民收入下降，农产品价格下降，政府依照农产品价格维持制度，按支持价格收购农产品，可使农民收入和消费维持在一定水平上。经济繁荣时，国民收入水平上升，农产品价格上升，这时政府减少对农产品的收购并抛售农产品，限制农产品价格的过度上升，也就抑制了农民收入的增长，从而也就减少了总需求的增加量。

总之，政府税收和转移支付的自动变化、农产品价格维持制度，对宏观经济活动都能起到稳定作用。它们都是财政制度的内在稳定器，是应对经济波动的第一道防线。

（五）财政政策的效果

在财政政策实施后，无论是财政支出还是财政收入的变动都会影响总需求，从而达到影响宏观经济运行的目的。下面我们用一个例子来解释一下财政政策对总需求的影响。

假设政府向 A 企业增加了 100 亿美元产品的订单，也就是说，政府购买增加 100 亿美元，由于 A 企业是经济的一部分，所以，对企业产品需求的增加就意味着，在每一种物价水平时，物品与服务的总需求都增加了，总需求曲线会向右移动。那么政府购买增加 100 亿美元会让总需求增加多少呢？答案似乎很简单，总需求的增量和政府购买增加量应该是一样的，也是 100 亿美元。但是，事实上答案并非如此。总需求的增加量不一定等于政府购买的增加量。原因就是，在这当中存在着乘数效应和挤出效应。

1. 乘数效应

乘数效应指的是，当扩张性财政政策增加了收入，从而增加了消费支出时，引起的总需求的额外变动。

我们用前面提到的案例来解释一下乘数效应的过程：当政府购买增加 100 亿美元，总需求会跟着增加 100 亿美元，同时 A 企业的经营者和工人会因为该笔订单使得收入增加 100 亿美元，人们对于收入增加的直接反应就是增加消费，A 企业的所有者和工人会增加对其他企业消费品的支出，而消费作为总需求的一部分，又进一步增加了总需求，使总需求的增加量大于 100 亿美元。这就是财政政策对总需求的乘数效应。

其实这一轮之后，乘数效应还在继续，当消费增加时，生产这些消费品的企业收入也会增加，增加的收入又刺激了消费，就这样，循环往复。其结果就是，总需求的增加量成倍增加。

因此，当收入增加带来了消费增加，收入增加，收入增加又刺激了消费，这就存在一种放大的效果，这种放大效果使最终总需求的增加量要大于政府一开始购买的增加量。

图 11-1 更清楚地说明了乘数效应。政府购买增加 100 亿美元，最初

使总需求曲线从 AD_1 向右移动到 AD_2，正好为 100 亿美元，但当消费者的反应是增加自己的支出时，总需求曲线就进一步向右移动到了 AD_3。

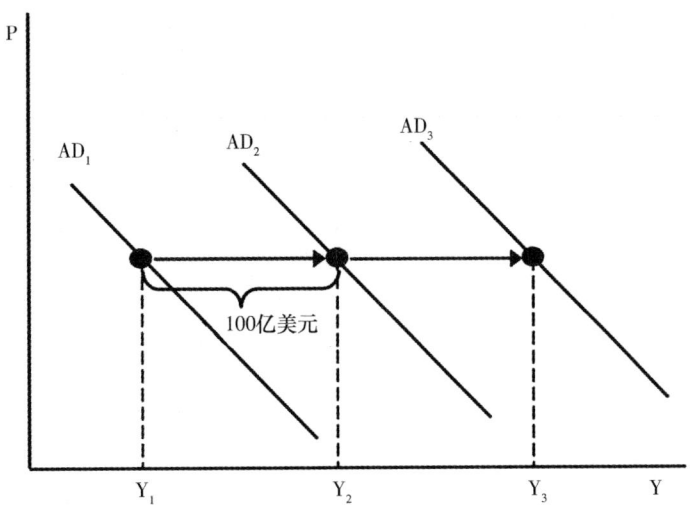

图 11-1 乘数效应

通过图 11-1 我们看到了，最终国民收入会因为政府购买的增加而增加，但并不是等量增加，而是由于乘数效应成倍地增加。这里我们把国民收入增加量与带来这种变化的政府购买的比率称为乘数。要想计算成乘数是多少，也就是算出国民收入的增加量是政府购买增量的几倍，那就要知道收入变化后，会对消费产生多大的影响。

根据凯恩斯的消费理论，消费是由家庭可支配收入决定的，并且收入和消费之间的关系可以用边际消费倾向来描述。边际消费倾向（MPC），指的是增加的消费与增加的收入的比率。当人们的收入增加时，将会增加消费支出，但消费支出的增加量将小于其收入的增加量。随着收入的增加，其消费支出在其收入中所占的比例将会越来越小。所以 $0 < MPC < 1$。

例如，假设边际消费倾向是 0.8，这就意味着，家庭没赚到 100 元的额外收入，会支出其中的 80 元，剩下的 20 元作为储蓄。当 $MPC = 0.8$ 的情况下,当 A 企业的工人和所有者从与政府签订的合同中转到 100 亿美元时,他们增加的消费支出就是 100 亿美元×0.8,即 80 亿美元。于是,这 80 亿美元又以工资、利息、利润和租金的形式流入到生产消费品的生产要素的所有者手中,使得国民收入又增加了 80 亿美元,这是国民收入的第二轮增加。然后,消费品生产者会将增加的这 80 亿美元收入当中的 64 亿美元(80 亿美元×0.8)用于消费,使总需求进一步增加。这个过程会不断继续下去,最后通过表 11-1 来计算最终的国民收入增加量。

表 11-1　　　　　　　　　　乘数效应的作用过程

	$\triangle Y$	$\triangle C$
第一轮	100	$0.8 \times 100 = 80$
第二轮	80	$0.8 \times 80 = 64$
第三轮	64	$0.8 \times 64 = 51.2$
…	…	…

其过程是:

$$\Delta Y = 100 + 100 \times 0.8 + 100 \times 0.8 \times 0.8 + \cdots + 100 \times 0.8^{n-1} + \cdots$$

$$= 100 \ (1 + 0.8 + 0.8^2 + \cdots + 0.8^{n-1} + \cdots)$$

$$= 100 \times \frac{1}{1 - 0.8}$$

$$= 500 \ (亿美元)$$

从上面的计算过程中我们可以看到,乘数是由边际消费倾向的大小决定的。如果用 K 表示乘数,那么 $K = 1/(1 - MPC)$。因此,乘数的大小取决于边际消费倾向,边际消费倾向越大,也就意味着增加的收入中用于消费的部分越大,那么乘数也就越大。

上面说明的是政府购买变动引起国民收入变动时存在乘数效应。实际上,乘数效应适用于总需求的任何一个组成部分,消费变动、投资变动、净出口变动都可以使国民收入成倍地变动。

举个例子,以投资来说,假设投资增加了 100 亿美元,也就是对物品和服务的需求增加了 100 亿美元,这会使收入增加,而收入的增加又引起了家庭消费的增加,家庭消费的增加又会引起国民收入的进一步增加。如果边际消费倾向为 0.75,那么乘数就是 4,那么最初 100 亿美元的投资增加量就会转变为国民收入 400 亿美元的增加量。

再举一个例子,假设股市高涨增加了家庭的财富,并刺激了他们支出 200 亿美元用于物品与服务的购买。这种额外的消费支出增加了国民收入,国民收入增加又引起了更多的消费支出。如果边际消费倾向是 4/5,那乘数就是 5,那么最初 200 亿美元消费支出的刺激就会转变为总需求 1000 亿美元的增加。

怎么样,是不是已经明白了?

其实,在宏观经济学中,乘数是一个非常重要的概念,因为它说明了经济可以把支出变动的影响扩大多少。消费、投资、政府购买或净出口,最初一个较小的变动,最终都会对总需求产生较大的影响,从而对经济中物品与服务的生产产生较大的影响。

2. 挤出效应

从乘数效应来看,政府购买增加 100 亿美元,那么国民收入的增加量必定大于 100 亿美元。但是与此同时还有一种效应却会产生相反作用,那就是挤出效应。挤出效应是指,当政府购买增加使得总需求增加的同时,它也会引起利率的上升,而利率的上升会减少投资,从而使总需求减少。

我们用案例来解释一下这个过程:当政府增加了政府购买时,企业所有者和工人的收入增加了(由于乘数效应,其他企业所有者和工人的收入也增加了),收入增加的直接反应就是增加消费,那么这就使得他们用于交易的货币需求量增加了,货币需求和货币供给决定了利率水平,在货币供给量不变的情况下,货币需求增加就会使利率上升,而利率与投资成反比,投资就会减少,从而减少了总需求。也就是说,当政府购买增加了对物品和服务的需求时,它也挤出了一部分投资。这就是挤出效应发生作用的过程,它会抵消部分政府购买对总需求的影响。

乘数效应是扩大影响,而挤出效应是减小影响,它们就像是一对作用力与反作用力。

货币需求增加的效应如图 11-2 所示。左边是货币市场的供求曲线,由于美联储并没有改变货币供给,所以垂直的供给曲线保持不变。当收入水平提高使货币需求曲线从 MD_1 向右移动到 MD_2 时,为了保持货币供求平衡,利率必然会从 r_1 上升为 r_2。

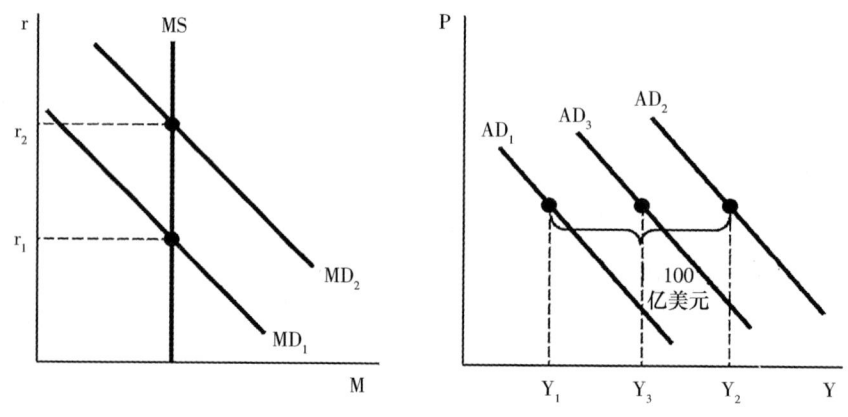

图 11-2 挤出效应

图 11-2 中右边的是总需求曲线,起初政府购买增加会让总需求曲线右移,从 AD_1 移动到 AD_2,但利率上升反过来又减少了物品与服务的需求量,特别是,由于借款更昂贵了,所以对住房和企业投资品的需求减少了。这就是说,当政府购买增加提高了对物品与服务的需求时,它也会挤出投资。这种挤出效应部分抵消了政府购买对总需求的影响,使得总需求曲线最终又左移回到 AD_3。

现在我们就可以回答之前案例当中的问题了:政府购买增加 100 亿美元,总需求的增加量可能大于、等于、小于 100 亿美元,具体的大小取决于乘数效应和挤出效应的大小,如果乘数效应大于挤出效应,那么总需求的增加量就会大于 100 亿美元,但是如果挤出效应足够大,其效果能够超过乘数效应，那么总需求的增加量就会小于 100 亿美元。

二　税　收

税收是财政政策的主要工具之一，是政府的主要收入来源。下面我们就详细介绍一下。

税收可以根据不同的依据进行分类。以课税对象为划分依据，可以将各税种划分为流转税类、所得税类、资源税类、财产税类和行为税类五大税类。我国目前在征的税收有 18 种，其具体分类如表 11-2 所示：

表 11-2　　　　　　　　　　　我国目前征收的税种

税类	税种	特征
流转税类	增值税	间接税、中央与地方共享税（除海关代征）
	消费税	间接税、中央税
	关税	间接税、中央税
所得税类	个人所得税	直接税、中央与地方共享税
	企业所得税	直接税、中央与地方共享税
财产税类	房产税	直接税、地方税
	契税	直接税、地方税
	车船税	直接税、地方税
	船舶吨税	直接税、中央税（由海关征收）
资源税类	资源税	间接税、中央与地方共享税
	土地增值税	间接税、地方税
	城镇土地使用税	间接税、地方税
	耕地占用税	间接税、地方税

续表

税类	税种	特征
行为税	印花税	直接税、地方税（除证券交易印花税）
	城市维护建设税	间接税、地方税
	烟叶税	间接税、地方税
	环境保护税	直接税
	车辆购置税	直接税、中央税

由于篇幅有限，在此我们仅对几个重要税种进行重点介绍。

（一）增值税

增值税是对增值额征收的一种税。也就是说，在商品生产、流通等过程中，只要产生了新增价值，就要向国家缴纳增值税。"增值税"一名也由此而来。

所谓增值额，是指劳动者在一定时期进行商品生产、流通过程中新创造的那部分价值。例如，某企业以 100 元的价格购进一批棉花，并把它加工成棉布，最后以 300 元的价格出售，那么增值额 = 300 - 100 = 200 元。这 200 元，是企业在生产过程中新创造的新增价值，其中凝结了厂商的利润、利息、折旧及全部劳工工资。简单地说，增值额等于企业销售收入减去相应外购原材料、中间产品（如零配件）等成本后的差额。

用增值额乘以增值税率，就是应交的增值税。仍以上例进行说明，300 元代表销售收入（不含税价），100 元代表成本（不含税价），因此，增值税 =（300 - 100）× 增值税率。

需要注意的是，增值税属于价外税，税款不包含在商品价格之内。也就是说，在计算增值税时，必须用不含税价格 × 增值税率来计算应缴税额。如图 11 - 3 所示，在企业所开增值税发票中，清楚标明了商品（计算机）的不含税价格，并以此价格 × 增值税率（即 5999 × 17%）来计算需要缴纳的增值税额。

近年来，我国一直在推行减税降费。得益于此，2019 年，我国进一步降低了增值税税率。目前，对于一般纳税人，增值税税率主要有 13%、9%、6%、0 税率几档。对于小规模纳税人（年销售额在规定标准以下，并且会计核算不健全，不能按规定报送有关税务资料的增值税纳税人），增值税税率主要有 3%、5% 两档。

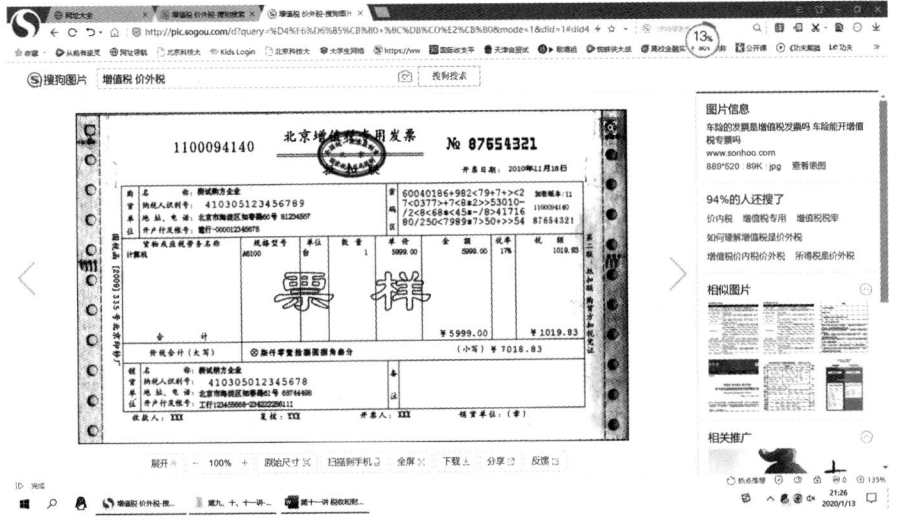

图 11-3　增值税发票示例

增值税是我国最大的税种。根据国家税务总局统计，2018 年，增值税的收入占我国全部税收的 46%。

（二）企业所得税

企业所得税，是对企业一定时间内获得的所得额征收的一种税。

所谓的"所得"，来自于企业的各种生产经营行为。具体而言，企业每一纳税年度的总收入，减去不征税收入、免税收入、各项扣除（如允许抵扣的成本）、允许弥补的以前年度亏损，即为应纳税的所得额。

其中，总收入包括企业以货币形式或非货币形式从各种来源取得的收入，如销售货物收入、提供劳务收入、转让财产收入、股息及红利收入、利息收入、租金收入、特许权使用费收入等。不征税收入包括财政拨款，纳入财政管理的行政事业性收费、政府基金等。免税收入则包括国债利息收入，符合条件的居民企业之间的股息、红利等权益性收益，符合条件的非营利组织的收入等。各种扣除是指企业实际发生的、与取得收入相关的、合理的支出，包括成本、费用、税金、损失、部分固定资产折旧、部分摊销费用等。注意，扣除项目必须与取得收入"相关"且"合理"才能扣除。此外，企业向投资者支付的股息红利、企业所得税税款、税收滞纳金、赞助支出、与取得收入无关的其他支出及不满足扣除条件的固定资产折旧、摊销均不得扣除。

按以上办法计算出的"应纳税所得额"，乘以适用税率，再减去税收优惠的减免和抵免项目，即为应缴的所得税额。

目前，对我国的居民企业，适用的所得税税率为25%。符合条件的小微企业，适用税率为20%。国家重点支持的高新技术企业、技术先进型服务企业，适用税率为15%。而非居民企业（依照国外法律设立且实际管理机构在国外），在中国境内设立机构且所得与该机构相关的，按25%缴纳公司所得税，如取得所得与所设机构不相关的，按10%的税率缴纳公司所得税。非居民企业未在我国境内设立机构，但其所得来自于我国境内的，按10%的税率缴纳公司所得税。

在我国，公司所得税是仅次于增值税的第二大税收项目。根据国家税务总局统计，2018年，企业所得税占我国税收总收入的21%。

（三）个人所得税

个人所得税，是对个人（自然人）一段时间内的所得额征收的一种税。

与公司所得税类似，其征税对象仍然为"所得额"。具体包括以下内容：工资、薪金，劳务报酬，稿酬，特许权使用费，经营所得，利息、股息、红利所得，财产租赁所得、财产转让所得，偶然所得。其中，工资、薪金所得包括工资、薪金及奖金、年终加薪、劳动分红、各种津贴等。经营所得包括个体工商户的经营所得、承包经营、承租经营所得。偶然所得是指个人得奖、中彩、中奖等的所得。

1. 居民个人综合所得税的计算

对于居民取得工资薪金、劳务报酬、稿酬、特许权使用费的，按纳税年度合并计算个人所得税。即个人将当年取得以上四项所得相加，算出综合所得。需要注意的是，此处劳务报酬所得、特许权使用费所得，以收入减去20%的费用后的余额计算。

例如，某人全年共取得30000元劳务报酬和特许权使用费，在计算综合所得时，这两部分收入应以30000×（1-20%）=24000元计入。

而稿酬所得，以收入减去20%的费用后，再乘以70%计算。

例如，某人全年取得稿酬2000元，在计算综合所得时，应以2000×（1-20%）×70%=1120计入。

计算出全年综合所得，再减除费用6万元（即起征点，目前按每月5000元计算，全年即为6万元。且不包括三险一金），再减去专项扣除（即三险一金，包括个人基本养老保险、基本医疗保险、失业保险、住房公积金，此处为全年额），最后减去专项附加扣除（子女教育支出、继续教育支出、大病医疗支出、房贷利息或租房租金、赡养老人支出，此处为全年额），即得到"应纳税所得额"。

对于综合所得，我国采用3%—45%的超额累进税率。具体如表11-3所示：

表11-3　　　　个人所得税税率表（综合所得适用）

级数	全年应纳税所得额	税率（%）	速算扣除数
1	不超过36000元的	3	0
2	超过36000元至144000元的部分	10	2520
3	超过144000元至300000元的部分	20	16920

续表

级数	全年应纳税所得额	税率（%）	速算扣除数
4	超过 300000 元至 420000 元的部分	25	31920
5	超过 420000 元至 660000 元的部分	30	52920
6	超过 660000 元至 960000 元的部分	35	85920
7	超过 960000 元的部分	45	181920

在计算出"应纳税所得额"之后，判断其适用于哪一级税率，然后用应纳税所得额乘以适用税率，减速算扣除数，即为应缴纳的个人所得税。

例如，某人用其全年的工资薪金、劳务报酬、稿酬、特许权使用费减去各项扣除之后，剩余 150000 元，那么他适用的税率即为 20%，那么他全年应缴纳个人所得税 = $150000 \times 20\% - 16920 = 13080$ 元。

2. 居民其他个人所得税的计算

（1）居民取得经营所得

以每一纳税年度的总收入减去成本、费用、损失，得到应纳税所得额，再用应纳税所得额乘以适用税率，再减去速算扣除数，即得到个人所得税。居民经营所得，适用 5%—35% 的超额累进税率。（见表 11-4）

表 11-4　　　　　　个人所得税税率表（经营所得适用）

级数	全年应纳税所得额	税率（%）	速算扣除数
1	不超过 30000 元的	5	0
2	超过 30000 元至 90000 元的部分	10	1500
3	超过 90000 元至 300000 元的部分	20	10500
4	超过 300000 元至 500000 元的部分	30	40500
5	超过 500000 元的部分	35	65500

例如，王某 2019 年 2 月承包了某企业招待所，按照合同规定，招待所的年经营利润全部归王某所有，但年底需上缴承包费 20000 元。另外，王某每月从经营收入中支取工资 4000 元。当年，招待所实现营业利润为 85000 元（不含王某工资）。下面我们计算一下王某应缴纳的经营所得个人所得税：

第一步：应纳税所得额 = 85000 − 20000 + 4000 × 11 = 109000 元

第二步：个人所得税 = 109000 × 20% − 10500 = 11300 元。

（2）居民取得财产租赁所得

每次收入不超过 4000 元的，减除费用 800 元；4000 元以上的，减除 20% 的费用，其余额就是应纳税所得额。之后，用应纳税所得额 × 20%，即为应缴个人所得税。

（3）居民财产转让所得

以转让财产的收入额减除财产原值和合理费用后的余额，得到应纳税所得额。之后，用应纳税所得额 × 20%，即为应缴个人所得税。

（4）利息、股息、红利所得和偶然所得

以每次收入额为应纳税所得额。之后，以应纳税所得额 × 20%，即为应缴个人所得税。

3. 非居民个人所得税的计算

（1）工资、薪金所得

以每月收入额减除费用 5000 元后的余额为应纳税所得额。

（2）劳务报酬所得、稿酬所得、特许权使用费所得

劳务报酬所得、特许权使用费所得以收入减去 20% 的费用为应纳税所得额。稿酬所得以收入减去 20% 的费用之后，再乘以 70%，得到应纳税所得额。

上述四项的个人所得税 = 应纳税所得额 × 适用税率 − 速算扣除数。

税率如表 11 − 5 所示：

表 11-5　　　　　　个人所得税税率表（非居民适用）

级数	全月应纳税所得额	税率（%）	速算扣除数
1	不超过 3000 元的	3	0
2	超过 3000 元至 12000 元的部分	10	210
3	超过 12000 元至 25000 元的部分	20	1410
4	超过 25000 元至 35000 元的部分	25	2660
5	超过 35000 元至 55000 元的部分	30	4410
6	超过 55000 元至 80000 元的部分	35	7160
7	超过 80000 元的部分	45	15160

个人所得税是我国第三大税种。据国家税务总局统计，2018 年，个人所得税占我国税收总收入的 8%。

（四）消费税

消费税是对特定消费品和特定消费行为，按流转额征收的一种商品税。

首先，消费税在征收过程中具有选择性。即国家根据宏观产业政策和消费政策的要求，有目的地、有重点地选择某些特定消费品、消费行为，征收消费税，以适当地限制某些特殊消费品的消费需求，如，不可再生资源、高耗能高污染消费品、奢侈品等。其目的，是引导调节产品结构，引导消费方向，促进国民经济健康发展，同时保证财政收入。目前，我国共有 15 种消费品（消费行为）需要缴消费税：烟、酒、高档化妆品、贵重首饰及珠宝玉石、鞭炮/焰火、成品油、小汽车、摩托车、高尔夫球及球具、高档手表、游艇、木制一次性筷子、实木地板、电池、涂料。

其次，消费税的计算有三种方法：从价定率、从量定额、从价定率和从量定额复合计征。

从价定率法下，应纳消费税 = 应税消费品的销售额 × 适用税率。

从量定额法下，应纳消费税=应税消费品销售数量×单位税额。

复合计征法下，应纳税额=应税销售数量×单位税额+应税销售额×适用税率。

需要注意的是，在从价定率法和复合计征法下，应采用含税价格（即包含消费税的价格）来计算，即消费税属于价内税。

最后，我们来看下我国消费税的税率，如表11-6所示：

表11-6　　　　　　　　我国消费税税率表

税目	计征方式	税率
甲类卷烟（生产环节）	复合	56%加0.003元/支
乙类卷烟（生产环节）	复合	36%加0.003元/支
甲类卷烟（商业批发环节）	复合	11%加0.005元/支
雪茄（生产环节）	从价计征	36%
乙类卷烟（商业批发环节）	复合	11%加0.005元/支
烟丝	从价计征	30%
白酒		20%加0.5元/500克（毫升）
黄酒	从量计征	240元/吨
甲类啤酒	从量计征	250元/吨
乙类啤酒	从量计征	220元/吨
其他酒	从价计征	10%
高档化妆品	从价计征	15%
金银首饰、铂金首饰和钻石及钻石饰品	从价计征	5%
其他贵重首饰和珠宝玉石	从价计征	10%
鞭炮、焰火	从价计征	15%
汽油	从量计征	1.52元/升
柴油	从量计征	1.20元/升

续表

税目	计征方式	税率
航空煤油	从量计征	1.20 元/升
石脑油	从量计征	1.52 元/升
溶剂油	从量计征	1.52 元/升
润滑油	从量计征	1.52 元/升
燃料油	从量计征	1.20 元/升
摩托车	从价计征	3%/10%
乘用车	从价计征	1%/3%/5%/9%/12%/25%40%
中轻型商用客车	从价计征	5%
高尔夫球及球具	从价计征	10%
高档手表	从价计征	20%
游艇	从价计征	10%
木制一次性筷子	从价计征	5%
实木地板	从价计征	5%
电池	从价计征	4%
涂料	从价计征	4%

在我国，消费税也是一个比较重要的税种。2018 年，消费税收入占我国税收收入的 6.8%。

第十二讲 货币、利率与货币政策（1）

一 货币星球

货币，俗称"钱"，自诞生之日起，就逐渐占领了我们的生活。及至当前，我们已生活在一个货币的世界，处处都有货币的影子。

首先，我们的生产离不开货币。现代农民从事生产，用货币购买种子、化肥、农药，买水、买电。没有货币，农业生产将无法进行。现代公司筹建需要缴纳货币形态的注册资本金，需要用货币购买机器、厂房，公司生产需要投入原材料、燃料、配件，需要雇用工人，需要广告宣传，需要积累利润以扩张。我们进一步将视野展开会发现，现代农业、现代工业、现代服务业、现代IT业……没有一个行业不需要货币的收入和支出。如果没有货币，这些行业将陷入瘫痪，继而一个国家的经济可能面临崩溃，这是一件多么糟糕和可怕的事情！

其次，我们的生活离不开货币。现代社会，每个家庭和个人的收入，如工资、奖金、津贴、奖学金，也都要依靠货币。我们已经习惯于用货币去支付、交换一切。比如我们的衣、食、住、行，都需要用货币去购买。没有货币，意味着我们没法穿衣、没法吃饭、没有房子住、连出行都无法实现。除非我们愿意回到原始物物交换社会。

再次，政府也离不开货币。现代政府运转，主要依靠财政收入和财政支出，包括税收和国债发行、财政政策，均已采用货币形式。没有货币，这些手段统统失灵，政府将无法运转。

最后，国际交往也离不开货币。比如，在国际贸易中，一国进口商品，需要支付货币，出口商品，需要收入货币，以货币为媒介，这是现代国际贸易的基本准则。此外，我们与国外进行其他经济、政治、文化、体育、卫生等领域的交往，也处处伴随着货币的收支。没有货币，这些交往同样会陷入麻烦。

综上所述，我们发现，货币，就像空气一样，已经渗透到我们活动的每一个角落。我们的星球，早已被货币占领，处处打上货币的烙印，成为一个名副其实的"货币星球"。我们离不开它，就像鱼不能离开水，人不能离开空气一样。

二 货币是什么？

从上面的论述中我们发现，货币是如此重要。但是，我们真的了解这个熟悉的"老朋友"吗？事实上，货币就像一个多面的神秘剑客，早在五千年前，就已逐步占领我们的生活。贝壳、牛羊、烟草、可可豆、石板、金、银、铜、纸都曾是它的一面。

（一）古代实物货币

在古代，人们最初通过直接的物物交换完成商品交易。如在古埃及的壁画中可以看到这样的情景：有用瓦罐换鱼的，有用一捆葱换一把扇子的等。这种商品交易方式，有一个最大的缺点就是效率低、社会交易成本高。例如，持有苹果的甲想交换乙的梨，而乙恰好不需要苹果而是需要香蕉，此时甲若想达到目的，将不得不先找到丙换取香蕉，然后拿着香蕉去换乙的梨。这意味着，用苹果换梨，需要两次交易方能完成。如果丙不同意交换苹果，交易次数还要更多。显然，这种交易方式效率低，会导致交易成本大大提高。

为解决这种矛盾，人们想到了一个办法，那就是先把自己的商品换成普遍受欢迎的商品，如贝壳、牛羊、烟草、可可豆、石板，然后再拿着这些商品去换取自己想要的商品，这样的话，市场上的商品交换，用两笔交易就可以完成，不会出现多次交易方可完成交易的情况。交易次数减少，交易效率自然大大提高，交易成本相应地也就降低了。这里所说的贝壳、牛羊、烟草、可可豆、石板，其实就是货币最初的表现形态，我们称之为实物货币。

而至于为什么是贝壳、牛羊、烟草、可可豆、石板，取决于当时特殊的社会、历史、经济条件。比如，在我国商代，产于海上的贝壳被认为是一种很贵重的商品，在这种背景下，贝壳自然而然就成为了货币。人们把贝壳加工成一面有槽齿的形状的贝币。它光洁美观、小巧玲珑、坚固耐磨，在当时受到了很大欢迎。在商代中期以前，贝币的价值很高，臣子若能获得商王赏赐的贝币，是极大的荣耀。

(二) 金属货币

实物货币的产生，虽然大大提高了商品交换的效率，推动了社会生产力大发展，但是，它们也并非完美无缺。例如牛羊、石板，不易分割，不易携带；烟草、可可豆十分容易腐坏，不易保存；贝壳虽然易于保存、分割、携带，但是作为一种"大自然的馈赠"，它的供给量有限，在我国商代后期，就出现了由于供不应求，人们不得已采用青铜仿制的铜贝来充当货币的情况。

而随着金属冶炼术的发展，人们发现，某些金属简直是"货币天才"，如铜、金、银。第一，铜、金、银极难被腐蚀，易于保存。第二，铜、金、银可以熔化，可以随意分割，还可还原。第三，铜、金、银等金属的价值比较高，这样可用较少的媒介完成大量的交易。第四，相对于牛羊，它们更便于携带。一句话，它们称得上是非常完美的货币材料！因此，当金属被发现以后，世界各国先后采用金属作为货币，人类进入了"金属货币时代"。在这个时代，金属货币被用作货币的时间、先后顺序、主次关系，中外各不相同。

中国最早的金属货币是铜。在商代，已出现用铜做的"铜贝"币，之后历朝历代货币均有铜的影子，直到新中国成立前，我国还在使用铜元作为货币。但大多数时候，它是以辅币的形式存在。战国时期，金作为货币普遍使用，人们用黄金论价、估价，最有名的是战国时期楚国的"郢爰"，大多呈方形，含金量90%以上。到了西汉，黄金大量流通。据史料记载，当时皇帝赏赐动辄以数十斤、数百斤计。但到了东汉，流通中的黄金突然大量"人间蒸发"，直接导致其失去了货币主体地位，之后，直到清代，我国的货币体系中黄金流通量一直很少。白银作为货币普遍使用，是在宋代。两宋时期，白银使用范围扩大，逐渐成为政府在政治、经济活动中十分重要的支付手段。明代中期以后，白银被政府确定为本位货币，开始成为我国的主流货币，这种情况一直持续到20世纪30年代。

在西方，据史料记载，黄金最早被用作货币，但早期并未占据主要地位。铜和银随后被用作货币，银一直占据主要地位。但自公元13世纪以后，金币逐渐增多，到18、19世纪日益占据主导地位。乃至20世纪初，西方主要国家中，黄金占了垄断地位。

在金属货币时代，无论中外，最初，金属货币以块状流通，民间可自由铸造发行。这样一来，在每笔交易中，都需要称重、鉴定成色，非常不方便。后来，国家垄断了金属货币的发行，并把这些金属铸成一定的形状——最初有各种形状，但后来均逐渐过渡到圆形。原因是，圆形最不易磨损并且便于携带。此外，国家还在金属货币上面打上印记，标明重量、成色，这样就省去了称重、鉴定的环节，大大提高了交易效率，也促进了货币使用范围的扩大。

（三）可兑现银行券

在人类发展的相当长时间里，都用铜、金、银等贵金属作为货币。但后来，随着世界经济的发展，贸易的范围越来越广，此时，人们经常需要到很远的异地进行贸易。而远距离携带大量贵金属，不仅沉重，而且非常不安全。因此，为了便利长途贸易，纸做的货币开始出现。最典型的是银行券。

这些银行券最初由欧洲的商业银行发行。大商人把金属货币存入银行，由银行出具纸质的收据（即为银行券），商人可以拿着该纸质收据向别人支付。发行银行券的银行，以自身的信用保证银行券能够随时兑换金属货币。可是后来，到19世纪，这种由商业银行发行银行券的做法却出现了问题。比如，当时在美国，有1600多家银行竞相发行银行券，它们提供了3万多种银行券进入市场流通，这些银行券良莠不齐，很多无法兑现，既不便于流通，也在无形中劫掠了平民百姓的财富。混乱的货币秩序让国家吃尽了苦头。正是这个教训，使人们意识到，需要由一家银行来垄断货币的发行。于是，为维护国家的经济稳定，许多国家将银行券的发行权集中于中央银行，并用法律规定发行条件、银行券的兑现、发行储备（金、银等）等。

这些早期的银行券，具有两个特点：第一，可以按面额自由兑换金、银，发行需要有相应的贵金属货币作为支撑。这一点与现代纸币有着本质区别。第二，高度依赖发行银行券的商业银行的信用。如果发钞银行倒闭了，它发行的钞票就变成一张废纸，买不来任何东西。因此，从这一点来说，银行券本质上是一种信用货币。

（四）现代货币（不可兑现银行券）

自19世纪中后期以来，随着新科技革命的深入开展、生产力快速进步，世界经济飞速发展，经济规模出现了爆发式增长，进而对货币的需求量也迅速增加。此时，需要国家不断扩大金属货币发行量，以满足经济增长的需求。但是，金、银等贵金属在地球上的储藏量是有限的，其产量在一定时期也是有限的。这样，金属货币的供给与需求就产生了矛盾，并且随着经济的不断扩张日益尖锐。同时，随着经济发展，银行券的流通量大大增加，成为流通中的主要手段。加之，一战之后，黄金分配在各国间分配出现了不平衡，大多数黄金被美国等少数国家所持有，其他国家拥有的黄金普遍不足。因此，20世纪30年代世界性经济危机后，世界主要国家相继停止银行券兑换黄金。社会上开始普遍流通由中央银行发行的、不可兑换的银行券。二战之后，世界各国召开布雷顿森林会议，建立了美元与黄金挂钩，其他国家货币与美元挂钩的国际性的货币体系，试图维持以黄金为本位的货币制度，但仍无法从根本上解决黄金在供需上的矛盾。到了1971年，美国宣布停止以美元兑换黄金。至此时，现实中流通的、由中央银行发行的银行券彻底与黄金"分道扬镳"，变为不可兑现的银行券。

这种不可兑现的银行券，即为现代纸币。也就是我们通俗点所说的钞票（例如，你手中持有的、印有毛主席图像的不同面额的纸）。其本质上属于一种不兑现的信用货币。不可兑现，即不可兑换金银。信用货币，是指这些不可兑现的纸币本质上是以国家信用为担保发行和流通。原因在于，不像贵金属，这些纸币本身没有价值，要让人们接受其作为货币，只能依赖于政府信用，即政府以自己的信用保证，这些货币可以流通。而政府一旦出现危机，它们便会一文不值。

现代纸币的出现，标志着现代货币制度——不可兑现的信用货币制产生了。

（五）可签发支票的活期存款

20世纪，随着现代信用，特别是银行信用的发展，工商企业普遍不用现金进行交易，而是在银行开立活期存款账户。这种账户具有一个特点，可以签发支票。即企业在银行开户以后，银行发给企业支票簿。当需要支付货币时，开户企业在支票簿上签章并填写金额（支票签发），之后用签发的支票支付货款、各种收费、税收等。收款人收到支票，可凭支票到银行，要求银行将货币从付款人存款账户转到收款人存款账户。这样的过程，称为转账结算。很显然，这种可签发支票的活期存款，与银行券一样，可以充当流通手段和支付手段。因此，人们把这种可签发支票的活期存款称为存款货币。由于其是基于现代信用产生和使用的，也被称为信用货币。

随着经济的发展，存款货币广泛用于批发贸易、零售贸易中的支付。

在现代经济生活中，存款货币的数量在货币供给和交易支付中已占据主导地位。

（六）电子货币

20世纪初，随着计算机技术的发展，人类记载信息和传播信息的方式发生了彻底改变，开始依靠计算机。在此背景下，银行系统记账也实现电子化。这使得"钱"可以以电子数据的形式存储于电子计算机系统中，进而通过计算机网络系统和电子传输手段实现货币支付和流通，如自动取款机、银行间电子资金传输和结算（SWIFT）、银行卡（借记卡、信用卡）等，相继出现并迅速普及，被广为使用。特别是银行卡，用户只需持有卡片就可以在电子计算机系统（如自动取款机ATM、POS机）上刷卡即可完成资金交易。

我们把这种以电子化手段存储的"钱"称为电子货币。相应地，利用电子化手段将这些钱用于支付和交易的过程（如刷银行卡）称为电子货币支付。电子货币可以比传统支付（现金、支票等）大大节省交易成本。

需要注意的是，电子货币的交易和记账均在银行系统中完成。这是它与现代数字货币的根本区别之一。

纵观以上种种货币，我们不难发现，无论是何种货币，其本质就是在经济中固定地充当一般等价物的某种形态，是价值尺度和流通手段的统一。

案例1：新兴的非正规生力军——数字货币

近些年，随着互联网和区块链技术的发展，出现了很多新的货币形态。如paypal（后被eBay收购）、支付宝、微信支付、比特币、莱特币、稳定币、Libra等。它们当中的一些，已经发展得比较成熟和成规模。例如paypal，目前已成为了广泛的互联网电子商务的主要支付手段，其2012年的支付规模就已达到145亿美元。在中国，自阿里巴巴在2003年推出淘宝和支付宝后，中国的互联网支付规模呈现爆炸式增长，到 2017 年交易额已达到 24.54 万亿元人民币。

从形式上来说，这些基于互联网的货币，仍然通过电子方式记录和转移货币，因此仍属于电子货币。但是，与计算机时代的电子货币相比，这些货币支付系统更加开放，不再局限于银行系统。其本质是一种依托互联网、以数字形式呈现的电子货币，承担了类似实体货币的职能，能够实现即时支付和无地域限制的所有权转移，因此被广泛称为"数字货币"（Digital Currency）。

需要注意的是，以上提到的数字货币，均不是由央行发行，它们要么无法定地位（如比特币），要么由社会机构运行并需要与法币挂钩（如支付宝、微信支付）。

此外，现代数字货币中的一些，因为运用了现代密码学的技术，即采用了非对称密码技术来确定货币的归属，被统称为密码货币。最典型的就是比特币。它是在 2008 年由一个化名中本聪的人发明。在案例 2 中，我们会通过一个虚构的例子来说明比特币运行的基本原理。目前，比特币已成功运行 10 年，并衍生出了多种类似的货币，如比特币现金（BCH）、莱特币（LTC）、token 等。最新的，是 2019 年 6 月，由 Facebook 联合 Mastercard、VISA 等提出的 Libra。

自产生开始，这些数字密码货币就呈现出了强劲的发展趋势，并且开始倒逼各国央行进行"货币革命"。特别是 2019 年 6 月中旬 Facebook 公布 Libra 计划以后，引发了各国央行的高度关注。各国央行在表达震撼或忧虑之后，纷纷宣布加大力道研发央行数字法币。当前，我国央行也宣布，已得到国务院批准，成立"央行数字金融研究平台"，与阿里巴巴等合作，开始数字货币的研发。这种由央行开发的数字货币，本质上是一种加密的（采用现代密码技术）、以国家信用为支撑的法定货币，可称为数字法币。可以预见，一旦推出，势必掀起一场新的货币革命。

案例2：比特村的故事①

一、比特币的产生

在世界上，有一个名为"比特村"的、与世隔绝的小村庄，共有几百户人家。该村庄几乎与世隔绝，自给自足。由于没有大规模交易，村民们一直过着以物易物的生活。今天，老张拿一袋面粉换老李家一只羊。明天，王大嫂拿一筐野果换了刘大婶两尺布。

终于有一天，村民们发现，以物易物的交易方式很不方便。于是，全村人集合开会，讨论如何解决该问题。此时，有人提议，以便于携带分割且稀有的黄金，作为交换的媒介，并把其他物品和黄金的交换比例制成一张表格，如一克黄金可交换一只羊，一克黄金可交换一袋面粉等。并把这张纸分发给每家人。之后，老张便再也不用扛着一袋面粉气喘吁吁地去老李家换羊了，他只需从家里拿上一克黄金，拿给老李，就可以从他那儿牵回一只羊。而老李也可以拿着这一克黄金，从任何愿意出让面粉的人那里换回一袋面粉或其他等值的物品。就这样，比特村进入了实物货币时代。

但好景不长，过了一段时间，新的问题又出现了。因为比特村附近的金矿并不多，而且开采、冶炼黄金太费时费力。同时，随着使用，金子会因磨损、丢失、故意囤积等原因而损耗。于是，全村人又一次开会，商讨对策。此时，有人提出，大家不一定要用真的黄金啊！随便找张纸，在上面写上"一克黄金"，只要全村人都认同这张纸就等于一克黄金，问题不就解决了吗？大家纷纷表示认同，但也有人提出了质疑。因为黄金的储量是有限的，所以没有人可以短期内制造大量黄金。可写字就不同了。纸多容易制造啊，随便想写多少就写多少，此时社会上得有多少纸做的货币啊，搞不好到时得用一万张纸才能换一只羊。于是，又有人提出了解决方案：这张纸不是谁写都有效，大家只认村里德高望重的老村长写的。此时大家纷纷表示赞同。

---

① 该案例摘自张洋的博客文章《一个故事告诉你比特币的原理及运作机制》，http://blog.codinglabs.org/articles/bitcoin-mechanism-make-easy.html。

于是，老村长写一些纸，同时按照各家黄金存量发给大家相应量的纸。如，老张家有二百克黄金，老村长就发给老张两百张写着"一克黄金"的纸，同时将老张家的黄金拿走作为抵押。这样一来，老村长就将村里所有黄金都收归到了自己家里，并按各家上交的黄金数量发给等值的写有字的纸。之后，村民们就可以拿着这些纸当黄金进行交易了。而且，大家都认得老村长的字，谁也别想伪造签字纸。此外，如果谁家的纸磨损的太严重，还可以拿到老村长那里兑换新的等值的纸，破损的就地销毁。老村长还承诺，如果任何人想要换回真黄金，只要把纸拿回来，就会把等值黄金还给那人，旧的纸就地销毁。这样一来，只要严格按照销毁多少纸、新写多少纸的原则，老村长写的纸上的黄金量和放在老村长家里的真实黄金的量是相等的，每一张有效的纸总能换回相应的真黄金。就这样，比特村进入了纸币时代。

又过了几年，由于每天都要核对大量的旧纸币，填写新的纸币，还要把各种账户做好记录，老村长操劳过度去世了。比特村再次召开全体大会，讨论应该怎么办。此时，老村长的儿子小王自告奋勇地接过了父亲的工作，承担起货币发行的责任。这个年轻的小王村长很聪明。他做了几天，发现不用真的写那么多纸，可以这样操作：村民把纸币都交上来，销毁，同时小王记录下每户上交的纸币数量。以后如果要交易，如老张要拿一克金子向老李换一只羊，就给小王打个电话，说明要将老张名下的一克金子划归老李名下。此时，小王拿出账本，看看老张名下是否有一克金子，如果有就在老张的名下扣除一克，然后在老李的名下加上一克，就完成了支付。然后小王打电话给老李，告诉他确认转账完成。之后老李可以放心让老张把羊牵走了。此时，比特村进入了中央系统虚拟货币时代。每个村民都不需要再拿实物货币完成支付，支付过程变成了由小王维护的账本上数字的变更。

这位新上任的村长小王确实很聪明，但聪明反被聪明误。有一天他盯着账簿，动起了歪脑筋。他心想："现在，全村各户谁有多少钱就是我说了算，那我岂不是……"于是小王头脑一热，私自从老张账上划了 10 克黄金到自己名下。本以为天衣无缝，但没想到老张也有记账的习惯，有一天他正要付钱，却被小王告知账户没钱了。老张赶紧核对了一下自己的账本，发现明明还有 10 克黄金啊？于是乎，老张拿着账本去找小王核对，立马发现了那笔未经老张同意的转账。于是小王东窗事发，比特村也炸开了锅。因为通过这件事，大家惊觉账本集中在一个人手里的弊端：这个体系完全依赖于一个人的信用，如果这个人不守规矩，如随意篡改账本，或者这个人家里失火或账本失窃，整个货币系统就会崩溃。正当大家不知所措时，村里一个叫中本聪的技术宅男走上了台，他告诉大家，他闲着没事的时候，设计了一套不依赖中央处理的虚拟货币系统，叫作比特币，可以很好地解决现在的问题。全村人觉得，反正现在也没有别的办法，不如让中本聪试一试。于是中本聪开始在比特村进行改革。

二、基础设施搭建

中本聪说，在运行比特币系统前，先要做几件事：

（一）对现有账簿进行改造，建立账簿公开机制

首先，账簿上不再记载每户村民的余额，只记载每一笔交易的付款人、收款人和付款金额。这样一来，只要确定账簿的初始状态，并确保每一笔交易记录可靠并按时序排列，当前每个人持有多少钱是可以推算出来的。其次，账簿由私有改为公开，只要任何村民需要，都可以获得当前完整的账簿，上面记录了从账簿创建开始到当前发生的所有交易的记录。此言一出，下面立刻炸开了锅。第一条无所谓，但第二条简直无法接受，因为账簿记录了所有村民的交易，这样大家的隐私不就全暴露了吗？

（二）身份与签名机制（公钥加密系统）

这时，中本聪说："大家先不要慌，在我的这套机制下，任何人都不使用真实身份交易，而是使用一个唯一的代号交易（公钥）。"然后，他拿出了一对奇怪的东西，说这两件东西分别叫保密印章

（私钥）和印章扫描器。两者的作用如下：在交易时，付款者需要用保密印章在纸上盖一个骑缝章（保证没法被挪用到另一份文件上），章里隐含了一串全村唯一的字符，即为这户人家的代号。但字符凭肉眼是看不出来的。只有用他发的印章扫描器扫描已经盖好的章，才能读出章里隐含的信息，并在液晶屏上显示出读出的字符串。中本聪说，每户人家的代号（公钥）可以告诉别人，用于收付款。而印章（私钥）只有自己知道，必须妥善保存。印章如果被人偷走了，别人就可以动用你家账户上的钱了。此外，中本聪还告诫大家，不要试图制造萝卜章，他发的保密印章很神奇，无法仿制。于是，有了印章和印章扫描器，大家就可以在不暴露真实身份的情况下进行交易了。之后，中本聪给村里的每一户都发了一个保密印章和一个印章扫描器。

（三）成立虚拟矿工组织（挖矿群体）

下一步，中本聪面向全村招募虚拟旷工，要求如下：

矿工以组为单位工作，一组可以是单独的一户，也可以是几户联合为一组。矿工每天要花费一定时间从事比特币"挖矿"活动，但不同于挖金矿，虚拟矿工不需要拿着工具去野外作业，在家里就可以完成工作。矿工有一定的可能性会获得报酬，在挖矿活动中付出的努力越多，获得报酬的可能性越大。此外，矿工可以随时退出，也可以随时有新的矿工加入进来。

在中本聪发布招募公告后，比特村有1/5的村民加入比特币矿工组织，中本聪将他们划分成了7个组。

（四）建立初始账簿（创世块）

之后，中本聪宣布，先根据小王手里的账簿，把村民们放在老村长家的黄金退还给每位村民，然后彻底销毁这本账簿。然后，中本聪拿出一本新的空白账簿，在第一页记录了一些交易。特别的是，这些记录的付款人一栏全都是"系统"，而收款人分别是每个印章对应的隐含字符。中本聪称这些交易代表初始时刻，系统为每一户默认分配了一定数量的比特币。但是数量都非常少,只有几枚,有的住户甚至没有获得比特币。这时,中本聪又说:"由于目前市面上比特币非常少,大家可以暂时先回到用黄金做货币的时代。但是,随着比特币的流动和矿工的活动,以后比特币会慢慢多起来。"同时,他还强调:"由于我不是村长,没有权利强迫大家一定要承认比特币,大家可以自行决定要不要接受比特币。"

三、支付与交易

在搭建好基础设施之后,比特币系统开始在比特村正式运行。有一天,老张要付给老李 10 个比特币,在比特币系统里是这样完成支付的:

(一)付款人签署交易单

为了支付 10 个比特币,老张首先要询问老李的标识字符串(公钥),老李告诉他是"ABCDEFG",老张也有自己的字符串,为"HIJKLMN"。然后老张填写一张单子(见图 12-1),内容为:HIJKLMN 支付 10 比特币给 ABCDEFG。此外,为了便于追溯这笔钱的来源,老张还在单子里注明这笔钱的来源记在公共账簿哪一页。例如本单子,老张的 10 比特币来源于建立账簿时系统的赠送,记录在公共账簿第一页。填好单子后,老张拿出自己的保密印章,动用私钥在单子上盖一个骑缝章,然后将单子交给老李。

HIJKLMN(老张)

ABCDEFG(老李)

图 12-1　比特币交易单

（二）收款人确认单据签署人

老李拿到这张交易单后，首先需要确认该单子确实来自"HIJKLMN"这个人（也就是老张）签署的。这并不困难，因为单子上盖着保密印章，老李拿出印章扫描器，扫描一下单子上盖的章，如果液晶屏显示出的字符和付款人字符是一致的（这里是"HIJKLMN"），就可以确认单子确实是付款人签署的。

（三）收款人确认付款人余额

在收款人老李（"ABCDEFG"）确认单子确实是付款人老张（"HIJKLMN"）签署之后，还有一个问题需要解决：确认付款人是否有足够的余额支付。在之前的中央虚拟货币系统中，小王负责检查付款人的余额，并通知收款人交易是否有效。现在把小王给开了，谁来负责记账和确认每笔交易的有效性呢？此时，中本聪又站出来说，比特币系统是分布式货币系统，不依赖任何中央人物，所以不会有一个或少数几个人负责这件事，而是由矿工组织承担该项工作。也就是说，老张、老李和全村其他任何使用比特币交易的村民都要依赖矿工组织的工作才能完成交易。

（四）矿工的工作

在整个比特币系统中，矿工的工作是核心，也最复杂。

1. 工具

比特币矿工在工作时，需要一些工具，包括初始账簿、空账簿纸、编码生成器、交易单收件箱、公告板等。（1）初始账簿：每个矿工组首先要自己复制一份初始账簿（公共账簿）。该账簿只有一页，记录了系统的第一次赠送。（2）空账簿纸：中本聪发给每个小组若干账簿纸。每一页纸上仅有账簿结构，没有填内容。具体如图 12-2 所示。（3）编码生成器（哈希函数）：由中本聪向每个矿工组发放若干编码生成器。这个东西很神奇，将一页填好内容的账本纸放入该机器，机器会在账簿纸的"本账单编号"一栏自动打印一串由"0"和"1"组成的编号，共 256 个。该编号无法伪造。更为神奇的是，该编号仅与账簿纸上填入的内容有关,而与填写人、字体、填写时间等因素均无关。如果内容哪怕只改动一个字符,编号就会面目全非。这样一来,就保证了所有内容相同的账簿纸生成的编号总是相同。此外,编码生成器在打印编码时,还需要将所有填入账簿的交易单放入,机器会扫描交易单和填入交易单的一致性,尤其是保密印章,如果发现保密印章与付款人不一致,编码生成器会拒绝打印编码。此外,如果将一张已经打印的账簿纸放入,机器会判定编号是否是有效的机器打印,并检查编号和内容是否一致。(4) 交易单收件箱和公告板:每个矿工小组需要在门口挂一个箱子,用于收集交易单。此外,还需要一个公告板,用于公示一些信息。有了上面的工具,矿工组织就可以开工了。

```
交易清单:

上一张账单编号:
幸运数字:
本账单编号(手写无效)
```

图 12-2　矿工的空账簿纸

2. 收集交易单

中本聪规定,每笔交易的发起人,不但要将交易单给收款人,同时还要复制若干份一模一样的交易单,投递到每个矿工小组的收件箱里。矿工小组的人定期从自己的收件箱里把收集到的交易单一并取出来。

3. 填写账簿

矿工小组的矿工拿出一张空白账簿纸,把收集到的所有交易单上的信息填写到"交易清单"一栏,同时找到当前账簿最后一页,将最后一页的编号抄写到"上一张账单编号"一栏。此外,还有个"幸运数字",可以随便填上一个数字,如 12345。做完这些之后,将该账簿纸放入编码生成器,打印编号,一张账簿就制作完成了。

如果你以为矿工的工作就这么简单,那就大错特错了。中本聪规定:只有编号的前 10 个数均为 0,该页账簿纸才算有效。根据之前对编码生成器的描述,要修改编号,只能修改账簿纸的内容,而"交易清单"和"上一张账单编号"是不能随便改的,那就只能更改幸运数字了。于是,为了生成有效的账簿纸,小组里的矿工就不断地抄写账簿纸,但每张的幸运数字都不同,然后不断地重复将纸放入编码生成器,如果生成的编号不符合规定,这张纸就报废了,这个过程直到生成一串有效的编号。据估计,如果编号的每一个数字都是随机的,那么平均写 1000 多张幸运数字不同的纸才能获得一个有效编号。

于是有人就奇怪,这些矿工为什么要拼命做这些看似无意义的事情呢?这是因为,中本聪规定:如果矿工们生成了一张有意义的账簿纸,并且被所有挖矿小组接受了,那么就意味着这条交易也被接受了,此时第一个生成有效账簿纸的矿工小组可以获得系统奖励的 50 个比特币。这就是矿工们的报酬和动力,也是矿工被叫作矿工的原因。这样一来,随着矿工的活动,比特币的数量会不断增多。例如,图 12-3 就是一个矿工组的挖矿过程,该小组的公共比特币账号为"UVWXYZ"。

由图 12-3 可见,在幸运数字尝试到"533"时,系统生成了一页有效账簿。

4. 确认账簿

当某挖矿小组幸运地生成了一张有意义的账簿时,为了得到奖励,必须立刻请其他小组确认自己的工作。当前比特村有 7 个挖矿小组,所以该小组必须将有效账簿誊抄 6 份快马加鞭送到其他 6 个小组请求确认。中本聪规定,当某个小组收到其他小组送来的账簿纸时,必须立即停下手里的挖矿工作,进行账簿确认。需要确认的信息有 3 条:账簿的编号有效;账簿的前一页账簿有效;交易清单有效。

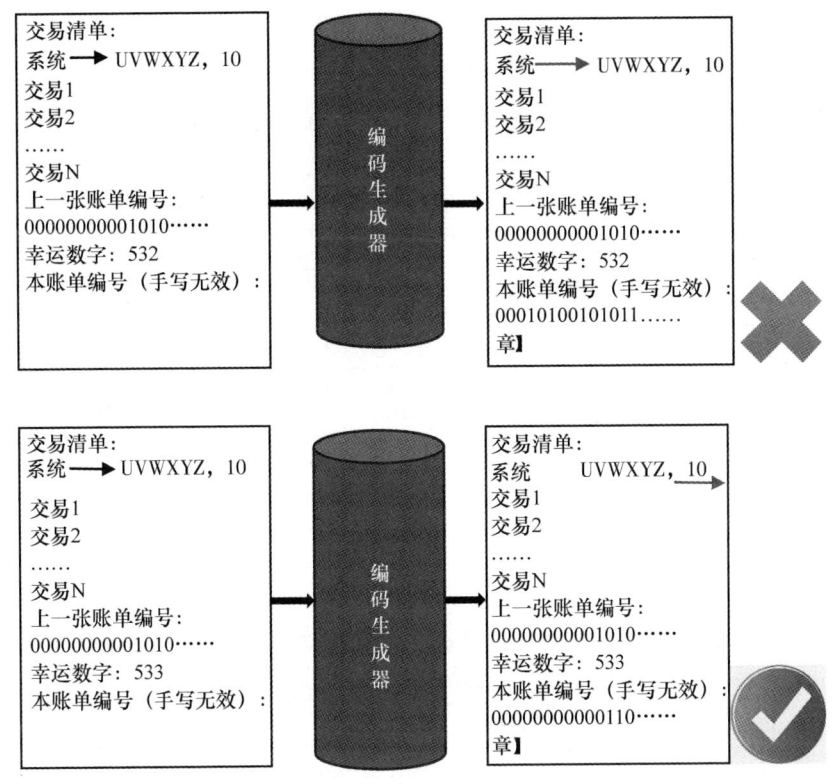

图 12-3 矿工的挖矿过程

(1) 确认账簿编号有效

这个比较简单,只要将送来的账簿纸放入编码生成器进行验证,如果验证通过,则编号有效。

(2) 确认账簿的前一页账簿有效

需要将收到的账簿上的"上一页账单编号"和该小组目前保存的有效账簿(公开账簿)最后一页编号比对,如果相同则确认,如果不同,需要顺着已有账簿(公开账簿)向前比对,直到找到这个编号的页。如果没有找到指定的"上一张账单编号"对应的页,该小组就会将此页丢掉,不予确认。

该机制就可以保证,如果各个小组手里的账簿纸是相同的,它们都能按同样的顺序装订成相同的账簿。因为后面一张纸的编号总是依赖前面的纸的编号,编码生成器的机制保证了所有合法账簿纸的相对先后顺序在每个小组那里都是相同的。具体如图 12-4 所示。

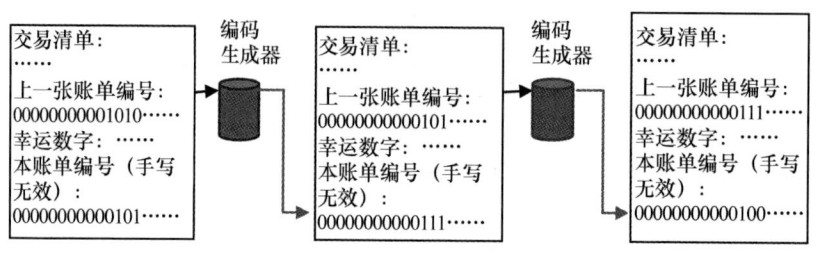

图 12-4 比特币账簿编号机制

（3）确认交易清单有效

即确认当前每笔交易的付款人有足够的余额完成交易支付。前面所述账簿交易信息里,包含这笔钱是如何来的,还包含了记录交易来源的账单编号。例如,HIJKLMN 要支付给 ABCDEFG10 个比特币,并注明这 10 个比特币来自之前 OPQRST 支付给 HIJKLMN 的一笔交易,确认时首先要确认之前这笔交易是否存在,同时还要检查 HIJKLMN 在这之前没有将这 10 个比特币支付给别人。这一切确认后,这笔交易有效性就被确认了。也就是这笔交易被大家承认了,后面的人如有怀疑,只要按照上述方法追溯,就可以确认 HIJKLMN 是否真有支付 10 个比特币给 ABCDEFG。之后,系统将奖励 50 个比特币给生成这页账簿的小组 UVWXYZ。

如果完成了所有上述验证并全部通过,这个小组就认可了上述账簿有效,然后将这张账簿纸并入小组的主账簿,然后舍弃目前正在进行的工作,后面的挖矿工作会基于这本更新后的主账簿重新开始。

（五）账簿确认反馈

对于挖矿小组 UVWXYZ 来说,当账簿纸送出去之后,如果后面收到了其他小组送来的账簿纸,其"上一张账单编号"为自己之前送出去的账簿编号,那就表示该小组的工作成功被其他小组认可了,因为已经有小组基于其的账簿纸继续工作了。

此外,对于任何一个矿工小组,如果新生成了有效账簿纸或确认了别的小组的账簿纸时,就要将最新被承认的交易写到公告牌上。

当收款人老李发现相关交易被各个小组认可了,也就意味着10个比特币已经到了他的账上。在后面的交易中,他就可以将钱的来源指向这笔交易了。

以上就是整个比特币的支付体系。

三 现代货币是如何创造的?

(一) 现代货币的范围

前面提到的种种货币,有的已经湮没在历史长河里。目前,仍在社会上流通的货币,主要包括以下几种:现钞、硬币、可签发支票的活期存款、定期存款、储蓄存款。

其中,现钞就是不兑现的银行券,也就是我们手里持有的纸质钞票。它本身并没有价值,之所以能按面值流通,完全是依靠国家的信用。硬币就是作为辅币流通的金属货币,俗称硬币。但是,现在的硬币不同于金属本位下的金属货币。那时的金属货币由金银铸造,其原材料的价值与其面值是一致的,而现代硬币虽然也是由金属材料铸造,但多采用铝、钢等便宜的材料(贱金属)制成,其原材料的价值一般远低于其面值。现钞和硬币,统称为现金(通货)。可签发支票的活期存款,主要由工商企业所开,其根本特征是随时可据账户签发支票并用于购买和支付,因而自然属于货币。至于定期存款和储蓄存款,由于传统上大多并不能据以签发支票,因此对于其是不是货币,一直存在很大争议,更多的是被称为准货币。但是,近些年,随着金融创新的加快,定期存款、储蓄存款与支票存款之间的界限越来越模糊，许多定期存款、储蓄存款品种可即时用于支付和交易。比如居民个人的活期储蓄，现在可以绑定支付宝、微信，通过现代电子转账手段即可完成支付。再如，大额存单虽是定期存款，但是它却随时可以在货币市场上买卖，并迅速变为具有支付能力的支票存款。现金和存款共同构成了现代货币。

现代各种货币，通过各种途径进入流通领域，最终形成了货币供应量这"一潭湖水"。在这个过程中，有两个主角——中央银行、存款货币银行，发挥着至关重要的作用。它们分别为货币供应这潭水的"源"与"流"。

（二）中央银行——货币供应量的"源"

首先，货币供应的源头和基础，是央行供应的基础货币，在我国，也叫银根。由流通中的现金和所有存款货币银行的存款准备构成。其中，存款准备即存款准备金。现代各个存款货币银行，对于其吸收的存款，必须拿出一定比例存在中央银行，即为法定存款准备金。至于这个比例，一般由央行规定一个最低额，即在中央银行的存款占该银行吸收的存款总额的比不能低于某一个值，如20%。其目的是为了保证客户提取存款的需要，预防挤兑风险。此外，在这个最低量以上，商业银行出于清算方便或应付客户提款的目的，可自愿在央行多存一些钱，称为超额准备金。简单来说，存款准备金，就是各银行必须交给"央妈"的钱。"央妈"让银行必须交60块钱，这是法定准备金，而银行实际交了70块钱，多出的10块钱就是超额准备金。此外，在银行日常经营中，为应付部分客户提取现金的需要，如ATM机提取现金、网点提取现金，会在柜面放置一部分现金，称为库存现金。库存现金与法定准备金、超额准备金，共同构成了银行的存款准备，是基础货币的第一个构成部分。基础货币的第二个构成部分，是流通于银行体系外的现金。这部分现金，既离开了中央银行，又离开了商业银行，存在于公众手中。我们以 R 表示存款准备（存款准备金＋库存现金），以 C 表示流通于银行体系之外的现金，以 B 表示基础货币，则 B = R + C。

在一国货币供应过程中，中央银行是货币的发源地和"总水泵"。它通过"扩表"泵出基础货币，进而决定货币供应量这潭湖水的总量。下面就以简化的央行资产负债表来说明，如表12-1所示。

表12-1　　　　　　　　　　简化央行资产负债表

资产	负债
国外资产 　外汇 　货币黄金 对政府债权 对其他存款性公司债权 对其他金融性公司债权 对非金融部门债权 其他资产	储备货币 货币发行 其他存款性公司存款（法定准备金和超额准备金） 发行债券 国外负债 政府存款 自有资金 其他负债
总资产	总负债

由上表可见，央行的资产负债表由资产端和负债端构成。其中，资产端记录的是央行"泵出"基础货币的方式。负债端则记录了基础货币沉淀方式，也可以看作资产端泵出货币的承接方式。需要注意的是，在央行的资产负债表里，并没有所有者权益一项，而是通过负债项下的"自有资金"入了表。这是央行资产负债表与其他资产负债表的最重要区别。所以，对央行资产负债表来说，满足资产＝负债。

资产负债表的项目很多，我们剔除占比较小的科目，只考察主要项目，即外汇＋对其他存款性公司债权＋对政府债权≈货币发行＋其他存款性公司存款（法定准备金＋超额准备金）＋政府存款。下面我们就结合这些项目，来分析一下央行泵出基础货币的过程：

1. 兑换外汇投放基础货币

即央行通过购买国内外汇的方式向银行投放基础货币。具体原因和过程如下：

例如，当我国出口商因对外出口产品而赚得美元外汇时，由于在国内法定货币为人民币，因此出口商拿到外汇会到商业银行兑换为人民币，此时美元到了商业银行手中。之后，中央银行在银行间外汇市场购买商业银行手中的外汇，外汇到了央行手中，形成国家外汇储备，央行资产负债表的资产端"外汇"科目增加。另外，央行向商业银行支付本币（存款货币，由央行创造），其结果，导致商业银行的存款准备（基础货币）增加，同时使得央行资产负债表中负债端的"其他存款性公司存款"科目增加。至此，央行即完成了扩表，同时向商业银行投放了基础货币。而商行在手中的存款准备金增加之后，可以向公众发放贷款，从而创造更多的存款货币，最终导致社会货币供应量增加。

关于兑换外汇发行货币，有三点需要注意：一是，只有在一国对外经济交往为"顺差"时，此时才有外汇净流入，央行才可通过以上方式投放基础货币。如果该国经济对外为"逆差"，会出现外汇净流出，此时央行支付外汇、换回本币（称为缩表）。此时央行从商行手中收回了基础货币，其结果必然导致流通中的货币供应量减少。二是，兑换外币发行是"临时发行"，如果某段时间由外汇净流入逆转为外汇净流出时，就会导致前段时间投放的本币会重新流入央行，流通中本币货币供应总量会减少。三是，通过兑换外汇投放基础货币，往往是属于被动而为。因为要保证本币的法定货币地位，央行必然要从公众手中将外汇收回，发放本币。这样带来的问题是，如果国家呈现持续顺差，就意味着央行要被迫不断投放基础货币，必然导致一国流通中货币供应量过多，进而出现货币失衡、物价上涨。例如，我国就出现过这样的情况。自2006年以来，我国对外经济交往出现"双顺差"，导致大量外汇涌入国内，央行被迫兑换外汇，发行了巨量基础货币，其代价就是我国的通货膨胀率居高不下。这种状况，一直持续到2015年。由上可见，总体而言，这种货币发行的方式十分脆弱。

在我国，兑换外汇发行是央行供应基础货币的主要方式。这一点，从我国央行资产负债表上也可以看到。如表12-2所示，在2011年，外汇项占央行总资产的比重超过80%。直到2018年，我国央行资产端的外汇还占比59%。

表 12-2　　　　　　2011 年末中国人民银行资产负债表

单位：亿元人民币

资产			负债		
项目	金额	比重	项目	金额	比重
国外资产	237898.06	84.67%	储备货币	224641.8	79.95%
外汇	232388.73	82.71%	货币发行	55850.07	19.88%
货币黄金	669.84	0.24%	其他存款性公司存款	168791.7	60.07%
其他国外资产	4839.49	1.72%	不计入储备货币的金融性公司存款	908.37	0.32%
对政府债权	15399.73	5.48%	发行债券	23336.66	8.31%
其中：中央政府	15399.73	5.48%	国外负债	2699.44	0.96%
对其他存款性公司债权	10247.54	3.65%	政府存款	22733.66	8.09%
对其他金融性公司债权	10643.97	3.79%	自有资金	219.75	2.29%
对非金融性部门债权	24.99	0.01%	其他负债	6437.97	
其他资产	6763.31	2.41%			
总资产	280977.6	100%	总负债	280977.6	100%

资料来源：中国人民银行网站。

2. 通过增加对其他存款性公司债权投放基础货币

此处的其他存款性公司，指除中央以外的以吸收存、发放贷款为主要业务的机构，主要指各商业银行。而央行对其的债权，主要包括通过公开市场操作向商业银行的再贷款、再贴现、逆回购、SLF、MLF、SLO、PSL、TLF、TMLF、央票等。

下面以再贷款为例进行分析。原理如下：第一，中央银行在银行间市场通过招标的方式，确定贷款银行。之后，央行将贷款（本质是由央行新印制或创造的货币）支付给银行，此时央行资产端"对其他存款性公司债权"科目增加，同时商业银行拿到贷款，会将其存入在央行的准备金账户，导致央行负债端"其他存款性公司存款"科目增加。此时央行再次完成扩表，基础货币完成投放。而获得央行再贷款的商业银行，由于其准备金账户上的存款增加了，可以向公众多发放贷款，进而使流通中的货币供应量增加。

与兑换外汇发行方式相比，该方式的优点是央行掌握主动性，央行可以按照政策意愿自主决定将基础货币投放给谁，投放多少。但是，由于再贷款是债，因而一段时间之后，自然要还本付息。此时前期投放的基础货币会连本带息一并又回到央行手中，也就退出了流通，使得货币供应量减少。因此说，这种基础货币泵出方式存在极强的周期性，中期难以实现货币供应稳定扩张。为弥补这个缺陷，央行公开操作室要不断地对到期贷款进行展期或续操作，大大增加了成本。

2018年，我国央行对其他存款性公司债权科目占总资产的28%，可见，该方式也是我国央行供给基础货币的重要方式。并且，随着我国货币政策由数量型转向价格型，未来央行将逐渐加大该方式的使用比重，特别是MLF、SLF，在未来将成为央行货币政策的重要手段。

3. 通过增加对中央政府债权投放基础货币

即中央银行购买中央政府发行的国债而投放货币。此时央行向政府支付本币（存款货币，由央行新创造），其结果，一方面央行资产端"对政府债权"增加，负债端"政府存款"增加，央行扩表。而政府则可以通过财政政策等手段将货币投入流通，导致流通中货币供应增加。目前，该项目在我国央行资产端占4%。

以上就是央行泵出基础货币的主要方式，至于其他项目，如购买黄金、发行债券，由于占比不大，予以略过。

（三）商业银行——货币供应量的"流"

在一国货币供应过程中，如果中央银行是源，那么商业银行就相当于货币的分流器。当它拿到基础货币之后，会通过自身的业务机制（出于盈利性、安全性、流动性的目的吸收存款、发放贷款）将这些基础货币投放到流通领域。投放的途径主要有两种：

1. 现金的投放

在平时，我们手中会持有现金，用于各种小额、零星交易的支付。这些现金是怎么来的？

答案就是商业银行。因为，这些现金是我们从自己的存款账户提取的，而存款账户自然是在商业银行开立。在日常的经济生活中，每天都有人到银行提取现金，每天也有人把自己的现金存入自己在银行的存款账户。这就导致商业银行每天都有现金的流入和流出。正因如此，商业银行手中必须持有一定量的现金，表现为商业银行的库存现金。而库存现金的来源，有两个：一是现金净流入，即一段时间现金存入-现金流出的余额。公众存入和取出现金，会随着季节发生波动。有的时候，存的人多，取的人少；有时又存的人少，取的人多。当某段时间，现金取出量大于现金存入量时，商业银行就必须补充现金。怎么补充呢？就是中央银行。这是库存现金的第二个来源。就像我们需要现金时就到自己的银行账户取一样，商业银行也会到自己的存款账户取。而商业银行的存款账户，是在中央银行开立的，即存款准备金账户，上面存储了商业银行历年来积累的存款准备金。上文中我们讲过，这些准备金主要来源于以下途径：第一，商业银行每从流通中吸收一笔存款，必须从中拿出部分存到准备金账户，这既包括必须要保留的法定准备金，也包括商业银行自愿保留的超额准备金。第二，就是央行在扩表过程中，供应的基础货币，其基本方式包括兑换外汇、再贷款等方式。商业银行向中央银行提出申请，中央银行在核实商业银行存款准备金账户余额之后，将现金交予商业银行，同时在商业银行存款准备金账户扣减相应数额。这里需要注意的是，由于法定准备金是必须保有的数额，因此，只能扣减超额准备金。例如，商业银行从央行取出100元现金，央行支付现金后，就在商行账户上扣减100元。而中央银行，为了应对商业银行提取现金的需要，则必须事先印制足够的钞票和硬币并保存到各地的央行分支行发行库。当现金由发行库提取出来之后,商业银行就将其放到其业务库(金库),形成商业银行库存现金。商业银行再将这些现金通过存款提取支付给存款客户,这样,现金就到了流通中。并且,该过程是可逆的。即如果一段时间,商业银行现金流入大于流出,商业银行库存现金大量增长而超过某个由央行核定的限额时,商业银行需将多出的现金存入央行准备金账户。但是,从长期来看,随着经济的增长,流通中的商品越来越多,商业银行从央行取出的现金大于存入的现金,这就是现金的发行。当商业银行从自己的准备金账户提取现金时,中央银行就在其资产负债表的负债端调减相应银行的准备金数额,增加货币发行科目。

但问题是,长期来看,随着经济的增长,现金提取量会随之增长,商行存款准备金账户上的金额会不断下降。会不会有一天被取完呢?答案是不会,原因是,商业银行可以不断地从流通领域吸收存款,每吸收一笔存款,其存款准备金账户就会得到补充。但是,如果宏观经济出现了增长,所有商业银行都会面临准备金账户余额持续下降的问题,从而需要大量吸收存款。而流通领域的货币,如果没有央行开闸放水,其数量就是一定的,流通中的货币终有一天会被吸收完。这时怎么办呢?答案很简单,就是央行这个总闸门开闸放水,即扩表。其结果就是通过各种途径增加了基础货币,这在前面已经讲过。当央行泵出基础货币时,会直接导致各商业银行的存款准备增加,此时商业银行的准备金得到补充,就可以继续从准备金账户上提取现金,投入流通领域。在这个过程中,不仅中央银行的资产和负债增加,实现了扩表,商业银行的资产(准备金)和负债(如再贷款)也会增加,实现了扩表。同时,社会中流通的货币增加。央行最终完成了现金发行。

2. 存款货币的投放

前面曾提到,在现代经济生活中,随着计算机技术、互联网技术的进步,存款货币的数量在货币供给中已占据主导地位。因此,在现代,存款货币的投放是各国货币供应的主渠道。

存款货币的投放,其源头在于原始存款。所谓原始存款,即来自商业银行体系之外的钱。其本质特征是，当原始存款存入商业银行时，会导致整个商业银行体系的存款准备金初始增加。而原始存款的来源，主要有三个：一是中央银行。即当中央银行开闸泵出基础货币之时，如向商业银行兑换外汇、再贷款，会导致商业银行存款准备金的增加。二是流通领域。即当公众将手中持有的现金存入商业银行，其结果是整个商业银行的存款准备金增加，而流通中的货币减少。三是政府。如果政府将其新得到的货币存入商业银行，也会导致商业银行体系的存款准备金增加。显然，无论是流通领域的现金，还是政府手中新拿到的基础货币，究其根源，都是来自中央银行。因此，我们可以用一句话概括，原始存款，最终来源于中央银行。

现在，假设客户甲将其持有的10000元现金存入A银行，且为活期存款，此时A银行的资产负债表状况如下：

表12-3　　　　　　　A银行资产负债表1

资产	负债
在央行的准备存款　10000元	甲客户存款　10000元

为追逐利润，商业银行A会把这笔钱发放贷款。假设法定存款准备金率为10%，A银行需要先向央行缴纳1000元（10000×10%）的法定存款准备金，其余9000元商业银行可全部贷放出去。假设A银行将其全部贷给了客户乙。而客户乙因购买了客户丙的商品，将9000元贷款支付给了丙。此时，A银行的资产负债表为：

表12-4　　　　　　　A银行资产负债表2

资产	负债
在央行的准备存款　1000元 贷款（乙）　　　　9000元	存款（甲）　10000元

假设丙委托 B 银行收款,并将钱存放在了 B 银行,且为活期存款此时 B 银行的资产负债表为:

表 12-5　　　　　　　　　B 银行资产负债表 1

资产	负债
在央行的准备存款　9000 元	存款(丙)　9000 元

B 银行账上有了 9000 元货币。同样,为追逐利润,B 银行也会用这笔钱发放贷款。与前面一样,B 需要先向央行缴纳 900 元(9000×10%)的法定存款准备金,其余 8100 元可以全部贷出去。假设 B 银行将其全部贷给了丁。而丁因购买了戊的商品而将其支付给了戊。此时 B 银行的资产负债表为:

表 12-6　　　　　　　　　B 银行资产负债表 2

资产	负债
在央行的准备存款　900 元 贷款(丁)　　　　8100 元	存款(丙)　9000 元

假设戊委托 C 银行收款,并将钱存在了 C 银行,且为活期存款,此时 C 银行的资产负债表为:

表 12-7　　　　　　　　　C 银行资产负债表 1

资产	负债
在央行的准备存款　8100 元	存款(戊)　8100 元

同样,C 银行在向央行缴纳 810 元的法定准备金后,其余的 7290 元可全部贷放出去,假设贷给了戌。此时,C 银行的资产负债表为:

表 12-8　　　　　　　　C 银行资产负债表 2

资产	负债
在央行的准备存款　810 元 贷款（戊）　　　　7290 元	存款（戊）　8100 元

如此类推,最后,在整个商业银行体系,各家商业银行的资产负债变化如下(见表 12-9):

表 12-9　　　　　　　各银行资产负债情况

单位:元

银行	存款	准备存款	贷款
A	+10000	+1000	+9000
B	+9000	+900	+8100
C	+8100	+810	+7290
……	+7290	……	……

由上表可见,各银行的存款增加额、准备金增加额、贷款增加额均为一个无穷等比数列。因此,整个商业银行体系的存款增加额 ΔD 为:

$$\Delta D = 10000 + 9000 + 8100 + 7290 + \cdots$$
$$= \lim_{n \to \infty} \frac{10000 \times (1 - 0.9^n)}{1 - 0.9}$$
$$= \frac{10000}{0.1}$$
$$= 100000$$

同样,我们可求得整个商业银行体系的准备金增加了 10000 元,正好为最初流入的原始存款。而整个商业银行体系的贷款增加了 90000 元。整个商业银行体系的资产负债情况变化为(见表 12-10):

表12–10　　　　　　　商业银行体系的资产负债变动情况　　　　　单位：元

资产		负债	
在央行准备存款	10000	存款	100000
贷款	90000		
总计	100000	合计	100000

很显然，最初流入商业银行的 10000 元原始存款货币，通过在商业银行体系内被辗转存、贷，最终导致了流通中的存款货币增加了 100000 元。这 100000 元，亦是流通中增加的存款货币。它正好为原始存款的 10 倍。而这个 10，即为法定准备金率的倒数。如以 ΔD 表示整个商业银行体系增加的存款，以 ΔR 表示原始存款，亦即商业银行体系准备金的初始增加额，以 R_D 表示法定存款准备金率，则有：$\Delta D = \Delta R \times \dfrac{1}{R_D}$。其中，$\dfrac{1}{R_D}$ 可称为存款货币创造乘数。

在以上的推导中，我们是假设商业银行吸收的所有存款，在缴纳法定存款准备金后，均用于发放贷款。然而，在现实世界，却并非如此理想。比如，客户有可能从自己的存款账户提取现金，这就导致部分存款漏出了商业银行体系，此时商业银行的贷款额就会减少，进而导致创造的存款货币减少。还有，如果商业银行将存款支付给中央银行，用来购买央票或外汇，那么也会导致部分存款漏出商业银行体系，其结果，同样是商业银行贷款额的减少，存款货币创造减少。

最后，还要注意，以上存款货币创造的过程是可逆的。即当有存款流出商业银行体系，进而导致商业银行体系准备金减少时，各家商业银行的存款会发生多倍收缩。假设流出商业银行体系的存款为 10000 元，法定存款准备金率为 10%，此时整个商业银行体系的存款货币会减少 10000/10% = 100000 元。

在上例增加的 100000 元存款货币当中，扣除原始的、来源于商业银行体系之外的 10000 元存款，其余 90000 元均为商业银行创造。也就是说，当一定量的原始存款流入商业银行体系时，商业银行这个分流器，会创造出数倍于原始存款的货币。因此，我们说，在现代，商业银行也创造货币。但是，需要注意的是，在一国货币供应过程中，中央银行仍然占据主导地位。其原因，不仅是因为中央银行提供基础货币，还因为，原始存款根本上由中央银行控制，并且，中央银行可通过控制法定存款准备金率，决定存款货币创造的倍数，进而决定商业银行可创造的存款货币数量。

讲到这里，我们就可以给出完整的现代货币创造模型了：

现代货币创造的基础，是基础货币，它等于商业银行体系的存款准备加现金，可以用公式表示为：$B = R + C$。其中，B 为基础货币，R 为商业银行体系的存款准备，C 为流通于商业银行体系之外的现金。基础货币中，流通中的现金由于离开了商业银行体系，因此无法发生多倍派生。而存款准备 R，在存款货币创造乘数的作用下，当商业银行增加的存款准备增加 $\triangle R$ 时，可引出数倍于 $\triangle R$ 的存款货币 $\triangle D$ 增加。最终，形成流通中货币 $M_S = C + D$。显然，$M_S > B$。

进一步地，可得，$\dfrac{M_S}{B} = \dfrac{C + D}{C + R} = \dfrac{\dfrac{C}{D} + 1}{\dfrac{C}{D} + \dfrac{R}{D}}$。假设 $m = \dfrac{\dfrac{C}{D} + 1}{\dfrac{C}{D} + \dfrac{R}{D}}$，我们将其称为货币乘数。它反映出了，若干量的基础货币，在现代货币供应机制下，可派生出的流通中货币的倍数。

由此可得：$M_s = m \cdot B$。这就是完整的货币供应模型。

由公式可见，现代货币的供应，不仅要受中央银行影响（B），还受私人（$\dfrac{C}{D}$）、存款货币银行（$\dfrac{R}{D}$）的影响。即现代货币供应，是由央行、商业银行、私人共同决定的，其中，中央银行发挥主导作用，商业银行发挥重要作用，公众和私人有影响。

四 经济中需要多少货币？

在上一部分，我们了解了现代各种货币是如何被"创造"出来的。在这个过程中，央行（总闸门）、商业银行（分闸门）发挥着至关重要的作用。特别是央行，是货币发行的总源头与终极控制者：它控制基础货币投放，也决定存款货币创造乘数，还有现金的投放。看起来，在货币世界中，中央银行就是主宰者，它似乎可以任性地、无限制地创造货币。然而，事实真的如此吗？

在前面的章节，我们曾提到供求定理，在宏观经济中，如果社会总供给与社会总需求不匹配而失衡时，会导致价格波动、通货膨胀、经济停滞、失业等种种问题，进而影响到国民经济的健康运行。其实在货币世界，也存在着一个货币均衡的问题。即当货币供给＝货币需求时，就实现了货币均衡，如果货币世界达到了均衡，货币的价格——利率就会趋于稳定。如果货币不均衡，就会出现利率波动、物价波动（如通货膨胀），进而影响国民经济的健康运行。

由上可见，货币均衡与否，取决于货币供给与货币需求。货币供给，主要由央行控制。为保持货币均衡，必须要与货币需求一致。而货币需求，从宏观上，由客观经济状况决定。也就是说，客观经济状况从根本上决定了央行的货币供给量，既不能过多，也不能过少。举个例子，比如有10个苹果，价格为1元/个，这时就需要10元货币来完成交易，因此央行就需要发行10元货币。那么，如果央行发行了20元货币，会怎么样呢？答案就是，苹果会涨价，经济会发生通货膨胀。如果央行只发行了5元货币，又会怎样呢？答案就是，利率会上升，苹果会降价，进而可能引发通货紧缩，经济增长会受阻。

所以，鉴于此，在发行货币之前，央行必须首先从宏观角度估算总体货币需求。并决定货币供给。那怎么估算呢？

(一) 马克思的货币必要量公式

马克思很早就对经济中需要的必要货币量进行了回答。在马克思的时代，黄金还在流通，因此他主要分析了金币流通条件下的货币需求量。马克思认为，商品价格有多大，就需要多少黄金来进行交易。举个例子，如果一个苹果价格 1 克黄金，就需要 1 克黄金来购买。如果全社会总共有 100 个苹果在流通，那么就需要 100 克黄金来购买。此时的货币供给量就应当是 100 克黄金。但是，需要注意，1 枚货币并非只能交易 1 次，而是多次。比如，假设社会中所有产品的价格都为 1 克黄金，小王拿着 1 克黄金向小李买了一个苹果，黄金到了小李手里，小李还可以拿着它去买一个梨……直到这枚货币因为磨损不能再使用为止。这样，1 克黄金流通了 2 次，就完成了 2 个商品——总价格 2 克黄金的交易。如果流通了 10 次，就完成了 10 个商品——总价格 10 克黄金的交易。我们把一定时间内，货币流通的次数称为货币流通速度。你可以简单地认为，它表示 1 枚货币每年可以购买产品的次数，反映了货币从一个钱包到另一个钱包流动的速度。很显然，如果经济中有 10 个商品（价格均为 1 克黄金），而 1 枚货币（1 克黄金）只能使用 1 次，那么经济中需要 10 枚货币来完成所有商品的交易；如果 1 枚货币能使用 2 次，经济中只需 5 枚货币来完成所有商品的交易。每一枚货币就像一辆"公交车"，每经过一站能搭载一件产品。那么，这辆车的途经站数越多，能"搭载"的商品自然越多。进而，通过一个简单的数学推理，我们可以得出：流通领域的货币需求量 = $\frac{\text{社会中所有商品总价格}}{\text{货币流通的次数}} = \frac{PQ}{V}$。其中，$P$ 表示商品的价格，Q 为进入流通中的商品数量，PQ 即为社会流通中所有商品的价格总额，V 为货币的流通速度。马克思的公式告诉我们，经济中的商品流通量（PQ）决定了货币流通量（货币需求）。

在分析完金属货币流通的规律后，马克思又分析了纸币流通条件下的货币必要量。他指出，纸币本质是由金属货币衍生而来的，它不像黄金那样本身自带价值，因此只能作为黄金的代表而流通。或者说，纸币只是黄金的影子。此时，流通中无论有多少纸币，都只代表一定的黄金量。此处的黄金量，是指客观经济所决定的货币需求量，由经济中的商品流通量决定。举个例子，流通中需要10克黄金，如果投放了10张纸币，每张纸币就代表1克黄金。此时，价值1克黄金的苹果，需要1张纸币购买。假设每张纸币的面额是1元，苹果价格就为1元。如果投放了20张纸币，每张纸币就只能代表0.5克（10克黄金/20张）黄金了。此时，价值1克黄金的苹果，需要2张纸币购买，价格2元。显然，随着货币发行量的增加，商品涨价了。因此，马克思说，在纸币为唯一流通手段的条件下，商品价格水平会随着纸币数量的增减而涨跌。

（二）费雪方程式

除了马克思，在近现代，还有许多经济学家都对货币需求量的问题进行了研究。

其中，从宏观角度进行研究，最有名的当属美国的欧文·费雪。他提出了一个方程式：$MV=PY$。式中，M 为一定时期平均货币流通量，V 为货币流通速度，P 为各类商品价格的加权平均数，Y 为各类商品的交易数量，显然，PY 就代表了一国所交易的全部商品的总价值，即名义 GDP。

费雪方程式告诉我们，货币数量（M）乘以货币使用次数，必定等于名义产值（PY）。它揭示了既定的名义总产值下人们应当持有的货币数量（货币需求量），因此被称为货币需求数量论。

举个例子说明一下，假如 A 国只生产苹果一种产品，2019年共生产100个并全部进入流通交易，每个苹果的售价为2元，A 国货币的流通速度为4，那此时，A 国流通的货币量就应当为 $100 \times 2/4 = 50$ 元。

关于费雪公式，有如下两点需要注意：

（1）货币流通速度 V，由社会制度和交易习惯、支付技术等决定，而支付制度、交易习惯、技术在一定时期内比较稳定，因此短期内可视为常数；

（2）一个国家商品的产量（Y）主要是由要素供给（劳动、物质资本、人力资本、自然资源)和技术决定的,不受货币量的影响。

因此,当流通中货币量 M 改变时,只能导致物价水平 P 的变动。也就是说,一国物价水平,主要由一国的货币数量多少决定,当货币供给数量增加时,必然导致物价同比例上涨。

从表面上看,费雪方程式 $MV = PY$ 似乎与马克思的货币必要量方程式很相似。我们只需把马克思的公式稍微转换下,可得:$MV = PQ$。看上去,两个公式左边都是货币量乘以货币流通速度,右边都是价格乘以商品量。但是,事实上,这两个公式有着明显不同的含义。首先,马克思的货币必要量公式是以劳动价值论为基础的。他认为,商品是带着价格进入流通的,该价格取决于生产过程决定的价值,与货币供给量没有关系。而费雪方程式却认为,商品的价格由货币供给量决定。一国物价水平,主要由一国的货币数量多少决定,当货币供给数量增加时,必然导致物价同比例上涨。其次,马克思主要研究的是贵金属货币流通条件下的货币必要量,并且,他的研究是基于简单商品流通这一前提进行的。而费雪在建立方程式的时候,金币在流通中已不再占有重要地位,存款通货却日益受到重视,所以说,他的研究主要是基于现代信用货币进行的。

(三)中国的货币需求方程式

我国在对马克思和费雪的理论进行研究的基础上,结合中国国情将其进行了中国化。

由费雪方程式可知,$MV = PY$。对该等式两边取对数,可得:$\ln MV = \ln PY$,进而可得 $\ln M + \ln V = \ln P + \ln Y$,然后对等式两边求导,得:$\dfrac{dM}{M} + \dfrac{dV}{V} = \dfrac{dP}{P} + \dfrac{dY}{Y}$,显然,式中 $\dfrac{dM}{M}$、$\dfrac{dV}{V}$、$\dfrac{dP}{P}$、$\dfrac{dY}{Y}$ 分别代表了货币供给增长率、货币流通速度增长率、物价上涨率(通胀率)、国民收入增长率(经济增长率),因此,上式可以写成:

货币增长率 $\dot{M}$ = 经济增长率 $\dot{Y}$ + 物价上涨率 $\dot{P}$ − 货币流通速度增长率 $\dot{V}$。

需要注意的是，在以上推导的过程中，我们不再假设货币流通速度是一个常数，而是将其看作一个变量。原因在于，改革开放以来，我国的货币流通速度变化极大，更适合将其看作一个变量。

目前，货币增长率 $\dot{M}$ = 经济增长率 $\dot{Y}$ + 物价上涨率 $\dot{P}$ − 货币流通速度增长率 $\dot{V}$ 这个公式已经成为我国央行在决定货币供给时的重要参考。

但是，在经济运行中，由于种种客观原因，如长期顺差，会导致货币需求 ≠ 货币供给，进而出现货币失衡。此时，央行就会动用"货币政策"这根鞭尺来进行调节和修正，促使货币重新趋于均衡。最终目的是以此促进物价稳定和经济增长。具体内容，我们将在下一讲进行详细介绍。

第十三讲 货币、利率与货币政策（2）

一 资金的价格：利率

（一）古老的"信用"

一提到"信用"这个词，我们可能首先想到的是人的品格。我们经常说某人"讲信用"，意指某人承诺过的事情，就会做到。但在经济活动中，信用一般指借贷。

例如，张三向李四借了 10 元钱。此时，我们把出借钱的一方——李四，称为贷方，把借入钱的一方——张三，称为借方，把借出去的钱称为本金。这种借、贷行为，需要满足两个前提才会发生。第一，借出去的钱，将来必须要归还。比如，上例中的 10 元钱，张三将来必须要归还给李四。并且，在出借之前，张三就要做出归还的承诺。由此可见，信用的发生，必然是建立在双方的信任和贷方讲信用的基础之上的。第二，借方将来除了归还本金，还要多支付给贷方一些钱作为回报。例如，今天张三向李四借了 10 元钱，一年后，张三除了要归还 10 元钱，同时还要额外支付李四 3 元钱作为回报。这多还的 3 元钱，就是利息。之所以会多还 3 元，是因为，钱是李四的，不能白白给张三使用一年。这种以还本付息为条件的借贷，就称为信用。

与货币一样，信用也是一个很古老的经济范畴。我国的《管子·问》当中，就记载着战国时期老百姓"贷粟米"的事情。无独有偶，西方的《汉谟拉比法典》中则有关于贷谷子的法律规定。此处的"贷"，即为信用。在信用的发展历程中，最初借贷的都是实物。如前面提到的粟米、谷子。当货币产生以后，人们借贷的东西，逐渐以货币为主。在近代，随着经济的发展，信用的范围越来越大。乃至现代社会，信用（借贷）已经非常普遍。比如：存款——我们把钱借给银行；贷款——企业找银行借钱；债券——国家、公司公开向老百姓借钱，等等，都属于信用。

（二）借贷的价格：利率

1. 利息

在信用关系中，借方除了还本之外，必须要支付给贷方一定报酬。这个报酬就是利息。马克思认为，利息的本质是利润的一部分，即货币贷方与最终拿着这些货币从事产业经营的企业家分割利润的结果。

2. 利息率

借贷期满，用支付的利息除以本金，即为利息率。它反映的是一段时间内资金借贷（买卖）的价格，即每借 1 元钱需要支付的报酬。例如，张三向李四借了 100 元钱，1 年后归还 103 元，年利息率即为 $3/100 = 3\%$。

3. 单利与复利

在信用发生过程中，利息计算方法有两种。

一种方式，是仅以借贷的初始本金为基础计算利息，对上一期产生的利息不计算利息，称为单利。例如，张三向李四借了 100 元钱，年利息率 3%，5 年后归还，单利计息。第一年，张三需支付李四 $100 \times 3\% = 3$ 元钱利息；第二年，张三仍需支付李四 $100 \times 3\% = 3$ 元钱利息……这样，一直到第五年到期，张三总共需要支付 $3+3+3+3+3=15$ 元钱的利息。这种计息方式的特点是，在计算每年的利息时，仅以初始本金 100 元为基础计算利息，对前一期的利息（3 元）并不计利息。具体如表 13-1 所示。

如果我们以 P 代表初始本金，以 r 代表利率，n 代表投资期限，以 S 代表本息和，可将上式一般化为：$S = P \times (1 + nr)$。

表 13-1　　　　　　　　单利计息法

年份	本金	利息	累计本息
1	100	100×3%	100×（1+3%）
2	100	100×3%	100×（1+2×3%）
3	100	100×3%	100×（1+3×3%）
4	100	100×3%	100×（1+4×3%）
5	100	100×3%	100×（1+5×3%）

另一种计算利息的方式，是复利，是对上期利息也要计算利息的方法。我们还以上面的例子进行说明：张三向李四借了100元钱，年利息率3%，5年后归还，复利计息。第一年，张三需支付李四100×3%=3元钱利息，但在第一年末，本年的3元利息将会被计入本金，并在第二年计算利息，即第二年张三需支付李四100×（1+3%）×3%=103×3%=3.1元利息，并在第二年末计入本金，第三年张三需支付李四106.1×3%=3.2元利息……以此类推，为了方便计算，具体如表13-2所示：

表 13-2　　　　　　　　复利计息法

年份	本金	利息	累计本息
1	100	100×3%=3	100×（1+3%）
2	103	103×3% =100×（1+3%）×3% =3.1	100×（1+3%）^{2}
3	106.1	106.1×3% =［103+100×（1+3%）×3%］×3% =100×（1+3%）^{2}×3% =3.2	100×（1+3%）^{3}

续表

年份	本金	利息	累计本息
4	109.3	$109.3 \times 3\%$ $= 100 \times (1+3\%)^3 \times 3\%$ $= 3.3$	$100 \times (1+3\%)^4$
5	112.6	$112.6 \times 3\%$ $= 100 \times (1+3\%)^4 \times 3\%$ $= 3.4$	$100 \times (1+3\%)^5$

观察上表可见，复利方式下，每年支付的利息是满足一定规律的。我们归纳出了这个规律，并将其公式列出。则五年之后，张三连本带息共需归还李四：

$$100 + \underbrace{100 \times 3\%}_{\text{第1年利息}} + \underbrace{100 \times (1+3\%) \times 3\%}_{\text{第2年利息}} + \underbrace{100 \times (1+3\%)^2 \times 3\%}_{\text{第3年利息}} + \underbrace{100 \times (1+3\%)^3 \times 3\%}_{\text{第4年利息}} +$$

$$\underbrace{100 \times (1+3\%)^4 \times 3\%}_{\text{第5年利息}}$$

$$= 100 \times (1+3\%)^5$$

同样，仍以 P 代表初始本金，以 r 代表利率，n 代表投资期限，以 S 代表本息和，可将上式一般化：$S = P \times (1+r)^n$

需要注意的是，上式中，r 与 n 要保持一致。如果 r 是年利率，n 就表示年数；如果 r 是月利率，n 就表示月数。

复利具有巨大的能量。有个"72定律"可以说明这一点。如果利率是 $X\%$，经过"$72/X$"年后，本利之和就会翻番。比如，1万元贷款，年利率是 10%，用复利计算，只要经过 7.2 年，需要偿还的本利和就达到 2 万元。再经过 7.2 年，就会变成 4 万元。

4. 利率体系

在日常生活中，我们可以从各种途径得到利率的具体数值：如银行官网、财经网站、新闻报道……，称为牌价。市场上报出的各种各样的利率，就构成了一个国家的利率体系。这些利率可划分为不同种类：

(1) 年利率、月利率、日利率

在经济当中，借贷的期限并不相同，因而计算利息的期限也各不相同。如果以年计算利息，进而用年利息/本金，就得到了年利率。但有的时候，出于某种特殊目的，我们可能以半年、月、日计算利息，进而得到半年利率、月利率、日利率，等等。例如，高利贷按日复利，就要用日利率计算利息；买房的人要按月偿还贷款，就需要计算月利率；存款者的存款半年后到期，就要用半年利率计算利息……

虽然年利率、月利率、日利率等在经济生活中均有使用的领域，但在目前，市场上普遍以年利率作为主要报价形式。也就是说，我们日常看到的利率报价，大多是年利率。

(2) 名义利率与实际利率

我们日常见到的牌价利率，大部分都未扣除通货膨胀的影响，而仅仅是一种以货币表示的名义上的收益率，称为名义利率。如果考虑通货膨胀的影响，我们获得的真实报酬可能没有那么多。下面举一个例子进行说明。

假如在 2019 年初，你在银行存入 100 元钱，期限 1 年，年利率 3%。如果此时市场上的苹果价格为 1 元/个，那么你的 100 元，能买 100 个苹果，这是你拥有资产的现在价值。但是，我们知道，在经济当中，经常会出现通货膨胀。假设未来 1 年的通货膨胀率为 5%。这就意味着，苹果 1 年后的价格会上涨为 $1 \times (1 + 5\%) = 1.05$ 元/个。那么，1 年之后，你能买多少苹果呢？由于你把钱存在银行，因此 2020 年你会赚得利息，连本带息一共会得到 $100 \times (1 + 3\%) = 103$ 元钱。此时你拿着这些钱去市场上买苹果，能买 $103/1.05 = 98$ 个苹果。显然，如果以苹果来衡量，你不但没有任何收益，而且还亏本了。因为在 2019 年初，你拥有的资产价值是 100 个苹果，而在 2020 年，你拥有的资产价值仅为 98 个苹果。这才是你的真实收益。但是，这种真实收益却无法从以货币表示的名义收益率中得到反映。因为以货币表示的话，2019 年初，你拥有 100 元货币，到了 2020 年，你得到了103元货币,表面上看,你确实有3%的收益。

由上可见,通货膨胀对真实收益的有相当大的影响。而这种影响,不能在名义利率中得到反映。因此,为了解我们获得的真实收益率,必须利用通货膨胀对名义收益率进行修正。那如何修正呢?

我们仍利用上面的例子说明。假设你的年真实收益率为 $r_{实}$。那么,你1年的真实收益可以表示为如下形式:

$$r_{实} = \frac{\left[\frac{100 \times (1 + 3\%)}{1 \times (1 + 5\%)} - 100\right]}{100} \tag{13-1}$$

进而可得:
$$r_{实} = \frac{1 + 3\%}{1 + 5\%} - 1 \tag{13-2}$$

式中,3%即代表名义利率,5%则代表未来的通货膨胀率。

我们以 $r_{名}$ 代表名义利率,以 p 代表未来的通货膨胀率,则:

$$1 + r_{实} = \frac{1 + r_{名}}{1 + p} \tag{13-3}$$

我们还可以将其进一步化简:

$$(1 + r_{实}) \times (1 + p) = 1 + r_{名}$$
$$1 + r_{实} + p + p \times r_{实} = 1 + r_{名} \tag{13-4}$$

上式中,p 为通货膨胀率,$r_{实}$ 为实际利率。显然,二者都是很小的小数,相乘之后,数值会更小,因此可以忽略不计。则上式可大致写为:

$$r_{名} = r_{实} + p \tag{13-5}$$

利用该公式,我们可以方便快捷地计算出一项投资的真实收益率。

(3) 市场利率、法定利率、行业利率

利率,如果由资金市场供求关系决定,则称为市场利率。它真实地反映了市场上的资金供求关系,并随着资金供求的改变而波动。一个国家的利率水平,如果由市场供求关系决定,则称该国实现了利率市场化。目前,我国已基本实现了利率的市场化。

相应地,利率如果是由金融监管部门或中央银行确定的,则称为法定利率。如央行规定的再贷款利率、再贴现利率,包括以前我国央行规定的存贷款基准利率,都属于法定利率。

而公定利率，则是由非政府的自律性组织所制定，如我国银行业协会确定的利率。这种利率是一种介于法定利率和市场利率之间的利率，通常只对协会会员具有约束力。

目前，我国已基本实现了利率市场化，因此，我国市场上的主要利率，大部分为市场利率，如债券利率、同业拆借利率、回购利率、存贷款利率。它们反映了我国资金市场的供求状况。但同时，我国央行也推出了再贷款利率、再贴现率、SLF、MLF 等法定利率。它们体现了政府政策意图，是央行对经济进行宏观调控的重要工具。

(4) 固定利率与浮动利率

在整个借贷期内，如果利率是固定、不可调整的，则称为固定利率。固定利率条件下，利息计算非常方便。但是，当经济中存在通货膨胀等风险时，固定的利率会使得贷方有较大的损失。并且，借贷的期限越长，损失越大。这个道理，我们在上文介绍名义利率与实际利率时已经探讨过。

为了使借贷双方在通货膨胀等条件下不受损失，双方可以约定在借贷期内，根据市场状况（通货膨胀、风险）对利率定期进行调整。调整的方式，在实践中，多采用"某个基准利率 + 点"的形式，如 Libor + 0.3%，Shibor + 0.5%。在这种利率确定方法下，作为基准利率的 Libor、Shibor 均为市场利率，会随着市场供求、风险状况的变化而随时调整，使得浮动利率也会随之调整，这就保证了利率的"浮动"。例如，通胀率上升了，利率也随之上升，债权人所承担的通胀风险能及时得到补偿。反之，如果市场利率下降了，浮动利率也随之下降，就能帮助债务人节省成本。

至于对利率调整的期限，可由借贷双方协定，如 3 个月、6 个月。

(5) 短期利率与中长期利率

借贷的期限，有长短之分。如果借贷期限在 1 年以内，我们称为短期信用，其利率为短期利率。反之，如果借贷期限在 1 年以上，我们称为中长期信用，其利率为中长期利率。

借贷的期限不同，利率也不同。一般而言，时间越长，支付的利息就会越多。因为，随着借贷时间的增加，贷方面临更大的不确定性。比如，张三向李四借 100 元钱，50 年后再归还。在这段漫长的时间里，会有太多的不确定性，如发生经济危机、通货膨胀、张三破产……，种种不确定性会导致李四承担更多风险，因此李四自然要求对多承担的风险予以补偿，即张三要支付给李四更多的利息。但是，也并非总是如此。原因是，决定利率的因素，除了风险，还有资金市场供求等其他因素。例如，如果某段时间，短期资金市场供不应求，就会推动短期利率上涨，甚至可能超过中长期利率。2013 年 5 月中旬—7 月，我国就发生了"钱荒"，货币市场上的回购利率与同业拆借利率由 3% 飙升至 11%，而隔夜拆借利率更是达到了 13% 以上。而同时期，1 年期国债的收益率在 3.8% 左右，10 年期国债的收益率在 3.5% 左右。

（三）中国的利率体系

在我国，随着利率市场化的完成、金融市场的发展，也形成了种类繁多的利率，它们构成了我国的利率体系。按照参与主体划分，大致有以下几类：

1. 央行 vs 金融机构

即央行与银行等金融机构互相借贷时，所形成的各种利率。在我国，央行使用众多货币政策工具对宏观经济进行调控。进而形成了包括准备金利率（法定存款准备金、超额存款准备金）、再贷款类利率（SLF、MLF、SLO、TLF、TMLF、PSL 利率）、再贴现利率、央票利率、回购利率（正、逆回购）、国库现金定存利率在内的各种利率。这些利率均是货币政策的产物，称为货币政策利率。随着货币政策的执行，这些货币政策利率会进一步对银行间市场、资本市场、实体经济中的各个利率产生影响，最后达到调控实体经济的目的。可以说，货币政策利率是我国其他利率形成的基础。具体如表 13-3 所示：

表13-3 中国的货币政策利率体系

利率种类	对应货币政策工具	工具简介	利率决定方式
准备金类	法定存款准备金	商业银行依法向央行缴纳的法定存款准备	央行
准备金类	超额存款准备金	商业银行向央行缴纳的超过法定存款的存款准备	央行
贷款类	再贷款	央行向中小金融机构发放的抵押贷款,抵押品为非标准化的信贷资产,用于三农+小微+扶贫	央行
新型工具	常备借贷便利（SLF）	央行向银行发放的质押贷款,解决临时流动性需求,期限为隔夜/7D/1M—3M	央行
新型工具	中期借贷便利（MLF）	央行向政策兴银行、全国性商行发放的质押贷款,用于三农+小微,期限为3M/6M/1Y	招标
新型工具	定向中期借贷便利（TMLF）	央行向符合宏观审慎要求的大型商行、股份制商行、大型城商行发放的贷款,用于民企+小微,期限<3Y	央行
新型工具	抵押补充贷款（PSL）	央行向政策性银行发放的贷款,用于棚户区改造,期限为3Y—5Y	央行
新型工具	临时流动性便利（TLF）	仅使用过一次。即2017年,央行向在现金投放中占比高的几家大型商行提供临时贷款,期限28天。	央行
再贴现类	再贴现	对金融机构持有的未到期已贴现的商业汇票予以贴现,期限<6M	央行
央票	央票	央行发行的债券,用于回收流动性（货币）,期限有3M/1Y/3Y,近年无发行	招标
公开市场操作	OMO	央行面向金融机构开展的正逆回购,期限为7/14/28/73D	招标
公开市场操作	SLO	央行面向金融机构开展的超短期1—7天正逆回购	招标
公开市场操作	国库现金定期存款	将财政部放在央行的国库存款转存到商业银行	招标

资料来源：陈海彬,黄潢.法询金融固收组（公众号）。

在上面的所有利率中，SLF、MLF、逆回购，央行近几年用得很频繁。下面我们详细介绍一下。

(1) SLF

即常设借贷便利（Standing Lending Facility），也被投资者戏称"酸辣粉"，是我国央行在2013年创设的货币政策工具。SLF的本质，是央行向符合宏观审慎要求银行发放的1—3个月期的质押贷款，目的是满足金融机构短期的、大额流动性需求。银行在申请时，需要向央行提供合格的抵押品，包括国债、央票、政策性金融债、国开债、高等级公司债等。通过运用SLF工具，央行可以向市场提供流动性，实现放水。

最初，SLF只面向政策性银行、全国性商业银行办理SLF业务。但到了2015年，央行在全国推广分支机构常备借贷便利，开始向符合条件的中小金融机构提供短期流动性支持。

需要注意的是，SLF的主动权由各银行掌握，即由银行主动发起向央行申请。

(2) MLF

全称中期借贷便利（Medium-term Lending Facility），又称"麻辣粉"，是我国央行于2014年创设。MLF与SLF有很多相似的地方，它本质上也是央行发放的质押贷款，申请需要提供国债、央票、政策性金融债、高级信用债等优质抵押品。

但MLF的期限，有3个月、6个月、1年期，时间上略长于SLF的期限。实践中运用最广泛的是1年期。并且，在到期时，MLF还可按当时市场利率展期。需要注意的是，央行对MLF资金的用途有要求，要求商业银行优先发放给三农企业、小微企业。

同样，通过运用MLF等工具，央行也可以向市场提供流动性，实现放水。

(3) 逆回购

在我国，每周二、周四，央行一般都会进行公开市场操作，最主要的方式是回购。回购的方式，又可分为正回购和逆回购。

正回购即中国人民银行向一级交易商（大商业银行）卖出有价证券，并约定在未来特定日期买回有价证券的交易行为。央行通过卖出有价证券，吸纳一级交易商手中持有的资金，即实现了从市场收回流动性的目的。当正回购到期时，央行购买证券，将资金释放给一级交易商，实现了向市场投放流动性。

逆回购即中国人民银行向一级交易商购买有价证券，并约定在未来特定日期将有价证券卖给一级交易商的交易行为。此时，央行向市场上投放流动性，当逆回购到期，则为央行从市场收回流动性。简单地说，逆回购就是央行主动借钱给银行；正回购则是央行把钱从银行那里抽走。

近些年，央行创造出了一个新的工具：SLO（Short-term Liquidity Operations，酸辣藕），其本质是超短期的逆回购，以7天期以内短期回购为主，遇节假日可适当延长操作期限，采用市场化利率招标方式开展操作。

与前面的工具（SLF、MLF）相比，回购属于全面漫灌的流动性注入方式，非"一对一"。但回购操作的时间要更灵活，可弥补传统流动性干预以每周为周期，其操作方向和力度难以及时转换的缺陷。央行推出这项政策，其目的就是提高公开市场操作的灵活性和主动性，克服传统公开市场操作无法有效应对流动性短期波动的问题。

2. 金融机构 VS 金融机构

（1）回购利率与同业拆借利率

在我国，金融机构之间的交易主要在全国银行间市场进行。在这个市场上交易的金融机构，除了银行之外，还有券商、保险公司、信托公司、财务公司等其他金融机构。这些机构在银行间市场借贷，借贷的方式有两种：抵押贷款和信用贷款。

所谓的抵押贷款，即银行间的债券回购交易。通俗地讲，就是一家银行要借钱，就将自己持有的债券卖给另一金融机构，由此获得一笔资金。同时约定，在将来，银行以更高的价格将债券再买回来。表面上看，回购是债券的买卖。但本质上，回购是有抵押品的借贷。

银行间的回购又分两种：质押式回购、买断式回购。两者的主要区别是，在债券买卖过程中，买断式回购要进行债券所有权的转让（过户），而质押式回购不需要。

在我国，质押式回购的利率用 R（Repo）代表，买断式回购则用 OR 代表（Outright Repo）。在这些字母后面，加上时限，就是我们日常见到的官方牌价。例如 R001、R014、R1M、OR007 等。其中，R014 指的是 8—14 天期的质押式回购利率，R1M 指的是 1 月期质押式回购，OR007 指的是 2—7 天期的买断式回购利率，以此类推……在我国，大部分回购都为质押式回购，买断式回购微乎其微。

所谓的信用贷款，即为同业拆借（Interbank Lending）。实质是两家金融机构进行短期的资金借贷，并且不需要提供任何抵押或质押，而仅仅依靠"信用、信任"借贷。因为两家机构都是金融机构，属于同行，同业拆借的名字由此而来。同业拆借的利率，用字母表示为 IBO（Interbank Offered Rate），在后面加上日期，即为我们看到的官方牌价，如 IBO001（1 天同业拆借）、IBO007（7 天同业拆借）等。

（2）基准利率

除以上利率之外，全国银行间同业拆借中心以每个交易日上午 9：00—11：30 之间的所有金融机构间回购交易利率为基础算出了一个回购定盘利率（Fixing Repo Rate，简称 FR），具体品种包括 FR001、FR007、FR014 三种，代表 1 天期定盘利率、7 天期定盘利率、14 天期定盘利率。

在此基础上，银行间同业拆借中心 2017 年又推出了银行间回购定盘利率（FDR），以同业拆借中心每天上午 9：00—11：30 之间所有存款类机构（即银行）以国债为质押的回购交易利率为基础计算。

除此之外，每个交易日，全国银行间同业拆借中心（在上海）会让 18 家银行各自报出其同业拆借愿意支付的利率，以此为基础算得银行间同业拆借利率（Shanghai Interbank Offered Rate，简称 Shibor。）并于每个交易日的早上 11 点对外公布，其种类包括：Shibor O/N（Overnight，隔夜拆借）、Shibor1W、Shibor2W、Shibor1M、Shibor3M、Shibor6M、Shibor9M、Shibor1Y。即隔夜、1 周、2 周、1 月、3 月、6 月、9 月、1 年期同业拆借。

这些利率，不仅为银行间市场成员回购交易提供了价格基准，还为银行间成员开展利率互换、远期利率协议、短期利率期货等利率衍生品业务提供了参考利率和定价基准。而 Shibor 更为宏观调控、对市场参与者了解市场资金供求状况、对部分产品定价（如利率互换）提供了基准。

(3) 存款性机构利率

在银行间同业拆借中心参与交易的金融机构中，政策性银行、商业银行、农村金融机构，因为都面向公众经营存款业务，被统称为存款性机构。它们之间的交易所形成的利率，前面会带上字母 D（Depositary），如：

DR：存款类金融机构同业质押式回购利率，有 DR001、DR007、FDR。

DIBO：存款类金融机构同业拆借利率，有 DIBO001、DIBO007 等。

(4) 同业存单利率

在我国，存款性机构还有一个特权，在银行间同业拆借中心发行同业存单。其本质是一种可提前转让的定期存款单。发行同业存款单的银行，实质是在向投资方借钱。而同业存款的投资者，除了存款性机构，还包括其他金融机构，如基金、基金公司。比如，余额宝在 2018 年就配置了部分同业存单。

最后，总结一下，目前，我国银行间市场的利率体系如下（见表 13-4）：

表 13-4　　　　　　　　我国银行间市场利率

	种类	例子
回购利率	银行间质押式回购利率	R007
	存款类机构质押式回购利率	DR007
	回购定盘利率	FR007
	银行间回购定盘利率	FDR007
	买断式回购利率	OR007

续表

种类		例子
拆借利率	银行间同业拆借利率	IBO007
	存款类同业拆借利率	DIBO007
	上海银行间同业拆借利率	Shibor1W

3. 金融机构 VS 实体经济

金融机构与实体经济的资金交易，涉及的主体，一方是银行等金融机构，另一方是居民、企业、政府。而它们之间的交易，无非分两个方向：借出钱、借入钱。因而，对应形成了以下利率：

借出钱方面，形成了国债逆回购利率、存款基准利率、货币基金收益率、理财产品收益率、信托/类信托收益率。借入钱方面，则形成了贷款基准利率、非标利率（票据、信托贷款、委托贷款等）、信用债利率、国债利率、地方债利率、政策性银行债利率等。下面我们对其中几种比较重要的利率详细介绍一下。

（1）国债回购利率

在我国，债券除了可以在银行间同业拆借中心进行交易外，也可以在交易所（上交所、深交所）进行交易。参与的主体，包括银行（不包括农村信用社、农村商业银行、村镇银行）、非银行金融机构、QFII、RQFII、企事业单位、社保基金、企业年金、个人投资者。它们之间交易的方式，有现券交易和回购交易两种。

其中，现券交易是指交易双方以约定的价格一次性转让债券所有权的交易行为，即传统上的债券买卖。以上机构，均可参与该交易。个人也可以参与，但交易所个人投资者的要求较高，需要连续20天平均账户余额不低于500万元，或连续3年年收入不少于50万元，且只能购买AAA级以上债券（不包括ABS）。因此，参与者主要为以上提到的机构，资金融通的期限较长。

另一种是回购。在我国，交易所市场禁止信用拆借。因此交易所中的短期资金融通只能以回购形式进行。回购的方式，主要有以下几类：质押式国债回购、质押式企业债回购，对应形成了质押式国债回购利率（如 GC001、GC014、R001、R014，最长 182 天）、企业债回购利率（有三种，RC001、RC003、RC007）。此外，与银行间市场类似，还有一个作为基准利率的上交所回购定盘利率（FRGC），包括 FRGC001、FRGC007 两种。这些利率，构成了交易所市场最重要的利率。

需要注意的是，在我国交易所，银行只允许进行现券竞价交易，不允许参与回购交易；而个人，只允许参与国债逆回购，即通过国债逆回购把钱出借给机构。因此，交易所回购市场的主要参与者为非银行机构投资者，其中，参与国债逆回购的更多的是中小机构，所以，与银行间市场的回购相比，利率一般更高、波动幅度也较大。而交易的品种，包括国债、企业债、公司债、资产支持证券、地方债等。

（2）存贷款基准利率

根据央行统计，2018 年 4 月，我国社会融资存量中，贷款占比 69%。而根据社科院统计，2014 年中国居民金融资产中存款占比 52%。这意味着，目前，银行存款、贷款仍然是我国最重要的融资渠道，存贷款利率仍是目前中国利率体系中对实体经济直接影响最广泛、深远的利率指标。

类似价格双轨制，我国过去曾实行利率双轨制，即除了有市场利率，还存在存贷款基准利率，由央行制定，如存款利率有上限，贷款利率有下限。但是，随着我国利率市场化的逐步完成，从 2015 年起，我国名义上已取消了存贷款的上下限。目前，除了 1 年期以下的小额外币存款利率外，我国所有的存贷款利率名义上都已完全放开，允许市场自由定价。

（3）非标准化债权利率

主要指非标准化债权利率以及在此基础上形成的"理财产品""资管产品"等收益率。2008 年国际金融危机后，我国实施了 4 万亿元的财政刺激计划，伴随于此的是，多种金融创新产品爆发式增长。这些产品多数被用作监管套利的工具，客观上对其他标准化融资渠道形成了有效补充，但也积聚了巨大的金融风险。

（4）其他利率

除上述利率外，经济运行中仍存在着很多其他利率指标。如企业之间赊销预付等方式隐含的利率，民间借贷利率，融资租赁隐含的融资利率等。但与前面的利率相比，它们的影响有限。

二　货币政策

在现代市场经济中，价格这只"看不见的手"能够引导家庭和企业的经济行为，进而使全社会的资源配置达到最优。但是，"看不见的手"却不是万能的，有时也会失灵。其原因有多方面，如垄断的存在、公共物品的存在、信息不对称、外部性、不可测的冲击等。这些因素会导致总需求与总供给失衡，社会资源配置无法达到最优状态。此时，就需要政府出面，采取一定的宏观经济政策对经济进行干预，其目的无非是促进经济健康增长、促进充分就业、稳定物价、保持国际收支平衡等，最终促进资源优化配置，增进社会福利。当前，市场经济国家所采取的、实现以上目的的宏观经济政策，主要包括货币政策和财政政策。在此，我们主要论述货币政策。

（一）货币政策的目标

正如以上所讲，政府推出货币政策的初始目的，是促进经济健康运行，增进社会福利。因此，货币政策的最终目标主要有四个：充分就业、经济增长、物价稳定、国际收支平衡。

1. 最终目标

（1）充分就业

即有能力并愿意参加工作的人都能在合理条件下随时找到工作，一般以失业率体现。需要注意的是，充分就业并不是说没有失业。无论经济怎样，社会都会存在一个正常的失业率，也叫自然失业率（如我国一直在

4%左右)。其产生的原因主要有两个：短期劳动力供求失衡（摩擦性失业）；自愿失业。一般我们认为，若经济中的失业率等于正常失业率，就实现了充分就业。有些国家将就业作为货币政策的目标。例如，2006年，美国就曾将促进就业增加作为其货币政策的最终目标。

(2) 经济增长

主要指保持社会经济生活中商品和服务产量的增加，即国民生产总值的增加，一般以国内生产总值（GDP）的增长率表示。目前，世界上许多国家均结合国情确定了合宜的 GDP 增长率，并将之作为货币政策的最终目标。

(3) 物价稳定

指维持社会一般物价水平、汇率在固定时期保持稳定，不发生剧烈波动。其中，一般物价水平稳定并不是指物价不变，而是指物价上涨不超过某个界限，一般认为 2%—3% 为宜。而判断物价是否稳定，一般用物价指数，包括批发物价指数、消费物价指数、国内生产总值平减指数来衡量。在 20 世纪 70—90 年代，西方许多国家曾将物价稳定作为其货币政策的终极目标。

(4) 国际收支平衡

主要指一个国家对其他国家的经济活动的收支基本持平（略有顺差或略有逆差）。这种平衡又分为两种情况：静态平衡与动态平衡。所谓静态平衡，是指 1 年的国际收支相抵。动态平衡，是指一定时期（3—5 年）的国际收支相抵。20 世纪 70 年代初，美国就曾将国际收支平衡作为本国货币政策的目标。

需要注意的是，上面提到的各目标，彼此之间并非完全隔离，而是会相互影响。如就业与经济增长，二者呈现正相关关系，即当经济增长时，就业也会增加。但并不总是如此。例如，在短期内，物价稳定与充分就业就是矛盾的。菲利普斯曲线就证实了这一点，它表明失业率与物价稳定之间存在着一种此消彼长的矛盾关系。而物价稳定与经济增长，在短期内也存在着冲突，即当经济处于高速增长过程中时，通货膨胀很容易发生。这使得中央银行在制定货币政策目标时会面临两难选择。因此，中央银行在选择最终目标时，必须有所取舍。

2. 中介目标

当中央银行确定了货币政策的最终目标之后，所面临的一个新的问题是，它并不能直接实现诸如经济增长、充分就业、物价稳定、国际收支平衡这些最终目标。例如，央行要促进经济增长，而央行并无这样的权力，去命令家庭和企业增加总需求，进而促进经济增长，此时，央行只能寻找并借助一些中间目标，如货币供应量（M1、M2、M3）、利率，先设法发力于这些中间目标，然后通过中间目标的驱动（如使货币供应量增加），促使经济实现增长。这些中间目标，即为中介目标。中介目标是连接货币政策工具与最终目标的桥梁。

中介目标的选择必须满足以下条件：

（1）相关性。央行的最终目的，是通过发力于中介目标，并通过这些目标的变动驱动最终目标实现。因此，中介目标必须与货币政策最终目标之间存在密切的、稳定的联系。这种联系越紧密，中央银行实施货币政策的效力就越大。例如，假设我国央行能够强有力地控制月球的温度，能否把月球的温度作为中介目标呢？答案当然是不能，因为月球温度与经济增长并无关系，我国央行不能通过控制月球温度来影响我国的经济增长。

（2）可控性。中央银行能够通过实施各种货币政策工具，对中介指标实施强有力的影响和控制。如果中央银行无法通过其政策工具对中介指标施加有力影响，那也就无从谈起驱动这些目标作用于最终目标，实现货币政策的目的。例如，我国央行可否将天气作为中介目标呢？答案当然也是不能，因为无论我国央行采取何种手段，变动法定准备金率、再贷款、公开市场操作、窗口指导……，均不能改变天气状况，更无从谈起驱动它促进经济增长。

（3）可测性。即中央银行能够对中介目标的量和变动情况进行迅速、准确的测量。因为，当中央银行采取货币政策工具发力之后，需要迅速了解所采取的措施有无产生作用，并且作用的方向是否正确，通俗地说，就是采取的政策有无"偏离轨道"。这样才能做到，万一政策错了，能够在传导至实体经济之前迅速采取措施予以纠正。

满足以上条件的变量，从经验来看，主要有两个：利率和货币供应量（如 M1、M2、M3）。

3. 操作目标

上面提到，中介目标可以直接作用于最终目标。但是，这些中介目标也不是央行所能直接作用的。因此，央行需要再选择另一套目标，其特点是央行能够通过货币政策工具的操作，直接作用于这些目标。例如，当央行进行再贷款时，会直接导致基础货币增加。

这些央行能直接影响的目标（如基础货币），我们称之为操作目标。当操作目标实现之后，又会使中介目标发生变动。如基础货币增加，会通过货币乘数作用，导致流通中的货币供给量成倍增加。继而进一步地，消费和投资增加，总需求增加，最终实现经济增长，实现货币政策的最终目标。

操作目标的选择标准，除了得能够满足央行能直接控制这一点之外，还需满足相关性、可测性的标准。目前，从经验上看，满足以上标准的操作变量，主要有基础货币、利率、存款准备金等。

综上所述，在货币政策实施过程中，中央银行通过运用货币政策工具，先后作用于操作目标、中介目标，经层层传导，最终作用于实体经济，实现最终目标。该过程，可以用图 13-1 形象地表示。

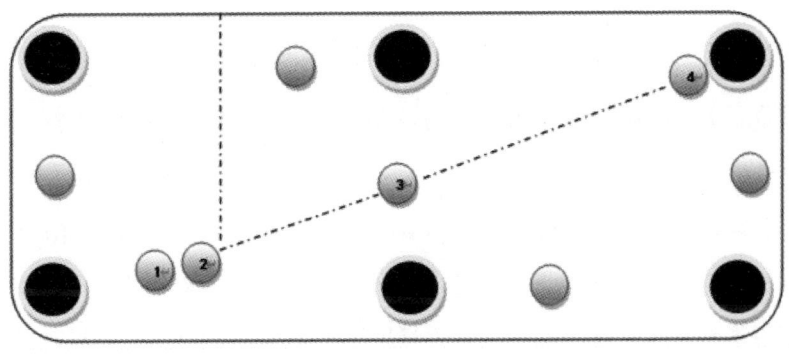

图 13-1　央行货币政策目标及传导过程

如图 13-1，央行制定和实施货币政策，就如同在打台球。假设央行锁定的目标是 4 号球（最终目标，如经济增长、稳定物价等），最终要让它进球。但央行位于球桌左下角的位置，显然他无法直接打到 4 号球。因此央行只能先瞄准离自己最近的 1 号球或 2 号球（操作目标，如基础货币、利率等），打一球之后，让 1 号球（或 2 号球）朝着中间的 3 号球撞去，而 3 号球（中介目标，如货币供给量、利率）在被 1 号球（或 2 号球）准确撞击后，会朝着目标 4 号球撞去，最终使 4 号球入袋（最终目标，如经济增长）。当然，在这个过程中，需要央行这个球手瞄准方向、准确发力，如果方向错误，就无法将 4 号球送进球袋了。

（二）货币政策的工具

央行在实施货币政策的过程中，要达到各阶段目标，必须借助一定的工具，我们称之为货币政策工具。这些工具，主要有三类：

1. 法定存款准备金制度

所谓法定存款准备金制度，是指中央银行强制性地要求商业银行等存款性机构，将其吸收存款的一定比率存入中央银行。这个比率，称为法定存款准备金率。之所以这样做，是因为在经营过程中，商业银行需要随时应付客户提款，预防挤兑风险，因此手中必须持有部分资金。

上一章我们分析过，法定存款准备金率的倒数（$\frac{1}{R_D}$）为存款货币创造乘数。当有一笔原始存款流入/流出商业银行体系时，会使得流通中的存款货币增加/减少原始存款的 $\frac{1}{R_D}$ 倍。例如，当法定存款准备金率为 20%，原始存款为 100 元，流通中的存款货币会增加 5 倍（500 元）。如果中央银行将法定存款准备金率调为 10%，这个倍数就是 10 倍（1000 元）。这也就意味着，当央行调整法定准备金率时，即使是微小的变动，也会导致货币乘数变动，进而引起流通中货币供应量的大幅波动。因此，法定准备金率政策无法对货币供应做小幅调整。

此外，当中央银行降低法定存款准备金率时，会使得部分准备金解冻。商业银行可以将这部分解冻的资金发放贷款，并通过货币乘数的作用，导致流通中的货币供应量成倍增加。反之，当央行提高法定存款准备金率时，则会使得商业银行准备金账户上的部分资金被冻结，进而迫使商业银行减少贷款，进而通过乘数作用导致流通中的货币供应量成倍减少。

由上可见，法定存款准备金率的变化会产生双重效果：超额储备变动、货币乘数变动。因此，它被认为是货币政策最猛烈的工具之一。

2. 再贴现

该类工具泛指央行对商业银行等金融机构的再贴现和各种贷款工具。其中，再贴现是商业银行将已贴现的未到期票据向中央银行进行再次贴现，以获得资金。之所以称为贴现是指，当商业银行以10%的贴现率将手中100元的票据卖给中央银行时，商业银行仅能获得90元，金额出现了贴水。再贴现，本质属于一种贷款。

再贴现的作用机制在于，首先，中央银行可以变动向商业银行再贴现贷款的利率（如10%），影响贴现贷款的数量。如，当中央银行提高再贴现贷款利率时，会加大商业银行从央行借款的成本，刺激商业银行减少贷款数量，进而改变基础货币的数量，最终通过货币乘数作用于流通中的货币供应量。其次，再贴现率变动时，会使得货币市场上的利率，如同业拆借利率发生同方向变动，进而影响市场上其他利率。最后，贴现政策还可以作为一种信号，表明中央银行将来货币政策的意向，例如，如果中央银行决定让利率下降以促进经济增长，便可以降低贴现利率向公众表明它的意向。

3. 公开市场业务

公开市场业务是指中央银行在公开市场上买卖证券或外汇，以此吞吐基础货币，达到调控货币供应量的目的。公开市场，是指银行间市场。交易的主体，主要是各商业银行。而交易的对象，主要包括国债、政府机构债券、央票、政策性金融债等。买方的方式，包括回购交易、现券交易、发行央票等。

其中，回购交易又分为正回购与逆回购两种形式。正回购意味着央行向市场卖出证券，回笼资金。逆回购则意味着央行向市场购买证券，投放资金。这些交易，会导致商业银行的存款准备减少或增加，进而导致基础货币减少或增加，并通过货币乘数作用使得流通中的货币供应量发生成倍变动。由于回购期限较短，并且到期需要归还，因此，该工具主要用于短期货币政策操作。

现券交易，指央行直接从公开市场买入或卖出证券。这种买卖，将来无须归还，可以称之为买断或卖断。当中央银行在银行间市场向商业银行购买证券时，央行获得债券，而商业银行则从央行获得了一笔存款，导致存款准备增加，进而基础货币增加，并通过货币乘数的作用，会使得流通中的货币供应量成倍增加。反之，如果央行向商业银行出售证券时，商业银行将手中资金支付给中央银行，获得证券。这使得商业银行体系的储备减少，进而通过货币乘数的作用，使得流通中的货币供应量成倍减少。

而中央银行发行的央票，本质是一种债券。主要向商业银行发行。当发行央票时，会使商业银行的存款准备减少，进而通过货币乘数作用使得流通中的货币量成倍减少，反之，当央行兑付央票时，则会导致流通中的货币供应量增加。

与法定存款准备金、再贴现相比，公开市场业务可由央行主动实施，其规模大小完全由央行控制。不像再贴现那样，虽然央行可以通过变动贴现率，来鼓励或限制银行取得贴现贷款，但贷款与否，最终取决于商业银行的决策，这样央行就不能直接控制贴现贷款的规模。此外，公开市场操作灵活、精巧，其规模可以恰到好处地把握。无论想要准备金或基础货币发生多么微小的变动，公开市场操作都可以通过极少量的证券购买或出售来实现目标。最后，公开市场操作是可以及时逆转的。当央行发现它的公开市场操作出现错误时，可以立即进行反向操作，并能被迅速执行，只要向证券交易商发出购买或出售的单子，交易便可立即执行。

（三）货币政策的传导机制

当确定了货币政策的目标和工具之后，央行就可以动用各种货币政策工具，发力于操作目标、中介目标、最终目标。这个作用的过程，即为货币政策的传导机制。传导的途径，并不唯一。

1. 利率传导途径

该理论认为，当央行动用货币政策工具变动货币供给时，会改变货币市场均衡，导致利率发生变动。利率变动又会使投资 I 增减，进而使总支出和总收入增减。其过程可简单表示为：

M→r→I→E→Y

例如，当央行在公开市场开展逆回购交易时，会导致基础货币增加，进而流通中的货币供给增加。此时如果产出水平不变（意味着货币需求不会改变），市场利率会下降，刺激投资增加，进而总需求增加，最终推动国民收入增加。需要注意，在这个过程中，投资的变动（ΔI）会使国民收入 Y 发生多倍变动，这个倍数，是 $\dfrac{1}{1-\text{边际消费倾向}}$。

2. 资产价格传导途径

以托宾等为首的经济学家在研究货币政策时，另辟蹊径提出了货币政策的非货币资产价格传导途径。托宾认为，货币政策通过影响股票价格，进而影响企业投资支出，最终作用于实体经济。

在此过程中，有一个关键的环节，即企业通过衡量 q 值来决定是否增加投资。所谓 q 值，是企业的市场价值与其资产重置成本的比值，即 $\dfrac{\text{公司的市场价值}}{\text{资本重置成本}}$。其中，企业市场价值主要指公司股票的总市值，代表着在股票市场上购买（并购）企业的花费；资产重置成本是在当前市场上以市场价置办所有资产（重建企业）所需花费。托宾认为，当 q 值大于 1 时，意味着重建公司所需花费更少，因此实业家会通过重建企业的方式来投资，这会导致社会上的投资量（如厂房、设备等）增加；反之，当 q 值小于 1 时，则意味着在股票市场上通过收购公司花费更少，此时企业将在股票市场上购买既有企业来实现扩张，而不会增加投资、重建企业，这样一来，社会投资量将不会增加。

我们举例说明一下。例如，假如公司的 q 值为 2，这就意味着，通过在股票市场购买获得企业需要花费 2 元钱，而通过购买（重建）土地、厂房、设备重建企业，只需花费 1 元钱。此时，实业投资者势必将会筹集 1 元钱，购买各种资产来获得企业并实现自己的盈利目标，那这样一来，社会上的投资量（厂房、机器等）将会增加。反之，如果公司 q 值为 1/2，则意味着，通过在股票市场购买获得企业需要花费 1 元钱，而通过购买土地、厂房、设备重建企业，需花费 2 元钱。此时，实业投资者势必不会重建企业，而是在股票市场上直接收购既有上市公司，即直接利用既有的资本（被收购企业）就可获得盈利目标，而无须追加投资，这样的话，整个社会投资量也就不会增加。

托宾认为，当央行实行扩张性的货币政策时，会导致流通中的货币供应量增加，市场利率下降，这使得股票价格上升。进一步地，q 值变大，会刺激企业增加投资，社会总需求增加，最终实现产出增加。该过程可简单表示为：

$M \to r \to P_E \to q \to I \to Y$

3. 信用传导途径

该理论认为，央行可通过动用货币政策，改变商业银行体系的准备金数量，进而使得商业银行可用资金增减，进而改变贷款数量，使得投资支出改变，最终使国民收入增减。

如在公开市场上出售证券时，会直接导致商业银行的准备金（R）减少，存款货币 D 的创造相应减少，进而商业银行对外发放的贷款（L）会减少，最终使那些依赖银行贷款融资的借款人必须削减投资和消费，最终使得总支出下降。该过程可简单描述如下：

公开市场的紧缩操作 $\to R \to D \to L \to I \to Y$

需要注意的是，该方面的理论主要侧重于财政政策紧缩效应的分析。

4. 汇率传导途径

该理论主要考察了开放经济条件下货币政策的作用途径。即在开放经济体中，货币政策可以通过影响国际资本流动，改变汇率，并在一定的贸易条件下影响净出口。

首先，我们假设一国实行的是浮动汇率制。之所以这样假设，是因为我国目前采取的是浮动汇率制度。在这样的汇率制度下，当央行实行紧缩的货币政策时，在资金市场上，利率会上升。此时，外国对本国生息金融资产（如债券）的需求会增加，本国对国外类似资产的需求会下降。这将导致，在外汇市场上，对本国货币的需求增加，本币汇率升值。而这又进一步抑制了本国出口，刺激进口，最终该国净出口下降，产出下降。反之亦然。该过程可简单表示如下：

$M \to r \to r_e \to NX \to Y$

（四）我国的货币政策框架

1. 我国货币政策目标

（1）最终目标

我国货币政策的主要任务是支持实体经济。《中国人民银行法》规定，我国货币政策的最终目标是：保持币值的稳定，并以此促进经济增长。其中，保持币值稳定有两层含义：对内保持物价稳定，对外保持人民币汇率在合理均衡水平上的基本稳定。

（2）中介目标

为实现最终目标，需要设定中介目标。自改革开放以来，我国一直以广义货币供应量 M_2 为中介目标。

但是，进入 21 世纪以来，随着我国经济越来越发达、越来越市场化，M_2（现金+活期存款+定期存款+储蓄存款+其他存款）越来越不适合充当中介目标。原因在于：（1）M_2 的可测性降低。近年，银行理财、余额宝等为代表的金融创新产品不断涌现。这就要求调整货币供应量的测算口径。但是，由于目前对金融创新产品的监管不够规范，导致很多产品的实际规模无法准确测定，进而无法准确计算流通中的货币供应量。例如，以支付宝、余额宝为例。假设用户使用余额宝进行交易，他首先利用"余额宝"账户向商家的"支付宝"账户转账付款；紧接着，追求着利润最大化的商家又将其"支付宝"账户收到的款项转入他的"余额宝"账户。整个过程在几秒钟就完成了。但在这几秒钟内，该笔钱完成了从货币基金到现金,再到货币基金的转换。在如此短暂的时间内,中央银行基本无法对这笔钱进行有效统计。(2) M_2 与实体经济间的相关性在削弱。以前,在我国,银行信贷在社会融资中占据主要地位,因此央行通过调控基础货币进而影响 M_2 就能有效地作用于实体经济。但近些年,随着金融创新的发展,银行表外业务(承兑汇票、委托贷款、信托贷款等)大幅增加,直接融资占比不断提高,非银行金融机构在融资中发挥作用不断增强。这一切,使得以 M_2 为中介目标的货币政策有效性在不断降低。

鉴于以上原因,我国在 2012 年引入社会融资规模(称为加强版的 M_2)作为中介指标。该指标可衡量金融部门向实体经济提供的所有融资:贷款;新兴表外业务(信托、委托);直接融资(债券、股票);保险公司业务和小额贷款公司业务等。它比 M_2 更加全面地反映金融与实体经济的关系。但是,社会融资规模仍有缺陷。由于货币政策的实施主体是央行,但社会融资规模的决定却涉及银监会、证监会、发改委等诸多部门,在"分业经营、分业监管"的体制下,央行调控社会融资规模将会面临很高的协调成本。

根据国际经验,随着金融创新的深化,无论是 M_1、M_2,还是加强版 M_2——社会融资规模,与实体经济间的相关性都将不断被弱化。因此,美、欧等许多地区另辟蹊径,将利率作为货币政策的中介目标。原因是,与 M_2 相比,利率的可测性、可控性、与实体经济的相关性都要更优。如欧洲就建立了以"利率走廊"为特色的货币政策体系,并取得了良好的效果。由于利率是资金的价格,我们将这种以利率为中介目标的货币政策称为价格型货币政策。而将以货币供应量(如 M_2)以中介目标的货币政策称为数量型货币政策。但该政策实施需要一个前提,就是利率的市场化。

目前,我国已基本完成利率市场化改革,货币政策处于由数量型货币政策向价格型货币政策的转变过程中,M_2、利率两种中介目标都在使用。

(3) 操作目标

目前,我国货币政策的操作目标主要有基础货币、准备金、利率等。

2. 我国的货币政策工具

为实现以上目标,我国选择的货币政策工具有:

一是通过公开市场操作（OMO）来吞吐基础货币，实现政策目标。

二是通过再贷款、再贴现来调节货币供给。

三是存款准备金。

四是以中期借贷便利（MLF）、常备借贷便利（SLF）为代表的新型工具。

3. 利率走廊

前面提到，根据其他国家经验，随着金融创新的深化，以利率为中介目标的价格型货币政策更为有效。而欧洲的利率走廊模式被实践证明是一种十分有效的政策模式。

在利率走廊模式下，央行通过向商业银行提供一个贷款便利工具和存款便利工具，将货币市场利率控制在一个区间内，围绕央行锚定的目标政策利率（中介目标）波动，最终通过各传导途径作用于长期利率（如存款利率、贷款利率、国债利率等）和实体经济，实现货币政策最终目标。这个区间，就是央行贷款利率与存款利率。二者之间形成了一条"走廊"，即为利率走廊。如图13-2所示，利率波动上限i_u与下限i_d之间的部分，即代表利率走廊，i^*代表货币政策目标利率。

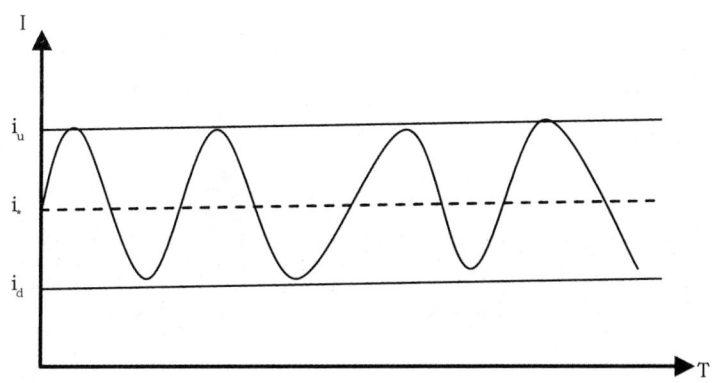

图 13-2 利率走廊

在利率走廊机制下，中央银行会基于对经济金融形势和流动性状况的判断，确定货币政策取向和目标利率，然后通过相应方向和力度的公开市场操作，引导货币市场利率接近目标政策利率，并将利率的波动范围控制在利率走廊内。

由上可见，利率走廊系统，由三部分构成：确定目标利率、建立走廊（上限和下限）、进行公开市场操作。因此，要建立利率走廊机制，也要从这三方面着手。

目前，我国正处在从数量（M_2）调控为主，转向以"利率走廊"模式为主的价格型货币政策。具体而言，正处于建立走廊（上下限）、并将各利率引入走廊的阶段。可以用图13-3形象地表示。

图13-3 我国的利率走廊

资料来源：微信公众号"漫读金融"（作者where春儿）。

根据央行表述，我国利率走廊的顶层规划如下：

(1) 目标利率 (i^*)：银行间 7 天回购利率 (DR007)。之所以选择它，是因为在我国，DR007 的交易量非常大，可以对整个市场的利率产生普遍影响。在利率走廊机制下，央行将通过对 DR007 的宣示和维护——采用公开市场操作 (OMO) 等工具，将 DR007 调控至合宜水平，向市场及时传递中央银行政策意图，降低市场预期不稳定带来的试错成本，增加投资、消费对利率的敏感性。

(2) 上限 (i_u)：指央行常备借贷便利 (SLF) 的利率。之所以选择它为上限，是因为：SLF 是由央行能够直接控制的、短期工具。央行能够随时操作，更及时、准确地对市场流动性变化做出反应，进而在控制短期利率波动上更有优势。SLF 作为上限，可自动维持利率稳定。因为，在银行间市场，当金融机构没钱了，可以向市场上其他金融机构借钱，还可以向央行申请 SLF 借款，支付的利息率即为 i_u。显然，如果银行间市场利率 $i_m > i_u$，就不如直接去找央行借款，因为支付的利息更低。此时在金融市场上借钱的人少了，利率自然就会回落。这样一来，货币市场的利率自然不会超过 i_u。

(3) 下限 (i_d)：指央行的超额准备金利率，也代表了金融机构把钱存在央行所获得的利率。同样，超额准备金利率作为下限，能自动维持利率稳定。如果银行间市场利率低于 i_d，金融机构就不借出钱了，而是把钱存在央行，因为此时它获得的利息率 $i_d > i_m$。这样一来，银行间市场的利率自然不会低于 i_d。由此可见，利率走廊就像一个自动稳定器，将市场利率限制在走廊区间内，并围绕目标利率波动。

当然，这个上限与下限最终由央行决定。上下限间的距离，即为利率走廊的宽度。它不能过宽，也不能过窄。如果利率走廊太宽，市场利率波动幅度就越大，会导致"银心不稳"。此时商业银行等市场机构出于借款成本等方面担心，会放弃投资期限较长、收益较高的资产，减少向实体经济体贷款，牺牲利益换取流动性稳定。最终，不利于经济增长。反之，若利率走廊过窄，利率就会频频"出轨"，央行不得不频繁动用公开市场操作工具将利率拉回至区间内，这无疑加大了央行的货币政策操作成本。综合而言，利率走廊宽度的设置，取决于央行对利率波动的容忍度，外生性利率冲击，商行流动性需求弹性，货币政策操作成本等的综合考量。

与其他货币政策机制相比，利率走廊具有很大的优势：

第一，稳定利率。当市场出现流动性紧张时，市场利率随之升高，这时候"利率走廊"可以起到缓解市场压力，增强市场信心的作用，因为金融机构明白，市场利率有上限，一旦利率超过上限，可以随时去央行以利率上限的价格贷款，以达到稳定利率的作用。更为重要的是，当短期利率稳定了，商业银行才有意愿使用某种短期利率作为定价基础，央行才可能培育出未来的政策利率。

第二，更好地引导预期，降低央行货币操作成本。"利率走廊"建立后，市场对未来利率就有一个稳定的预期，即利率再怎么波动也不会超过上限，这样银行等就敢于把资金投放到贷款等资产上，促进实体经济增长。可以平缓降低市场利率波动，另外也可以消除商业银行等金融机构对流动性的"应急性需求"，从而减少央行进行公开市场操作的频率和数量。

需要注意，货币政策并不是万能的。虽然货币政策可以对经济进行数量调控和价格调控，但对于寻租、利益输送、腐败等问题，可能无能为力。因此，要有效地对经济进行调控，货币政策有时还需要"帮手"。党的十九大报告中提出了要建立货币政策和宏观审慎政策"双支柱"调控框架。其主要措施，是由央行建立宏观审慎评估体系（MPA），通过该体系来评估金融机构是否达到了宏观审慎要求。该体系通过很多指标，如资本充足率、流动性指标，以及巴塞尔协议提出的其他要求等，对金融机构的稳定性进行评估和限定。这样，在对经济进行宏观调控时，货币政策还要与宏观审慎政策相互配合，以维持金融稳定，防范系统性金融风险。在此之上，中央银行后来又加了一层保险——设立国务院金融稳定发展委员会，强化央行宏观审慎管理和系统性风险防范职责。

第十四讲　逃不开的经济波动与周期

我们经常从报纸、杂志和互联网上看到这样一些词汇："经济萧条""经济复苏""经济过热""经济周期",等等,这些词语,对于大多数经济学的初学者来说肯定是一头雾水,并且心底不免有疑问:为什么经济会忽冷忽热,还会产生危机呢?我们显然都感受到过经济波动对我们日常生活产生的影响,但对其背后的原因,我们大多数人却似乎搞不太明白,本讲就力图用简单易懂的语言来跟大家解释一下,相信你一定会有所收获。

一　什么是经济周期

经济学是如何定义经济周期的呢?

经济周期,一般是指经济活动沿着经济发展的总体趋势所经历的有规律的扩张和收缩,是国民总产出、总收入和总就业的波动,是国民收入或总体经济活动扩张与紧缩的交替或周期性波动变化。

简单地说,经济周期就是周期性的经济波动。

我们以真实 GDP(国内生产总值)这个经济指标来表示总体经济活动的规模,来看下面的一张图(如图 14-1)。

由图 14-1 我们可以看到,美国真实 GDP 有的年份在增长,有的年份在下降,这种有升有降,其实就是波动,而且这个波动是周期性的。我们再具体来看一下,美国真实 GDP 在 1970—1973 年期间是上升的,即经济增长（扩张）；在1973—1975年期间是下降的，即经济衰退（收缩）。经济增长与经济衰退合起来就叫一个"经济周期"，即，图中第一个经济周期就是1970—1975年，下一个经济周期即1975—1980年，再下一个即1980—1985年，以此类推。

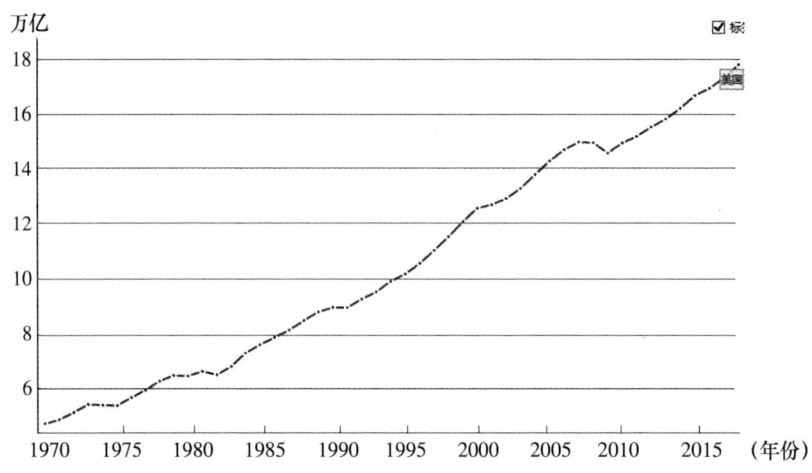

图14-1　美国1970—2018年真实GDP变动

资料来源：世界银行。

二　经济周期的四个阶段

从上文中我们已经知道了，一个经济周期包括一个上升和一个下降的阶段。再具体一些来说的话，一个经济周期可以细分为衰退、萧条、复苏和繁荣四个阶段，表现在图形上的话，叫衰退、谷底、扩张和顶峰更为形象。如图14-2所示：

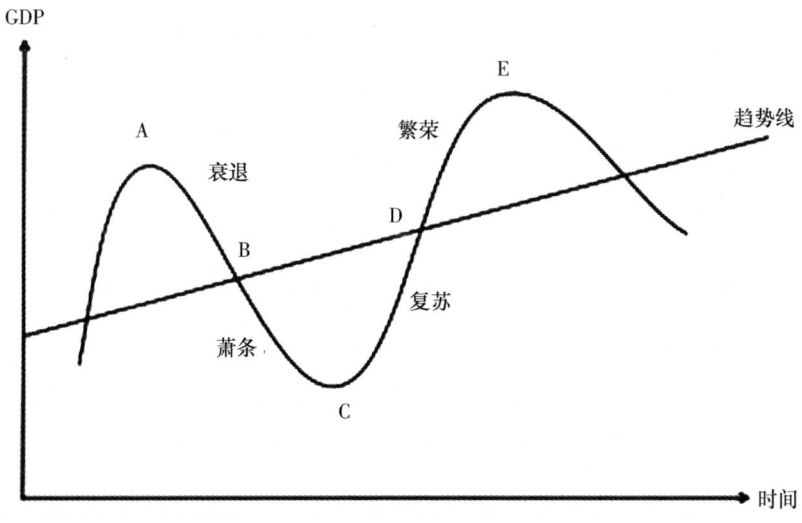

图 14-2 经济周期的四个阶段

(一) 经济周期四个阶段的特征

1. 衰退(去杠杆)阶段

经济繁荣到达顶峰(图 14-2 中的 A 点)之后,繁荣终止,进入到衰退阶段。这一阶段的典型特点有:

(1) 消费者购买力急剧下降;

(2) 对劳动的需求下降,失业率上升;

(3) 产出下降,导致通货膨胀步伐减慢;

(4) 企业利润在衰退中急剧下滑。

另外,衰退总是伴随着资产价格(例如债券、股票、房地产的价格)的下跌,而资产价格的下跌,会抑制消费,而且它还会使抵押物贬值,这就增加了商业借贷风险,并且因此恶化了借贷者所面对的借贷合同条款。当资产价格大幅下跌时,出借人也可能发现自己持有了大量的不良贷款,这些贷款的抵押物有的已经变得毫无价值,于是导致了廉价抛售与债务偿还的恶性循环,这降低了货币流动的速度,很高的债务水平,很高的借贷成本,当然还有快速下跌的资产价格,如果还有许多公司大量举借外债,从而发生货币危机,债务紧缩就会被进一步放大。资产价格下跌,导致债务无法偿还、借款人信用等级下降的恶性循环。例如,在股市中,市值大幅缩水,会让公司债务越来越高,偿付更加艰难。

所以,如果想要稳定陷入衰退中的经济,首要的事情就是要稳定价格。如果不能稳定价格,企业所负担的债务就越沉重,经济就越倾斜,越趋向于倾覆。

2. 萧条阶段

经济衰退严重的话,就会出现萧条,在萧条阶段,经济进一步下滑,银行破产、工厂倒闭、投资活动消失,人们需要"勒紧裤带"生活,熬过这段艰难的岁月。

我们熟知的一个大萧条的例子,就是1929年至1933年之间,发源于美国,随后波及整个资本主义世界的那次经济危机。1929年10月24日,美国迎来了它的"黑色星期四"(美国华尔街股市的突然暴跌事件)。这一天,美国金融界崩溃了,股票一夜之间从顶巅跌入深渊,价格下跌之快,连股票行情自动显示器都跟不上。随着股票市场的崩溃,美国经济随即全面陷入毁灭性的灾难之中,可怕的连锁反应很快发生了:疯狂挤兑,银行倒闭,工厂关门,工人失业,贫困来临,有组织地抵抗,内战边缘。农业资本家和大农场主大量销毁"过剩"的产品,用小麦和玉米代替煤炭做燃料,把牛奶倒进密西西比河,使这条河变成"银河"。城市中的无家可归者用木板、旧铁皮、油布甚至牛皮纸搭起了简陋的栖身之所,这些小屋聚集的村落被称为"胡佛村"(当时的美国总统名为胡佛)。流浪汉的要饭袋被叫作"胡佛袋",由于无力购买燃油而改由畜力拉动的汽车被叫作"胡佛车",甚至露宿街头长椅上的流浪汉身上盖着的报纸也被叫作"胡佛毯"。而街头上的苹果小贩则成了大萧条时期最为人们熟知的象征之一:在那些被迫以经营流动水果摊讨生活的人中,有许多是之前成功的商人和银行家。

股票市场的大崩溃导致了持续四年的大萧条,这次经济危机很快从美国蔓延到了其他工业国家。对千百万人而言，生活成为吃、穿、住的挣扎。各国为维护本国利益，加强了贸易保护的措施和手段，进一步加剧恶化了世界经济形势，这也是第二次世界大战爆发的一个重要原因。

3. 复苏阶段

随着经济进一步的下滑，进入萧条的低谷期，企业的经营活动萎靡，几乎进入不投资的停产阶段。这时候需要政府的调控，比如低利率（甚至零利率），来刺激投资和生产活动。通常，让经济走出萧条的办法有：（1）减税；（2）量化宽松（降低利率，例如美国2008年次贷危机之后，美联储相继推出了四轮货币量化宽松政策）；（3）债务重组；（4）增加或加快公共投资，并维持支出水平（著名的有罗斯福新政）。

企业有了钱，就可以继续投入生产；个人有了钱，就可以买买买。经济即进入复苏阶段，表现形式就是利率下降、信贷扩张。

4. 繁荣阶段

繁荣阶段经济一片大好，企业产能扩张，不断投入更多的生产设备和生产资料，进一步推高产能。另外，流动资本充足，会出现大量的投机活动。这一阶段也表现为通货膨胀步伐加快，库存堆积，股票价格上涨，大量企业靠股票质押融资，让公司利润进一步上升，形成正向循环。

当然，经济不可能就这样一直繁荣下去，会有触顶阶段。当市场变得完美的时候，它就不能变得更好，但是处在其中的所有人却都相信它还会变得更好，这时候就是市场的顶部。虽然有很多因素会导致市场见顶，但最常见的就是央行开始收紧银根、加息。

（二）生活现象能反映经济走势

上文我们分析了经济周期四个阶段的特征，实际上，观察现实生活中的一些现象，也能帮助我们对经济走势（扩张或收缩）做出一些浅显的判断。

1. 低端啤酒的消费量

低端啤酒的销量可以反映出当前经济走向。当经济繁荣的时候，低端啤酒销量上涨；反之当经济衰退的时候，低端啤酒销量下降。

因为低收入群体，尤其蓝领工人，是低端啤酒的主要消费群体。他们喜欢在工作结束后聚在一起畅饮，啤酒对他们来说必不可少。但是如果经济形势下滑，制造业进入寒冬，订单减少，蓝领工人收入下降、甚至失业，自然就没有闲钱经常聚在一起喝啤酒了。

2. 女服务员的美貌程度

有一种说法是，当漂亮的女服务员增加了，就意味着经济陷入了困境；反之，则表示经济兴旺。假如你经常在餐馆、超市等场所碰到漂亮的女服务员，就要考虑"过冬"了，甚至还要考虑抛售股票。因为，当经济红火时，颜值较高的女性才容易找到环境舒适、压力不大的工作，比如商品模特等。

3. 领带的销量

领带销售多寡与经济盛衰成反比，销量高，意味着经济不太景气，因为这意味着更多男性要身着正装去求职，需要领带给自己的形象加分。

4. 擦车窗人的数量

当你在斑马线及红绿灯前停车等候时，你可能会遇到突然跳出来卖廉价物品的人，或者是手持抹布要帮你擦车的人，你遇到的越多，就意味着就业状况越不好，也就是说，失业率在上升，有更多的人没找到其他全职工作。

5. 扑克牌和麻将的销量

如果你经常看到打扑克牌和打麻将的，也说明经济可能在下行。扑克牌和麻将销量越多，说明失业空闲的人越多，人们用打扑克或者打麻将来消磨时间，这本来就是一种对经济没信心的表现。

6. 女性理发的频次

在经济繁荣和富裕期，女性更愿意理发、染发和烫发，让自己看起来更漂亮，因此她们出入发廊较为频繁，甚至还愿意购买理发师推销的价格高的产品。而在经济衰退期，她们更愿意把头发剪短，或者减少去发廊的次数，以节约开支。

7. 头发长短

日本花王公司曾在 1987 年展开一项调研，针对 1000 名 20 至 30 岁女性进行年度民调，之后汇编而成"发型统计"，结果显示，她们偏好蓄长发时，显示经济在复苏中；反之则显示经济在恶化。

佐证是，1997 年，留短发的女性比蓄长发的女性多，之后就是日本经济很差的一年。2008 年经济有所起色，超过八成的受访女性开始留较长的头发。

8. 言情小说的畅销程度

经济不景气时，言情小说极其畅销。出版商认为，言情小说的内容相对轻松，可以让读者紧绷的神经得以缓解。此外，相对于其他娱乐产品或项目，书籍的价格相对较低，在经济不景气的情况下很多人都还能买得起。

9. 出租车司机的谈吐

如果你乘坐出租车的时候，随时都能碰上谈吐文雅、见识不俗的司机时，不必查询 GDP 数据，就能判断出经济已陷入或者正在进入衰退。因为大量有更高知识文化水平的人，都去开出租车了，说明他们本来从事的行业出了问题，他们只好通过暂时开出租车来渡过难关。

10. 女性高跟鞋的高度

2011 年底，美国 IBM 全球企业咨询服务公司发布了一项调查分析：美国经济的增长曲线和女性高跟鞋的高度相关，在美国经济危机最严重的时候，还是女性高跟鞋跟高最高的时候，而随着经济的复苏，女性高跟鞋的高度也会下降。

因为经济越萧条，女性越需要让自己傲首挺胸找回自信，妆越化越多样，高跟鞋越穿越高。当经济复苏、职场升温，女性则要穿回平底鞋，开始忙于奔波，和男性一样打拼。

11. 电影票房

研究者认为，在经济不乐观时期，那种既能够满足消费者的心理慰藉需求，价格又能低到使消费者都消费得起的产品，往往能获得更好的市场待遇。电影院就是其中之一，能够让人沉浸其中而获得短暂的心理慰藉。

有很多专家、学者研究后发现，经济的寒冬，往往正是娱乐业的春天。严峻的经济环境，反而能够有效促进票房走高。

美国的好莱坞就是在经济萧条时建立起来的品牌。熟悉美国历史的人都知道，从1929年开始到20世纪70年代末，美国先后经历了经济大萧条、第二次世界大战、周期性通货膨胀、石油危机等危机时期，而好莱坞品牌的真正建立和关键时期正是从20世纪40年代开始，是伴随着美国经济最不景气的时期走向辉煌的。据美国影业联合会统计，过去几十年里美国曾先后7次遭遇经济不景气，其中有5次电影票房都大幅上升。如"9·11事件"之后，全球经济叫苦不迭，而娱乐业却一枝独秀。当时美国的个人储蓄率下跌至63年来的最低点2.1%，可娱乐支出却升到了占总支出的8.4%的高百分比。

借用法国著名导演吕克·贝松讲过的一句话："当我们意志消沉的时候，这些轻松的电影就像是治病解忧的阿司匹林，让我们再一次感觉良好。"

类似的情况之后也曾在日本和韩国出现。20世纪90年代亚洲金融危机，日本、韩国两国政府对经济结构进行了大规模的调整，走上"以文化产业刺激内需、拉动出口"重振经济的道路，从而推动了两国文化产业的崛起。

我们都知道，20世纪80年代末期，日本"泡沫经济"破灭后，转而陷入一轮长达20年之久的经济衰退时期。这是自第二次世界大战以来日本遭遇的时间最长的一次经济衰退。与其他行业大萧条形成鲜明对比的是，日本的娱乐业在全球范围居于领先地位。尤其是动漫、游戏等这些新兴文化产业，给日本带来了巨大的收益。日本动漫产业占国内生产总值的比例节节高升，对美出口额更是超过了其钢铁出口额的3倍还多。目前日本已是全世界最大的动漫制作和输出国。在全球播放的动漫影片当中，有65%来自日本，在欧洲有80%来自日本。而在全球电子游戏机市场当中，90%的硬件以及50%的软件都来自于经历过大衰退的日本。

同样，在 20 世纪 90 年代的亚洲金融危机后，韩国娱乐产业也像猛然觉醒一般，电影业、电视业、动漫业都有了快速的发展。韩国 1998 年提出"文化立国"方针，随之而来的是一股娱乐"韩流"。在 1997 年之前，好莱坞电影占据韩国电影市场 80% 以上的份额，然而在经历过萧条之后的几年中，以 2004 年为例，韩国本土电影的票房比重高达 62%。2005 年，韩国文化产品出口额高达 7 亿美元，要知道，2000 年好莱坞北美票房收入也不过是 7 亿美元。而中国各个地方电视台一年共播出 60 部韩剧，引发了一波"哈韩文化"的热潮。

专家们研究发现，在经济危机期间，一方面，娱乐业能够给消费者带来心灵的慰藉，更好地满足受众的要求，另一方面，受众也有了更多的时间来消费娱乐产品，包括之前的那些潜在受众和非受众也都极有可能转变为现实的受众，大大扩大了受众的人群和数量。由此，总需求上升了，再加上投资人的谨慎投资，以及制片人和导演努力争取投资，好电影也会更多地出现。

12. 口红效应

口红效应，得名于一种经济学现象，也叫"低价产品偏爱趋势"：每当经济不景气时，口红的销量反而直线上升。

作为一种廉价的、非必要的物品，对于口红的消费，可以在某种程度上满足人们"无处安放"的购买欲求，从而对其心理起到一定慰藉作用。在化妆的时刻，鲜艳的色彩、丝滑的触感，能增加使用者的愉悦感，因此在经济不景气时期形成了这样一种奇特的消费现象。

口红效应的产生主要是因为，商品本身并非必要，但却也具备一定的实用价值和附加价值，而且价格不高，再加上商家充分利用销售场景，进一步引导消费者的消费欲求，对消费者安慰作用越强，卖得就越好。

怎么样？看到这里，是不是觉得经济学其实就在我们身边，而且很有意思？

三　产生经济周期的原因

（一）一个高度简化的经济模型

我们先来举个简单的例子：假设在一个小岛上，有农民、制衣厂、房产商、汽车厂，上年，全岛的人都买进了许多粮食，购置了许多衣服，而且都买了房子，同时还买了车，也因此，上年岛上的农民、制衣厂、房产商、汽车厂，生意都很好。可是，上年生意的景气，给岛上的农民、制衣厂、房产商、汽车厂造成了一个错觉，使他们认为，明年的生意会更好。于是，农民、制衣厂、房产商、汽车厂，怀着明天会更好的美好憧憬，又生产了更多的粮食、更多的衣服、更多的房子、更多的车子。可是令人很意外的是，这一年，岛民都不出来消费了，为什么呢？岛民们说，我家的粮食买够了，衣服也储备够了，房子还挺新的，车子也还新，都也不必换。所以，这一年岛上多生产出来的粮食、衣服、房子、车子，就都滞销了。

因为商品滞销卖不出去，所以，农场、制衣厂、房产商、汽车厂渐渐就都倒闭了，工人也就都失业了，要知道，工人同时也是岛民，他们失业了之后，当然就更没钱了，消费也就更少了，所以市场就越来越萧条，其实这就是所谓的"经济衰退"。

随后又过了一年，岛民们的粮食吃完了，衣服也穿破了，房子住旧了，汽车也想换了，他们又都跑出来了，把家里的积蓄通通都拿出来，买买买，这个时候，农场、制衣厂、房产商、汽车厂的生意又会逐渐地好起来，于是，新的一轮经济景气，又悄悄地开始了，这就是所谓的"经济复苏"。

可是，农场、制衣厂、房产商、汽车厂，他们并不长记性，在景气的时候，总觉得"明天会更好"，于是，又生产了过剩的粮食、衣服、房子、车子，这就是平时所说的"经济过热"。

所谓"经济过热",就是说,市场上只需要一万件衣服,可是制衣厂却生产了三万件,超出了许多,其实,大概就是这么回事。还有,我们经常在报纸上看到的"经济泡沫",其实也是这个意思。为什么叫"泡沫"呢?就像我们往杯子里倒啤酒,只有杯子下半部是啤酒,杯子上半部其实都是泡沫,你看起来是满满的一杯,其实呢,其实只有半杯,等泡沫退去,你就能看清楚。所以,经济学里用"泡沫"这个词,只是一种形象的比喻。

也就是说,看起来市场上有三万件衣服的需求,但事实上没有,事实上只有一万件的需求,我们看起来有三万件需求,那只是一个幻觉,就像啤酒杯里的泡沫一样。

于是,市场上势必就会出现过剩的商品,可是,岛民刚刚经过一轮买买买,他们已经买够了,于是,岛民们都不消费了,于是,农场、制衣厂、房产商、汽车厂等又一次倒闭,紧接着又是一轮失业潮,接着又是一轮经济大萧条,也就是大家平时所说的"过冬"。

就是这样,萧条→复苏→过热→危机→萧条→复苏→过热→危机→萧条,周而复始,反反复复,这也就是我们平时所说的"经济周期"。

当然,我们今天所谈的模型,是一个高度简化了的模型,在现实生活中,并没有这么简单,因为还有央行,有信贷,有印钱,有放水,有刺激政策,有降低准备金,有进出口,有外汇,等等。当然,这些不是我们本讲所要讨论的。

(二) 现实中产生经济周期的原因

引发经济周期的原因很复杂,总的来说,可以分为外部因素和内部因素。外部因素指的是经济体制之外的因素,如革命、战争、灾难、政治、石油价格、科学突破和技术创新、经济政策等;内部因素指的是经济体制内部自身的一些因素,如货币、投资、存货、消费等。因此,经济学中大体上可以把研究经济周期原因的理论分为内生经济周期理论和外生经济周期理论两类。

内生经济周期理论虽然并不否认经济体系外部因素对经济的冲击作

用,但它更强调经济周期性波动是由经济体系内的因素引起的,其中具有代表性的理论有乘数——加速数模型、纯货币理论、投资过度理论、消费不足理论。外生经济周期理论虽然并不否认经济体制内在因素的重要性,但强调引起经济周期性波动的根本原因在经济体系之外,比较有代表性的是创新经济周期理论。古往今来,研究经济周期的人物众多,理论也相当丰富,在此,我们只筛选了几个比较有影响力的理论给大家介绍一下。

1. 乘数——加速数模型

(1) 乘数效应

英国著名经济学家凯恩斯(见图14-3)曾举过一个例子,在依靠劳动换取收入的原始经济中,当女裁缝把一件衣服以20元的价格卖给鞋匠,鞋匠就少了20元可以消费,而女裁缝则多了20元可以用,也即,总消费支出并没有受到影响。但是,如果政府此时印刷了另外一张20元的钞票,用它来买一双鞋,鞋匠多得到了20元可以消费,可是此时没有人觉得自己的钱变少了,也就是说,此时消费总支出增加了20元;当鞋匠下一次再买一件衣服的时候,这个过程就重演了,裁缝多了20元可消费,但是鞋匠的钱和初始时一样多,并没有减少,也即,消费总支出又增加了20元。虽然这个过程不会无休止地持续下去,但是却会产生所谓的凯恩斯乘数效应,这是一种促进消费的乘数效应。

图14-3 凯恩斯

乘数效应反映的是总需求的变动（投资、消费、政府购买、税收、净出口的变动）能引起的国民收入变动的倍数。

下面我们就用一个简单的代数来推导一下计算乘数效应的公式。在这之前我们还得先介绍一个概念——边际消费倾向（MPC），即，收入中用来消费而不用来储蓄的比例。例如，假设 MPC 是 0.8，则表示每赚到 1 元钱，就支出 0.8 元，储蓄 0.2 元。

现在我们假设政府和某个企业签订了购买合同 200 亿美元，这意味着国民收入（工资和利润）增加了 200 亿元，这是第一轮。紧接着第二轮，工人增加的工资和企业家增加的利润中有 0.8（MPC = 0.8）的比例会被消费出去，即消费支出为 200×0.8 亿美元，这些购买消费品的支出，最后必然又以工资、利息、利润、租金的形式流入生产消费品的生产要素所有者手中，构成国民收入。这种效应会持续下去：

第一轮国民收入 = 200 亿美元

第二轮国民收入 = 200×0.8 亿美元

第三轮国民收入 = 200×0.8^2 亿美元

……

第 n 轮国民收入 = $200 \times 0.8^{n-1}$ 亿美元

那么，国民收入最终是多少了呢？是 $200 (1 + 0.8 + 0.8^2 + \cdots\cdots + 0.8^{n-1})$ 亿美元，其中 $(1 + 0.8 + 0.8^2 + \cdots\cdots + 0.8^{n-1})$ 是个几何级数，等于 $1/(1-0.8) = 5$，即，最终国民收入为 200×5 亿美元，也就是说，政府购买的变动引起了国民收入变动为原来的 5 倍，乘数大小就是 5，用公式表示就是：

乘数 = $1/(1 - MPC)$

需要提醒的一点是，以上分析的是政府购买支出乘数，这个例子的推导方法其实还适用于投资、需求、净出口、税收等的变动。例如投资乘数是指投资的变动引起的国民收入变动的比率，也是 $1/(1 - MPC)$，指的就是投资变动会引起国民收入 $1/(1 - MPC)$ 倍的变动；但是税收和政府转移支付的乘数公式则不是这个公式，有兴趣的读者可以自行推导一下。

(2) 加速原理

产出水平的变动和资本数量的变动之间存在一定关系,经济学中,我们把资本与产出的比率叫作加速数。一般来说,要想有更多的产出,需要更多的资本,进而就需要用投资来扩大资本存量。

若以 K 代表资本存量,Y 代表产出水平(国民收入),V 代表资本—产出比(加速数),它们之间的关系是 $K = V \cdot Y$,注意,K 是存量,Y 是流量,所以一般情况下 $V > 1$。假定 $V = 3$,其含义就是,要生产 200 元的产出,就需要 600 元的资本。即产量的增加需引起投资的更大的增加。

引入时期的概念,则 $(t-1)$ 期的 K 和 Y 的关系为:$K_{t-1} = V \cdot Y_{t-1}$

记 I_t 是时期 t 的投资净额,即净投资,则 $I_t = K_t - K_{t-1} = V(Y_t - Y_{t-1})$

(3) 乘数—加速原理

乘数与加速原理相互作用引起经济周期的具体过程是:投资增加引起产量的更大增加,产量的更大增加又引起投资的更大增加,这样,经济就会出现繁荣。然而,当产量达到一定水平后,由于社会需求与资源的限制,无法再增加,这时就会由于加速原理的作用使投资减少,投资的减少又会由于乘数的作用使产量继续减少,这两者的共同作用又会使经济进入萧条。当萧条持续一定时期后,由于产量回升,又使投资增加、产量再增加,从而经济进入另一次繁荣。也正是由于乘数与加速原理的共同作用,经济中就形成了由繁荣到萧条,又由萧条到繁荣的周期性运动过程。

由萨缪尔森提出的乘数—加速数模型如下:

$$Y_t = C_t + I_t + G_t \qquad \text{(式 14-1)}$$

$$C_t = \beta \cdot Y_{t-1}, (\beta = MPC) \qquad \text{(式 14-2)}$$

$$I_t = v \cdot (C_t - C_{t-1}) \qquad \text{(式 14-3)}$$

其中,式 14-1 是产品市场的均衡公式,即收入恒等式。式 14-2 是简单的消费函数,表示本期的消费函数是上期消费函数的线性函数。式 14-3 是依赖加速原理和式 14-2 得出的,在此就不再展开叙述了。

下面我们举个例子来具体说明一下经济周期波动。

假设边际消费倾向 $MPC = 0.5$,加速数 V 为 1(为了简单起见,设为

1），政府每期开支 G_t 为 1 亿元，在这些假定下，若不考虑第 1 期以前的情况，那么，从上期国民收入中来的本期消费为 0，引致投资当然也为 0，因此，第 1 期的国民收入总额就是政府在第 1 期的支付 1 亿元，即 $Y_1 = 1$ 亿元。

第 2 期的政府支出依然是 $G_2 = 1$ 亿元，但因为第 1 期国民收入有 1 亿元，在边际消费倾向为 0.5 的情况下，第 2 期的消费 C_2 为 $1 \times 0.5 = 0.5$ 亿元，第 2 期的引致投资 I_2 为 $V(C_t - C_{t-1}) = V(C_2 - C_1) = 1 \times (0.5 - 0) = 0.5$ 亿元，因此，第 2 期的国民收入 $Y_2 = G_2 + C_2 + I_2 = 1 + 0.5 + 0.5 = 2$ 亿元。

第 3 期的政府支出依然是 $G_3 = 1$ 亿元，但因为第 2 期国民收入为 2 亿元，在边际消费倾向为 0.5 的情况下，第 3 期的消费 C_3 为 $2 \times 0.5 = 1$ 亿元，第 3 期的引致投资 I_3 为 $V(C_t - C_{t-1}) = V(C_3 - C_2) = 1 \times (1 - 0.5) = 0.5$ 亿元，因此，第 3 期的国民收入 $Y_3 = G_3 + C_3 + I_3 = 1 + 1 + 0.5 = 2.5$ 亿元。

就这样，我们可以依次计算出各期的国民收入，如表 14-1 所示：

表 14-1　　　　　　　　　各期国民收入

时期	政府购买	从上期国民收入中来的本期消费	引致的投资	国民收入总额	经济变化趋势
1	1	0	0	1	—
2	1	0.5	0.5	2	复苏
3	1	1.0	0.5	2.5	繁荣
4	1	1.25	0.25	2.5	繁荣
5	1	1.25	0	2.25	衰退
6	1	1.125	-0.125	2	衰退
7	1	1	-0.125	1.875	萧条
8	1	0.9375	-0.0625	1.875	萧条
9	1	0.9375	0	1.9375	复苏
10	1	0.96875	0.03125	2	复苏

续表

时期	政府购买	从上期国民收入中来的本期消费	引致的投资	国民收入总额	经济变化趋势
11	1	1	0.03125	2.03125	繁荣
12	1	1.015625	0.015625	2.03125	繁荣
13	1	1.015625	0	2.015625	衰退
14	1	1.0078125	−0.0078125	2	衰退

2. 纯货币理论

纯货币理论是由英国经济学家霍特里（R. Hawtrey）在其1913—1933年的一系列著作中提出的，他认为，经济周期是一种纯粹的货币现象，经济的周期性波动完全是由于银行体系交替地扩张和紧缩信用所造成，其他非货币因素也会引起局部的萧条，但只有货币因素才能引起普遍的萧条。

当然，实际上，经济系统就像是一个复杂的生态系统，影响它的因素非常多，导致经济周期性波动的原因，绝不可能只是某一种因素，但这个理论也并非完全没有可取之处，它在一定程度上能够帮助我们理解经济周期的原因。

就以我们熟知的经济危机（衰退或萧条）为例，二战之后，更多的就是表现在货币、金融方面，比如离我们现在最近的一次——2008年爆发于美国的次贷危机。换句话说，在当下这个信用经济社会中，货币因素，或者说信贷的扩张和收缩，对经济的周期性波动影响确实还是比较大的。

在发达的市场体系中，流通工具即是银行等金融机构的各种信用工具（例如贷款）。企业在从事生产经营活动时，不仅仅是依靠自有资金，其运用的资金主要还是来自于银行，即向银行借贷。个人在从事经济活动时，也不仅仅是利用自有的收入，也会通过借贷，使用借来的钱进行投资或者消费。如今，每个家庭或多或少都有车贷、房贷，更普遍的是，我们当中很多人都在使用诸如"花呗""借呗""京东白条"或者信用卡等信用工具，不仅当月工资都为国家GDP做了贡献，连下个月工资也被安排得明明白白。当银行体系降低利率、信用扩张时，企业就会向银行增加借款，加大生产（或是增加向生产者的订货），这样就引起了生产的扩张和收入的增长，而收入的增长又会引起对商品需求的增加以及物价的上升，同时，因为贷款变得容易而且利息不高，个人也会向银行增加借款加大消费支出，结果就是，企业会继续向银行增加借款，增大产出，如此循环往复，经济活动不断扩大，经济进入繁荣阶段。当我们（无论是企业还是个人）借的钱越来越多的时候，支出就会远远大于收入，并把整个经济总额推高，表现就是 GDP 增长速度较快。

但是，银行信用扩张的能力并不是无限的，试想一下，商业银行可是以盈利为目的的，那它为什么会借钱给你？这是因为，银行相信你有能力还款并且付息，而且这个利息是很可观的（可以试着计算一下房贷），所以，随着借款的不断增加，负债如果太重，银行就会担心借贷者无力偿还，于是就会调高利率，收缩信用，使负债变得困难。

利率可是在经济周期中扮演了重要角色，随着利率提高，一方面，企业得不到贷款，就会减少生产（或是订货），甚至因为提高利率可能会改变许多商业项目的盈亏平衡点，让原本看起来有利可图的项目，由于财务成本的增加而突然面临亏损，这样一来，有些企业家便会停止生产经营活动；另一方面，人们必须把收入的一部分用于偿还过去的负债，也就意味着用于消费的支出减少，减少对商品的需求，连锁反应就是会继续引发企业减产或者停产，而企业减产、裁员甚至倒闭，又会使人们的收入进一步减少，进而恶性循环，经济也就进入了螺旋下降通道，进入衰退，严重时就会进入萧条阶段。

随着信用收缩，负债慢慢减少，资金又逐渐回到银行。此时为了刺激经济增长、走出经济萧条期，中央银行通常又会调低利率，从而再次推动人们借贷，促进经济复苏。如此，周而复始，不断形成短期借贷周期。

短期借贷周期可以通过调整利率进行控制，也就是说，中央银行可以通过调整利率来调整借贷的规模，进而控制货币的总量。但是需要注意的是，经历了多个短期信贷周期之后，总的信贷是在增加的，这时候政府再调整利率已经不再起作用，当经济衰退到一定程度，利率即使都降为零，人们还是不敢借钱。就像2008年的国际金融危机，美国的利率已经降为零，但还是无法挽回经济衰退的局面。利率降到零，大家还是不愿借贷，可以用来消费的信用就没有了，这个杠杆就消失了，这个时候也就意味着，中央银行利用利率来调整经济的能力已经消失，政府最后只能进行去杠杆化。没有了这个杠杆（也就是信贷），如何使经济走出萧条呢？既然问题的核心是在于债务负担过重，那就必须减轻债务，不是吗？政府需要进行扩大需求、债务重组、财富再分配和发行更多的货币来解决经济低迷的问题。众所周知，美国在2008年次贷危机之后，推出了四轮量化宽松货币政策，大量发行美元，向市场注入基础货币。

综上可见，信用（债务）对经济周期起到了巨大的影响作用，有人甚至把经济周期直接称为"债务周期"。其实信贷是把双刃剑，会带来自我循环的向上周期，最终也会带来自我循环的向下周期。

影响经济周期的关键在于银行信贷，是因为现代经济中的银行能够"创造"货币。比如你存10万块到银行，银行提取10%的准备金，银行就能把剩余的9万块贷给别人，而这个贷款的人出于某种原因可能会支付给某个人，现在"某个人"会把收到的钱又存到银行，银行再提取10%的保证金，再贷出去8.1万，以此类推……最初的10万元存款就会增长到100万，换句话说，银行10万块存款能够创造出90万元的信贷能力（货币创造的过程详见前面章节），所以，金融部门是当下资本主义经济不稳定的主要根源。当经济出现周期波动的时候，就需要国家进行政策调控，比如中央银行调整利率，政府去杠杆化（债务重组、财富再分配、发行货币等）。我们通常听到的一个词叫"逆周期"，就是因为产生经济周期的原因是市场的因素，所以需要国家进行逆向调控让经济重回正轨。

3. 投资过度理论

引起投资过度的原因可以简单分为货币因素和非货币因素，据此，投资过度理论又分为货币投资过度理论与非货币投资过度理论。前者认为是货币引起了投资过度，后者则认为是新发明、新市场开辟等非货币因素引起了投资过度。

(1) 货币投资过度理论

货币投资过度理论是由奥地利著名经济学家哈耶克提出的,哈耶克认为,在资本主义经济中,货币因素是促使生产结构失调的决定性原因。看到这里,你是不是觉得这一理论和纯货币理论有相似之处?但它们是不同的。不同之处就在于,货币投资过度理论并不认为经济周期是一种纯货币现象,而是认为信贷扩张或收缩只是诱发因素,货币因素只是表面原因,而根本原因则是信贷扩张或收缩之后,所引起的物质生产领域的两大部门之间配合比率的失调,具体来说,就是相对消费资料(即消费品)生产部门而言,生产资料(即资本品)生产部门过度扩张了。

哈耶克把信用扩张、增加货币供给的行为形象地描述为:"好像孤岛上的一个民族已经部分地建成了一台巨大的机器,这台机器可以为他们提供一切生活必需品,然后他们却发现,他们已经耗尽了全部储蓄以及可以利用的闲置资本,因此这台机器根本生产不出任何产品来。他们没有别的选择,只能暂时不去考虑用这台机器,而必须投入全部劳力,在没用任何资本的情况下,生产每天所需的食品。"

相对于消费品而言,资本品的生产对利率反应比较敏感,当银行开始进行信贷扩张时,过低的利率会扭曲资源配置的信号,企业家会借贷资金去投资一些资本品生产行业,尤其是会刺激其加大对固定资产的投资。可一旦扩大资本品的生产,原来用于制造消费品(即消费资料)的物资就会转用于制造资本品,这样的话,势必相应地就会引起消费品产量的减少。就这样,资本品生产的过度发展引起了消费品生产的减少,从而形成了结构的失衡,同时也造成消费品价格上涨,消费者将非自愿地缩减消费,这种现象称为"强迫储蓄"。但是,企业扩大生产就会增加收入,无论这收入是归企业主还是新雇用的工人,总之,银行扩张的信贷最终会经过生产者,变成人们的货币收入,人们的收入增加就会刺激消费,引起消费品价格进一步上涨,这又会导致资金慢慢转用到消费品的生产上,而这时,一旦信用扩张被迫停止,危机就会爆发,或表现为高涨阶段利用银行信用正在进行的投资(如新建厂房设备等),由于资本缺乏而萎缩或中止,或表现为已生产出来的资本品,由于需求不足而销路不好,存货大量积压,价格猛跌。当然,危机所引起的物价下跌会自动改变储蓄率下降的趋势,一旦资本供给恢复和增加,经济也就自然地走向复苏。

这一理论非常有助于我们理解 20 世纪 80 年代日本经济危机,即我们常听到的"日本失去的十年"以及"日本房地产泡沫"。下面我们就来具体说说,1985 年,美国主导签订了"广场协议",干预外汇市场,导致美元兑日元大幅升值,为应对日元升值导致的出口受阻局面,日本中央银行采取了特别宽松的货币政策,也就是我们所说的信贷扩张。这之后,信贷资金纷纷流向房地产等领域,房价大幅上涨,仅 1986 年到 1989 年的三年时间里,日本的房价就整整涨了 2 倍,受房价骤涨的诱惑,人们发现"炒房"① 来钱更快,于是纷纷拿出积蓄进行投机,土地价格由此飞速上涨,日本的国土面积只相当于美国的加利福尼亚州一个州,但其地价市值总额竟相当于整个美国地价总额的 4 倍,泡沫经济已然形成。但是,所有的泡沫总有破灭的时候,随着通胀压力在 1989 年出现,日本央行连续 5 次加息,货币供应增速大幅下滑,加之国际资本获利后撤离②,日本市场货币供应量骤减。1990 年日本股市率先崩盘,造成大量企业裁员,企业开始抛售房产,被裁的员工没了收入无力还贷,致使银行出现大量坏账。1991 年,大量资本泡沫破灭,房价猛跌。到 1993 年,日本房地产业全面崩溃,企业纷纷倒闭,遗留下来的坏账高达 6000 亿美元。整个 20 世纪 90 年代,日本经济陷入停滞并爆发了金融危机,因此被称为"失去的十年"。

(2) 非货币投资过度理论

非货币投资过度理论的代表人物是瑞典经济学家卡塞尔、威克塞尔和德国经济学家斯皮托夫。非货币投资过度理论与货币投资理论的最大差别,当然就是,这一理论并不以货币为依据,他们也提到货币力量,但把它放到了从属、被动的地位,该理论认为,货币因素只是一种现象,而不

---

① 房产有消费品和资本品的双重属性,当人们买来不再是为了居住,而是为了炒高价格在高位卖出,此时房产就偏向于资本品的属性。

② 1985 年"广岛协议"之后,日元贬值,大量国际资本涌入日本市场。

是推进力量，只有属于生产范围内的那些因素，如新发明、新发现、新市场开辟等，才是导致投资过度的主要因素，因为这些因素为新投资提供了机会。

庇古和熊彼特两位经济学家的分析，在很大程度跟这种理论相接近，因此就不再展开论述了。

4. 熊彼特的创新理论

奥地利政治经济学家熊彼特，以创新为基础研究经济周期，这里我们重点介绍一下他的"四阶段模式"分析法。"四阶段模式"是以现实资本主义经济生活为基础进行的分析。熊彼特认为，现实资本主义经济运行中存在着"繁荣""衰退""萧条""复苏"四个阶段，经济的周期性波动是由一次次"创新浪潮"推动的。

假定在"创新"之前，经济处于静态均衡，企业的支出等于收入，这时没有利息和利润。但是，由于经济发展中生产要素的重组，企业家为获得超额利润而努力进行创新，即出现"第一次创新浪潮"，此时，企业对银行信贷和对生产资料的需求扩大，会引起新工厂的建立和新设备的增加，从而使经济高涨。

"第一次创新浪潮"一般又会伴随着对消费品需求的增长，在物价普遍上涨的情况下，会出现很多投资机会，出现了投机，此即"第二次创新浪潮"。只是此时的许多投资与本部门的"创新"无关，信用扩张只是为一般企业和投机活动提供资金。因此，"第二次创新浪潮"中就已包含了失误和过度投资行为，并且它不可能有自动调整走向新均衡的能力。因此，当"创新"继续扩展到相当多的企业之后，盈利机会减少甚至趋于消失，此时银行便会收缩信用，于是经济从繁荣开始转入衰退，直至"萧条"。

当"萧条"发生后，某些企业家不得不考虑退出市场，或是另一些企业家必须要"创新"以求生存，只要将多余的竞争者筛除或是有一些成功的"创新"产生，便会使经济提升、生产效率提高，至此，"第二次创新浪潮"的反应才会逐渐消除，进而慢慢进入恢复调整阶段——"复苏"。

从"复苏"进入"繁荣"又需有一次"创新"浪潮。如此循环往复……

就像我们上文中说到的那样,经济系统就像生态系统一样复杂,经济周期产生的原因也是纷繁复杂的,几个世纪以来,中外众多经济学家进行了坚持不懈的研究,本讲所提到的几个理论也只是众多经济周期理论中的冰山一角。

第十五讲　两国之间为什么要做贸易

喜欢烹饪的朋友是否注意过植物油的包装说明？笔者近来在看植物油的保质期时无意间发现，金龙鱼的某款大豆油产自辽宁，但是原材料大豆却不是来自东北平原，厂家没有就近取材，而是舍近求远，从巴西进口的大豆。现在不妨思考一下，土壤肥沃的东北平原是大豆的主要产区之一，为什么生产厂家不惜付出不菲的运费也要从巴西进口大豆呢？

事实上，在现实生活中，这种现象非常普遍：我们很多人都吃着巴西的大豆，用着韩国的手机，追过英国的电视剧，也坐过美国的飞机。同样，外国的人们也喝着我国炒的茶叶，穿着我国织的丝绸，坐着我国修建的高铁，收藏着我国烧制的瓷器。（见图15-1）

为什么我们要吃漂洋过海的大豆，美国人要穿跨越千山万水的丝绸？进一步讲，为什么要进行国际贸易？国际贸易又是怎么发生的呢？

这一讲，我们将通过几个经典的国际贸易理论来帮助你找到答案。

一　绝对优势理论

对于"为什么要进行国际贸易？"这个问题，最初给出解释的是英国经济学家亚当·斯密。在亚当·斯密（见图15-2）的代表作《国民财富的性质和原因的研究》（简称《国富论》，1776年出版）中，他提出了"绝对优势理论"，认为产生国际贸易的原因是国与国之间绝对成本的差异。

图 15-1 国际贸易

图 15-2 亚当·斯密（1723—1790）

举个例子，假设有英国和法国两个国家，都生产毛呢和葡萄酒两种产品，但是单位产品需要的劳动力的数量是不同的，即劳动成本有差异，具体如表 15-1 所示：

表 15-1　英法两国对劳动力的需求量

	1 匹毛呢	1 桶葡萄酒
英国	2 人	6 人
法国	6 人	3 人

由表 15-1 我们可以看出，生产一匹毛呢，英国需要 2 人，法国则需要 6 人。显然，生产同样的产品——毛呢，单位产量英国需要的劳动力数量少，也就是说，英国的劳动力成本小，而法国的劳动力成本大。对于这种现象，我们说，在毛呢的生产上，英国具有绝对优势。同理，生产一桶葡萄酒，英国需要 6 人，而法国只需要 3 人，明显法国生产葡萄酒具有绝对优势。

假设两国生产没有分工，都不考虑绝对优势这一点，那英国和法国的情况是相同的，即都是生产 1 匹毛呢和 1 桶葡萄酒，用以满足其国内的需求。产出结果如表 15-2 所示：

表 15-2　分工前的产出结果

	毛呢数量	葡萄酒数量
英国	1	1
法国	1	1

现在我们来思考一下：如果两国在生产上进行国际分工，都考虑各自的绝对优势，即两国都只生产本国具有绝对优势的产品，那产出又会发生什么变化呢？

上文我们已经分析过了,英国在生产毛呢上具有绝对优势,那它就集中所有劳动力只生产毛呢,产出为(2+6)÷2=4匹;同理,法国生产葡萄酒具有绝对优势,那他就集中所有劳动力生产酒,产出为(6+3)÷3=3桶。即表15-3所示:

表15-3　　　　　　　按绝对优势分工后的产出结果

	毛呢数量	葡萄酒数量
英国	4	0
法国	0	3

此时,英国不生产葡萄酒,法国也不再生产毛呢了,但是英国人还是要喝酒的,法国人也还是需要毛呢做衣服的,那怎么办呢?一个简单的方法就是英国人和法国人进行商品交换,即,英国可以用多余的3匹毛呢去和法国多余的2桶葡萄酒进行交换,结果如表15-4所示:

表15-4　　　　　　　　分工并交换后的结果

	毛呢数量	葡萄酒数量
英国	1	2
法国	3	1

现在,我们将分工并交换后的结果(表15-4)和分工前的结果(表15-2)进行对比,看看我们发现了什么?

我们会惊讶地发现,按照绝对优势进行国际分工并交换产品之后,每个国家都获利了,具体而言,相比分工前,英国能多享受2-1=1桶酒,法国能多享受3-1=2匹毛呢。也就是说,两国都在不增加劳动投入的情况下,获得了更多的好处,而这个好处自然是按照绝对优势进行分工并交换的结果。

最后我们来总结一下,也就是说,"绝对优势理论"认为,各国均会出口其具有绝对优势的商品，而进口其具有绝对劣势的产品，最终将在不增加劳动投入（生产成本）的情况下，各国都将获得更多好处——享受到更多的商品。通过分工和交换，各国都获得了最大的利益。

当然，这个例子是极其简化的，没有考虑到运输成本、关税、贸易限制，等等。但也足以证明了国际贸易的好处，不是吗？

二 比较优势理论

上文的例子有一个特点：两个国家（英国与法国），在不同的生产领域都有绝对优势。在毛呢的生产中，英国具有绝对优势；而在葡萄酒的生产领域，法国具有绝对优势。也就是说，斯密的绝对优势理论中暗含着一个假定，就是国际贸易双方至少得有一种低成本的商品，才能在国际上销售。而实际上，如果某一个国家连一个具有成本优势的产品都没有呢？而有的国家却优势占尽，那又将如何呢？还会发生国际贸易吗？

答案当然是肯定的，对外贸易依然可以进行。我们从现实中不难找到这样的例子，比如，有些发展中国家，生产技术比较落后，劳动生产率比较低，如果按照亚当·斯密的绝对优势理论，发展中国家没有绝对优势产品，那就无法和发达国家开展贸易，但事实上呢？我们都知道，目前发展中国家和发达国家之间的贸易是很多的。那么，又该如何解释这种现象呢？

英国的经济学家大卫·李嘉图（见图15-3）给出了答案。

我们仍举例说明：为了方便大家理解，我们还是沿用上文中的那个例子，还是假设有英国和法国两个国家，都生产毛呢和葡萄酒两种产品。但是它们单位单品需要的劳动力的数量和上文中的表15-1有区别，具体如表15-5所示：

图 15 – 3　大卫·李嘉图（1772—1823）

表 15 – 5　　　　　　　　英法两国对劳动力的需求数量

	1 匹毛呢	1 桶葡萄酒
英国	1 人	3 人
法国	5 人	4 人

如表 15 – 5 所示，无论是毛呢还是葡萄酒，单位产量英国都比法国需要更少的劳动力，即，英国在毛呢和葡萄酒这两种商品的生产上都具有绝对优势。如果按照上文中亚当·斯密的绝对优势理论，那英国生产毛呢和葡萄酒，法国什么都不生产，那结果就是不会产生国际分工，那也就没有了国际交换活动，即英国和法国这两国之间不会产生贸易。

针对这种情况，大卫·李嘉图在其代表作《政治经济学及赋税原理》中提出了比较成本贸易理论（后人称为"比较优势贸易理论"）。比较优势理论认为，国际贸易的基础是生产技术的相对差别（而非绝对差别），以及由此产生的相对成本的差别。每个国家都应根据"两优取重，两劣择轻"的原则，进行生产。简单地说，在两种产品的生产上，都有优势，那就选那个更有优势的；都有劣势，那就选那个比较不那么劣势的。如表 15 – 6 所示：

表 15-6　　　　　　　　英法两国生产成本比

	1 匹毛呢	1 桶葡萄酒
英国	1 人	3 人
法国	5 人	4 人
英法两国的生产成本比	1∶5	1∶1.33

对于毛呢，英法两国生产的成本比是 1∶5，对于葡萄酒，英法 2 国生产的成本比是 1∶1.33。即英国不论毛呢还是葡萄酒都有绝对成本优势（需要的劳动数量少，劳动成本小），但是，1∶5 < 1∶1.33，这意味着，两种都具有优势的相比，英国在生产毛呢方面的优势还大于在生产葡萄酒方面的优势；同理，法国在生产毛呢和葡萄酒上都是绝对劣势，但是相对而言，生产毛呢劣势更重，生产葡萄酒的劣势相对轻一些。因此，我们称，英国在毛呢生产中具有相对优势，而法国在葡萄酒生产中具有相对优势。

如果按照比较优势进行分工，即，英国只生产毛呢，法国只生产葡萄酒，然后进行贸易（交换），那么产出的结果会是怎样的呢？

在分工之前，英国和法国情况相同，都是生产 1 匹毛呢和 1 桶葡萄酒。产出结果如表 15-2 所示，在此不再赘述。

按照比较优势理论进行分工，英国在生产毛呢上有比较优势，那就集中所有劳动力，只生产毛呢，产出为 (1+3) ÷ 1 = 4 匹；同理，法国生产葡萄酒有比较优势，那就集中所有劳动力生产酒，产出为 (5+4) ÷ 4 = 2.25 桶。产出结果如下表 15-7 所示：

表 15-7　　　　　　　按比较优势分工后的产出结果

	毛呢数量	葡萄酒数量
英国	4 匹	0 桶
法国	0 匹	2.25 桶

我们再来看一下交换后的情况，英国留下 1 匹毛呢自用，用剩下的 3 匹毛呢去交换法国的 1.25 桶酒，交换结果如表 15-8 所示：

表 15-8　　　　　　　按比较优势分工并交换后的结果

	毛呢数量	葡萄酒数量
英国	1 匹	1.25 桶
法国	3 匹	1 桶

我们会惊讶地发现，按照比较优势进行国际分工并交换产品之后，每个国家也都获利了，具体而言，相比分工前，英国能多享受 1.25 - 1 = 0.25 桶酒，法国能多享受 3 - 1 = 2 匹毛呢。两国都在不增加劳动投入的情况下，获得了更多的好处，而这个好处是按照比较优势进行分工并交换的结果。

也就是说，即使两国中有一国对两种商品都没有绝对优势，另一个国家对两种商品都有绝对优势，对外贸易依然可以进行，即两国按照比较优势理论的"两利相权取其重，两弊相权取其轻"的原则，进行生产并交换，两国都能获利。

但是，无论是绝对优势理论，还是相对优势理论，都有一个缺点：没有考虑到运输成本、关税、贸易限制等因素。

三　要素禀赋理论

要素禀赋理论最早是由瑞典经济学家赫克歇尔在 1919 年提出来的，后来经其学生、瑞典经济学家伯蒂尔-俄林在 1933 年发表的经典著作《地区间贸易与国际贸易》一书中阐释和发展，创立了生产要素禀赋理论（见图 15-4）。

要素禀赋理论所提的要素（生产要素），是指生产过程中使用的各种资源。包括劳动、资本、土地等。

埃利·赫克歇尔
Eli Hecksher
（1879—1952）

瑞典人，生于斯德哥尔摩的一个犹太人家庭。著名的经济学家。

1919年《对外贸易对收入分配的影响》，提出了要素禀赋论的基本论点。

《间歇性免费商品》（1924）一文提出的不完全竞争理论。

伯蒂尔-俄林
Bertil Ohlin
（1899—1979）

瑞典著名经济学家。
1933年《域际贸易与国际贸易》。这本著作所创立的贸易学说被经济学界誉为是西方国际贸易理论从古典发展到现代的标志。

1977年诺贝尔经济学奖。

图 15-4 赫克歇尔和俄林

而所谓的要素禀赋，指的是生产要素的供给状况。例如，有的地区劳动力充裕，有的地区资本雄厚，有的地区土地资源丰富。同样是自然资源丰富或自然条件良好，矿藏、水源、气温、湿度、日照、降雨等方面又会有众多差别。

关于要素禀赋，为了方便大家理解，我们举几个例子来说明一下：

沙特阿拉伯是一个石油大国，石油资源丰富，在其领土范围内，已探明的石油储量为2615亿桶，约占全球总储量的25.2%。沙特阿拉伯现共有8座大型炼油厂，日提炼能力约158万桶，实际日产量约40万桶至150万桶，其中60%左右供国内消费，其余供出口。沙特阿拉伯经济结构单一，石油是其经济发展的命脉，因此，对外石油贸易在其国民经济中举足轻重。石油收入占其国家财政收入的60%—80%，石油和石化产品出口占其出口总额的90%左右。

马来西亚在1957年独立时，基本上是单一经济结构，橡胶出口占其出口收入的一半，占国内生产总值的近 1/4。锡是其第二大出口品，占全部出口收入的 10%—20%。

在非洲的象牙海岸，为维持其咖啡出口，加强了投资，同时，象牙海岸还增加了对可可、木材和其他初级产品的投资，出口不断增长，国内居民生活水平也不断提高。

在国际贸易中，许多发展中国家的出口商品都与其要素禀赋密切关联。例如，尼日利亚、印度尼西亚、墨西哥、肯尼亚、埃及、委内瑞拉等是世界石油的主要供给国，赞比亚、扎伊尔、智利是著名的铜出口国，哥伦比亚、坦桑尼亚、埃塞俄比亚、巴西、科特迪瓦、危地马拉是著明的咖啡供应地。

要素禀赋论，用通俗的话来说，就是"靠山吃山靠水吃水"。该理论认为，一国生产要素价格的高低是由它的生产要素禀赋的不同所引起的。一国如果某种生产要素的供给是丰裕的，那该要素在该国的价格就会相对便宜；一国如果某种要素稀缺，那该要素在该国的价格就会相对昂贵。所以，在每个国家（地区），应该进口那些昂贵生产要素占较大比重的商品，而出口那些便宜生产要素占较大比重的商品。可见，生产要素禀赋的不同既决定了各国的相对优势和贸易格局，又是进行国际贸易的基本原因。

我们还是举个例子来说明一下，比如，"中国制造"（Made in China）是世界上认知度最高的标签之一，这个标签可以在广泛的商品上找到。因为我国拥有庞大的工业制造体系，从服装到电子产品，几乎都可以看到中国制造的身影。这个现象就可以用要素禀赋论来解释：我国人口众多，是世界上人口最多的国家，劳动力资源丰富，因此劳动密集型产品的成本相对于其他国家尤其是人口增长缓慢甚至是负增长的发达国家而言，要小得多，因而我国制造的工业品有价格低廉的优势，进而出口到其他国家。当然，人口结构是会发生变化的，随着近年来我国进入老龄化社会，劳动力成本优势逐渐丧失，所以很多企业开始转战更有劳动力优势的东南亚，其实也是同样的道理，不是吗？

要素禀赋论继承了比较优势理论，认为国际贸易的背后也是因为贸易双方存在相对优势，但这个理论又有新的发展，除了劳动力还兼顾考虑了土地、资本等其他生产要素，该理论被认为是现代国际贸易的理论基础。

最后我们再简单总结一下，绝对优势理论和比较优势理论，认为两国做贸易的原因是两国生产成本的绝对差异和相对差异，这个差异是由劳动生产率的不同造成的，即两国需要的劳动力数量不同，会造成生产成本有差异。而要素禀赋论则是从另一个角度进行说明，假设两国劳动生产率相同，认为两国之所以做贸易，是因为生产要素禀赋（稀缺或丰裕程度）不同，所以造成了生产要素价格有差异，进而两国的生产成本有差异。

四 需求相似理论

需求相似理论又称偏好相似理论或重叠需求理论，是瑞典经济学家斯戴芬·伯伦斯坦·林德（Staffan B. Linder）于 1961 年在其论文《论贸易和转变》中提出来的。

该理论认为，国际贸易是国内贸易的扩展和延伸，产品的出口结构、流向及贸易量的大小决定于本国的需求偏好，而一国的需求偏好又决定于该国的平均收入水平。其具体含义是：

（1）一种产品的国内需求是其能够出口的前提条件，换句话说，出口只是国内生产和销售的延伸。企业不可能去生产一个国内不存在需求的产品。

（2）影响一国需求结构的最主要因素是平均收入水平。高收入国家对技术水平高、加工程度深、价值较大的高档商品的需求较大，而低收入国家则以低档商品主要满足基本生活需求的消费为主。所以，收入水平可以作为衡量两国需求结构或偏好相似程度的指标。例如高尔夫球在欧美是普及运动，但在发展中国家却不是代表性需求。

（3）如果两国之间都有共同需求品质的情形，我们称存在重叠需求。两国消费偏好越相似，则其需求结构越接近，或者说需求结构重叠的部分越大。重叠需求是两国开展国际贸易的基础,品质处于这一范围的商品,两国均可进口和出口。

比如说手机,我们对苹果手机有需求,美国市场对华为手机有需求,那么两国均可进口和出口手机。只不过在现实的贸易过程中,贸易不平等,比如美国以安全为由,拒绝我国的手机进入美国市场。

五 技术差距理论

技术差距理论是把技术作为独立于劳动和资本的第三种生产要素,探讨技术差距或技术变动对国际贸易影响的理论。技术差距理论被看成是对要素禀赋理论的动态扩展。

该理论的代表人物为美国学者 M. V. 波斯纳(Michael V. Posner)。他在 1961 年《国际贸易与技术变化》一文中,提出了国际贸易的技术差距模型。该理论认为,技术实际上是一种生产要素,并且实际的科技水准一直在提高,但是在各个国家的发展水准不一样,这种技术上的差距可以使技术领先的国家具有技术上的比较优势,从而出口技术密集型产品。但随着技术被进口国的模仿,这种比较优势逐渐消失,由此引起的贸易也就结束了。

例如"中美贸易战",2020 年,我们看到特朗普发难了,明确了美国对中国的贸易诉求:"三零二停一允许",不满足就把贸易战持续打下去,直到满足为止。白宫首席经济顾问库德洛对"三零二停一允许"做出解释,"三零"就是"中美贸易寻求零关税、零非关税壁垒、零补贴";"二停"就是"停止盗窃知识产权和技术转让";"一允许"就是"允许美国人在中国拥有自己的企业"。

在国际贸易中,谁拥有了高端技术,谁就拥有了优势。美国这个"三零二停一允许"就是要保护他们的技术占据长期绝对优势,我们显然是不能接受的。这次在巴新 APEC 会议上,我国主张技术是为人类服务的,不是少数国家少数人拿来谋取暴利的。

六 产品生命周期理论

有的产品在国内生产进而出口,但是越来越多的企业是在国外生产,就近在当地销售或者销售到其他国家,甚至是回购到本国。又该如何解释此类贸易现象呢?国际产品生命周期理论给出了答案。

产品生命周期(product life cycle),简称 PLC,是产品的市场寿命,即一种新产品从开始进入市场到被市场淘汰的整个过程。产品生命周期理论由美国哈佛大学教授弗农 1966 年在其《产品周期中的国际投资与国际贸易》一文中首次提出。弗农认为:产品生命是指市场上的营销生命,产品和人的生命一样,要经历形成、成长、成熟、衰退这样的周期。国际贸易中的产品一样,其生命周期要经过四个阶段:出口垄断阶段、仿制阶段、竞争阶段、淘汰阶段。如图 15-5 所示:

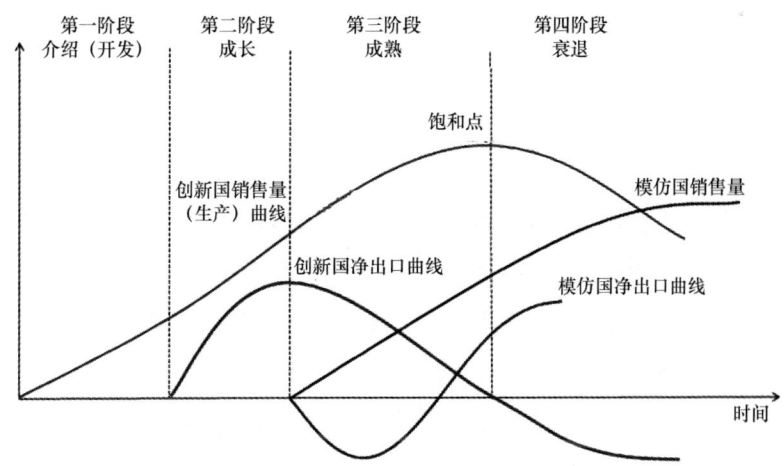

图 15-5 国际产品生命周期图

为了便于理解，我们以苹果智能手机为例，利用国际产品生命周期来解释一下。假设在智能手机的生产上，美国为创新国，我国为模仿国。

第一阶段也就是新产品的开发期，美国作为创新国，凭借其先进的技术，最早生产出苹果手机，作为智能手机行业的标杆、领头羊。此时处在生产的初级阶段，定价高，加上消费者对新产品不甚了解，市场需求较少，因而在第一阶段，苹果手机产量较少，且主要满足本国消费者的需求，没有出口。

随着技术的不断改进，再加上市场宣传、口碑营销，消费者对此产品渐渐熟悉并接受，进入第二阶段，美国生产的苹果手机数量有了较快增长，在满足本国消费者需求的同时，还有了产品剩余，此时就出口到我国（模仿国），此时美国的苹果手机的出口额是呈现上升趋势的。

第三阶段是成熟期，苹果手机在美国已经是一个成熟的产品，从生产标准到生产技术，都相当成熟了，此时，苹果的技术很容易被模仿，这阶段模仿国开始模仿苹果手机也开始生产智能手机，比如OPPO、vivo、小米等，而这些产品在生产出来之后，首先是进入我国国内市场，并没有出口到其他国家，但这依然会影响苹果手机在我国的市场销售额，表现就是美国苹果手机的出口额呈现下降趋势；等再过段时间，我国的智能手机不但能满足我国消费者的需要，还出口到了第三国，例如中东、非洲、拉美等国家，结果就是苹果手机不仅在我国，在其他国家销售量也下降了。这个阶段叫作竞争阶段。

随着苹果手机的出口额不断下降，到其出口额下降为零时，即是到了第四阶段，淘汰阶段。此时，其国外市场份额完全被模仿者占据，即不再出口。并且，在这个阶段，模仿国的产品卖到了美国，美国本土的苹果手机的销售额也会下降。

其实许多产品，都经历了类似的发展历程，例如诺基亚、摩托罗拉手机已经被市场淘汰了。

在这个过程中，企业可以采取一定的措施，来延缓被淘汰。例如，苹果手机一直关注消费者的需求动态，不断改进新产品。此外，苹果手机为了与竞争对手抗衡，还调整了价格。最初苹果手机进入我国市场，价格之昂贵，一度被调侃为"肾机"。但到现在，它的价格与国产手机的价格差距已不是很大。原因是，近些年，苹果手机把其生产制造、加工组装等环节外包给中国和东南亚的一些国家制造，这些国家劳动力资源丰富，工资低，苹果手机的制造成本比在本国生产时要小得多。生产出来的苹果手机或在当地就近销售或出口到世界上其他国家，甚至美国本土。这也解释了我们在本部分开头提到的问题。同时我们也发现，企业利用国际产品生命周期理论，可以延长自己的产品生命，不至于快速进入衰退期被市场淘汰。

此外，我们还需要注意的是，由于不同国家或地区在科技发展、经济水平等方面的差别，导致同一产品在各国的开发、生产、销售和消费上的时间会有差异（处于不同生命周期）。例如，从上面的例子我们看到，周期在不同的技术水平的国家里，发生的时间和过程是不一样的，期间存在一个较大的差距和时差，正是这一时差，表现为不同国家在技术上的差距，它反映了同一产品在不同国家市场上的竞争地位的差异，从而决定了国际贸易的流向。同时，可以利用国际产品生命周期理论，引导本国的对外贸易和投资，延长产品的生命周期。

事实上我们常说的西方发达国家的夕阳产业向发展中国家转移，也是基于这个理论。此产业在发达国家已经处于衰退期，但是在发展中国家可能还处于产品生命周期的前期阶段，这样发达国家通过国际产业转移，就延长了产品的市场寿命。

七 产业内贸易理论

前文我们研究的都是两个国家分别生产一种不同的产品，然后进行交换。而本部分要讲的产业内贸易是指一国同时出口和进口同种类的制成品，这种贸易通常也被称为双向贸易和重叠贸易。在当今世界，产业内贸易所占份额已占国际贸易总量的60%以上，产业内贸易日益占据国际贸易主要地位。

关于产业内贸易这一现象，加拿大格鲁贝尔和澳大利亚劳埃德在1975年出版的《产业内贸易：差别化产品国际贸易的理论与度量》中系统提出了产业内贸易理论。在此之后，众多经济学家也开始研究产业内贸易。

我们先来看一些简单的例子。有些国家幅员辽阔，对于一些本身价值低而运费比重大的产品，不必强求在本国生产和销售。例如，中国东北边境生产的某产品可以向俄罗斯东部出口销售，而西部边境有需求时俄罗斯相邻地区有供应，于是就从俄罗斯进口。这种情况在中俄之间就形成了产业内贸易，其动机不是价格差而是节省运费。再比如，有些季节性商品，冬夏季需求强度大不一样，而工业制成品是均衡时间分布生产的产品，不可能将生产规模仅满足旺季或淡季，为了生产与销售的均衡，只能利用南北半球季节相反的条件，在本国需求淡季出口一部分产品，到旺季再进口一部分产品，从而形成了产业内贸易。这种贸易动机同样并非因为价格差，而是为了避免用仓储平衡市场供求的成本。

产业内贸易理论认为同一产业部门的产品可以分为同质产品和异质产品，下面我们具体看一下。

其中，同质产品的产业内贸易有以下几种形式：

（1）国家间大宗产品的交叉型产业内贸易，如水泥、木材、玻璃和石油的贸易。如果产品的运输成本太高，那么使用国便会从距离使用者最近的国外生产地购入，而不会在国内远距离地运输。例如，俄罗斯西伯利亚地区如果需要大量钢材或者建筑材料，从中国东北地区进口就比从处于欧洲区域的俄罗斯其他地区购买更为经济。

（2）经济合作或因经济技术因素而产生的产业内贸易。例如，中国吸引外国银行在华投资，却又在世界其他国家投资建立分行。

（3）大量的转口贸易。在转口贸易中，进出口的是完全同质的产品。这些同质产品将同时反映在转口国的进口项目与出口项目中，形成统计上的产业内贸易,这是一种特殊的产业内贸易。

(4) 政府干预产生的价格扭曲。尤其是相互倾销,会使一国在进口的同时,为了占领其他国家的市场而出口同质产品,从而形成产业内贸易。另外,在存在出口退税进口优惠时,国内企业为了与进口产品竞争,就不得不出口以得到退税,再进口以享受进口优惠,造成了产业内贸易。

(5) 季节性产品贸易。为了调剂市场而在不同时间进出口产品,如欧洲一些国家之间为了"削峰填谷"而形成的电力进出口。

(6) 跨国公司的内部贸易也会形成产业内贸易。因为同种商品的成品、中间产品和零部件大都归入同组产品,因而形成产业内贸易。

资料表明,大多数的产业内贸易发生在差异化产品之间。在制造业中,产业内贸易商品明显偏高的是机械、药品和运输工具。属于同一产品大类的差异化产品在现代经济中有着很高的占有率。在汽车产业,福特不同于本田、丰田或是雪佛兰。因此,在用一大类的不同品种的产品之间,也会发生双向的贸易流动。

差异化产品(又叫异质产品),又可以分成三种:水平差异产品、技术差异产品和垂直差异产品。

不同类型的差异化产品引起的产业内贸易也不相同,分别为水平差异产业内贸易、技术差异产业内贸易和垂直差异产业内贸易。

(1) 水平差异产业内贸易

水平差异是指核心特征相同,质量相当,但其他方面如品牌、规格、服务等有差异的同类产品。烟草、香水、服装及化妆品等行业普遍存在着这类差异。我们再以香水为例(具体见图15-6),同等价位、质量相当的有很多,例如英国的祖马龙和法国香奈儿,两个品牌旗下拥有众多香型,英国的消费者会去买香奈儿,法国的消费者也会去买祖马龙,这类产品的产业内贸易大多与消费者偏好的差异有关,人们对同类产品产生了不同需求。

图 15-6　品牌香水示例

在人们越来越追求生活质量的时代里,在科技进步的作用下,厂商能够提供的差异产品日益繁多,但一国国内厂商很难满足国内消费者的所有需求,所以,如果一国消费者对外国产品的某种特色产生了需求,它就可能进口同类产品。

(2) 技术差异产业内贸易

技术差异是指由于技术水平提高所带来的差异,也就是新产品的出现带来的差异。从技术的产品角度看,是产品的生命周期导致了产业内贸易的产生。技术先进的国家不断地开发新产品,技术后进的国家则主要生产那些技术已经成熟的产品,因此,在处于不同生命周期阶段的同类产品间产生了产业技术差异。处于产品生命周期不同阶段的同类产品(如不同档次的家用电器)在不同类型国家进行生产,继而进行进出口贸易,便会产生产业内贸易。

(3) 垂直差异产业内贸易

垂直差异就是产品在质量上、档次上的差异。汽车行业中普遍地存在着这种差异。消费者对商品档次需求的差异,主要是取决于个人收入的差异,通常收入高的消费者偏好高档产品,而收入低的消费者偏好中低档产品。为了满足不同层次的消费,就可能出现高收入国家进口高档产品和低收入国家进口中低档产品的产业内贸易。

八 规模经济贸易理论

现实中我们发现,即使两国成本几乎没有差异,也还是会进行国际贸易。这又是为什么呢?

著名经济学家克鲁格曼(Paul Krugman)在与艾瀚南(Helpman Elhanan)合著的《市场结构与对外贸易》(1985)一书中提出了"规模经济贸易理论"。其主要观点为:规模收益递增为国际贸易直接提供了基础,当某一产品的生产发生规模收益递增时,随着生产规模的扩大,单位产品成本递减而取得成本优势，由此导致专业化生产并出口这一产品。

什么意思呢？

简单来说，商品的成本和生产的数量有关系，随着产量增加，由于技术的熟练、采购成本的下降等原因，每单位产品的成本是下降的。

举个例子说明一下：假设两国生产香蕉和苹果的成本随着数量的增加而变动，如图15-7所示：

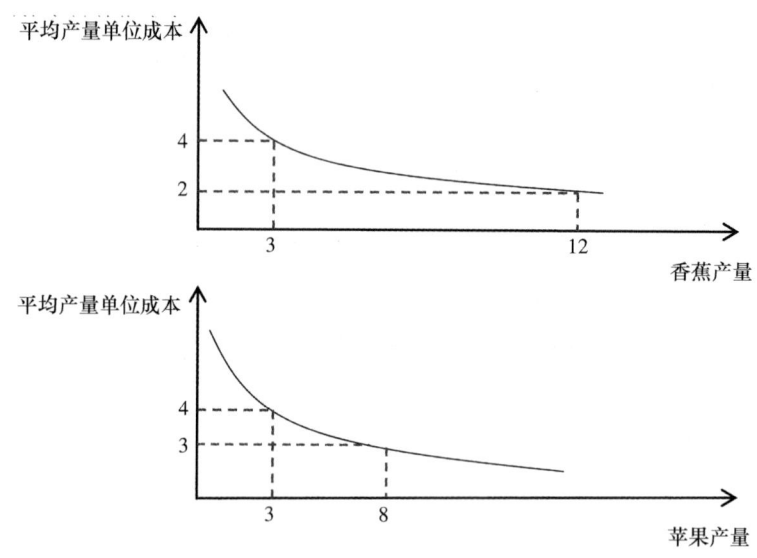

图15-7　产量和成本关系

假设成本是24元，将成本分在生产相同数量的两种商品上，那么情况如表15-9所示：

存在规模经济的情况下，随着产量的上升，每单位的平均成本是下降的，那么我们假设甲国只生产香蕉，乙国只生产苹果（当然也可反向假设），那么有以下的情况，如表15-10所示：

表 15-9　　　　　　　　　　分工前情况

	香蕉	苹果	总成本
甲国	3个，单位成本4元	3个，单位成本4元	24
乙国	3个，单位成本4元	3个，单位成本4元	24
总量	6个	6个	

表 15-10　　　　　　　　　分工后情况

	香蕉	苹果	总成本
甲国	12个	0个	24
乙国	0个	8个	24
总量	12个	8个	

总产出自然是增加了的，分工前，两国生产的香蕉总量是6个，苹果是6个；分工后，两国生产的香蕉总量是12个，苹果是8个。

我们现在来进行交换，甲国保留3个香蕉，乙国保留3个苹果，情况如表15-11所示：

表 15-11　　　　　　　　　交换后的结果

	香蕉	苹果
甲国	3个	5个
乙国	9个	3个

现在，把表 15-11 与分工前的表 15-9 进行对比，我们很容易发现，甲国能多享受 5-3=2 个苹果，乙国能多享受 9-3=6 个香蕉。也就是说，因为存在规模经济效应，扩大生产能够降低单位成本，两国进行分工，再进行交换，能让总产出增加，也能使两国都受益。

因为这种贸易情况的出现，在于随着产量的增加，单位产量平均成本是下降的，简单地说就是规模越大就越省钱，所以称之为"规模经济贸易理论"。

有时候，我们也把这种情况理解为分工的重要性，分工之后，双方的效率确实都比分工前有所提高。

当然，并不是所有的产品的生产都具有规模经济，规模越来越大的同时也会产生越来越多管理方面、信息沟通方面的问题，但这并不是我们今天讨论的问题。

总之，关于国际贸易产生的原因，古往今来，有众多的经济学家给出了解释，本讲只是列举了几个比较有名的理论，并且每个理论都是特定时间特定场景下的解释，并不适用于所有情形，各个理论之间也很可能相互矛盾，各个学派更可能针锋相对，但那并不能说明谁对谁错。现实经济是复杂的、多变的，我们只能在寻找规律的路上不断努力前行，不断修正误差，只有这样，我们才能离真实越来越近。

第十六讲 "贸易战"为什么打、如何打

对外贸易是一国的强国之道，更是大国角力的主战场。葡萄牙和西班牙在16世纪的崛起、荷兰在17世纪的兴盛、英国在18世纪成为世界工厂、美国在19世纪后期赶超英国并在20世纪中期以来称霸世界，还有德国、日本在第二次世界大战后的再次崛起……在这些大国崛起的过程中，对外贸易无一不发挥着巨大的推动作用。

然而，与对外贸易相生并行的贸易摩擦，则作为这一过程的反作用力，一直在发挥着不容忽视的影响力。而且，往往新兴国家发展得越快，所遭遇的贸易摩擦就越强烈。

那么，什么是贸易摩擦呢？贸易摩擦就是贸易战吗？贸易战为什么打？怎么打？

这一讲我们就来说说"贸易战那些事儿"，学完本讲，相信你一定能够找到答案。

一 什么是贸易战？

先给大家讲一个"衡山之谋"的故事（见图16-1）：

春秋时期，齐国国相管仲特别擅长打贸易战，在齐桓公征服别国的过程中，管仲功不可没。

当时在齐国旁边有个小国叫衡山国，这个国家特别擅长制造大型战车

和各种兵器。齐桓公想征服这个衡山国,但又怕打不过,于是找管仲商议。管仲出了个主意,就是不用刀枪打,用贸易战。他说:"衡山国造一辆战车要一年半时间。咱们先高价去买,旁边的燕国和代国肯定跟风买,这样一来,不就贵了吗?剩下的事,就不是他衡山国能控制的了。"

结果怎么样了呢?燕国和代国为了增强防御能力果然跟风去买兵器,秦国和赵国知道后,以为齐国打算攻打他们,也跟着购买,这样一来,衡山国的兵器价格大幅上涨,衡山国国君十分高兴,下令兵器价格再涨十倍。随着衡山国的各种兵器都以高价预订给了各国,衡山国民欢声雷动,都跑去兵工厂制造兵器,以求谋取暴利,慢慢地,衡山国的田地因无人耕种而逐渐荒芜了。一年后,管仲又派人去衡山国高价收购粮食,一时间,各国大部分粮食都到了齐国,粮食价格也被炒高了三倍。

图16-1 "衡山之谋"

就在这个时候,齐国宣布,不再购买衡山国的兵器了,并且宣布跟他断交。衡山国顿时傻眼了,兵器没人买了,老百姓吃粮食还要花高价去买齐国的,很快,国家财政就破产了。又因为国内闹饥荒,国民大部分都逃亡到了有粮食的齐国。就在这个时候,齐国开始在边境布兵,准备开打。

内忧外患之下，衡山国已无还手之力，只好举国投降，归顺齐国。

其实，这就是历史上一次兵不血刃的贸易战。齐国不战而屈人之兵，利用经济手段打了一场没有硝烟的战争。

"衡山之谋"的故事发生在2000年前的春秋时期，之所以通过调节战略性物资的供给，能轻而易举地掌控一国的经济命脉，决定一国的生死，是由于古代经济结构较为简单，交易的商品都是有关国计民生的必需品，所以可通过哄抬物价，破坏敌国经济平衡，使敌国形成单边的经济依赖，从而把握经济主动权，进而把控敌国的经济命脉。

让我们回到21世纪的今天，在风云激荡的复杂国际局势中，贸易战也经常在我们身边发生。比如，2017年下半年至今的中美贸易摩擦，其间几次"战况升级"，搞得人心惶惶。下面我们就来看一下这次中美贸易摩擦的过程（见图16-2、图16-3）。

2017年8月14日，美国以中国对美国知识产权存在侵犯行为为由，对中国启动单边"301调查"，对中国做出诸多不客观的负面评价，对华采取加征关税，限制投资等经贸限制措施，挑起了中美经贸摩擦。

图16-2　中美贸易战

2017年8月18日，美国贸易代表罗伯特莱特希泽宣布，正式对中国发起"301调查"。

2017年8月21日，中国商务部新闻发言人就此调查发表谈话时指出，美方无视世贸组织规则，对中方的指责是不客观的。

2018年1月11日，美国商务部公布进口钢铁对国家安全产生威胁的调查报告。

2018年1月22日，特朗普政府宣布"对进口大型洗衣机和光伏产品分别采取为期4年和3年的全球保障措施，并分别征收最高税率达30%和50%的关税"。

2018年2月4日，中国商务部分别发布2018年第12号和13号公告，决定对原产于美国的进口高粱进行反倾销、反补贴立案调查。

2018年2月14日，特朗普政府宣布"对进口中国的铸铁污水管道配件征收109.95%的反倾销税"。

2018年2月27日，美国商务部宣布"对中国铝箔产品厂商征收48.64%至106.09%的反倾销税，以及17.14%至80.97%的反补贴税"。

2018年3月8日，美国总统特朗普签署公告，宣布根据"232调查"认定进口钢铁和铝产品威胁美国国家安全，决定于3月23日起，对进口钢铁和铝产品加征关税。虽然此加征关税并非仅仅针对中国，但却揭开了中美贸易战的序幕。

2018年3月9日，特朗普正式签署关税法令，"对进口钢铁和铝分别征收25%和10%的关税"。

2018年3月21日，中国外交部发言人华春莹在例行记者会上表示，中方不想跟任何人打贸易战，但如果有人非逼迫我们打，我们一不会怕，二不会躲。

2018年3月23日北京时间凌晨，特朗普在白宫正式签署对华贸易备忘录，宣布将有可能对从中国进口的500亿美元商品加征关税，同时限制中国企业对美直接投资。特朗普同时宣称："这才只是开始。"

2018年3月23日，作为对美国的反击，中国商务部发布了针对美国进口钢铁和铝产品"232措施"的中止关税减让产品清单并征求公众意见，拟对自美进口部分产品加征关税，以平衡因美国对进口钢铁和铝产品加征关税给中方利益造成的损失。其中计划对价值30亿美元的美国产水果、猪肉、葡萄酒、无缝钢管和另外100多种商品征收关税。

2018年4月1日，中国财政部于深夜发布通告称，经国务院批准，国务院关税税则委员会决定对原产于美国的7类128项、总值大约27亿美元进口商品中止关税减让义务，在现行适用关税税率基础上加征关税，对水果及制品等120项进口商品加征关税税率为15%，对猪肉及制品等8项进口商品加征关税税率为25%。现行保税、减免税政策不变。

2018年4月4日，美国政府依据"301调查"单方认定结果，宣布将对原产于中国的1300种进口商品加征25%的关税，涉及约500亿美元的中国对美出口额。征税清单涉及中国信息和通信技术、航空航天、机器人、医药、机械等高科技产品，包括"中国制造2025"的战略产业。

2018年4月4日，中国宣布对大豆、汽车和化妆品等106类产品、总值500亿美元的美国商品征收对等的关税。

2018年4月5日，美国政府的贸易谈判代表宣布对中国的另外1000亿美元的产品增加关税。

2018年4月5日，中国就美国进口钢铁和铝产品的"232措施"，向美方提出世界贸易组织（WTO）磋商请求，正式启动WTO争端解决程序。

2018年4月16日，美国商务部宣布对中兴通讯实施制裁。

2018年4月17日，美国商务部部长罗斯宣布，对产自中国的钢制轮毂产品发起反倾销和反补贴调查（即"双反"调查）；美商务部还初裁从中国进口的通用铝合金板存在补贴行为。

2018年4月19日，中国商务部发布2018年第39号公告，公布对原产于美国、欧盟和新加坡的进口卤化丁基橡胶（也称卤代丁基橡胶）反倾销调查的初裁裁定。

2018年4月20日起，中国进口经营者在进口原产于美国、欧盟和新加坡的卤化丁基橡胶时，应依据裁定所确定的各公司倾销幅度（26.0%—

66.5%）向中华人民共和国海关提供相应的保证金。

2018年4月20日，中国商务部公告2018年第37号，关于原产于美国、加拿大和巴西的进口浆粕反倾销措施再调查裁定的公告：调查机关裁定，在原审调查期内，原产于美国、加拿大和巴西进口浆粕的倾销行为导致中国国内浆粕产业受到实质损害，倾销与实质损害之间存在因果关系。调查机关决定，继续按照商务部2014年第18号公告内容实施反倾销措施。

2018年5月18日，中国商务部公告2018年第44号，关于终止原产于美国的进口高粱反倾销反补贴的公告：调查机关发现近期国内猪肉价格持续下降，许多养殖户生计面临困难，在此情况下，对原产于美国的进口高粱采取反倾销反补贴措施不符合公共利益。终止原产于美国的进口高粱反倾销反补贴。

2018年5月3日至4日，中美双方在北京就经贸问题举行磋商，双方就扩大美对华出口、双边服务贸易、双向投资、保护知识产权、解决关税和非关税措施等问题充分交换了意见，在有些领域达成了一些共识。

2018年5月19日，中美发布联合声明，同意继续保持高层沟通，积极寻求解决关注的经贸问题。

2018年5月29日，美方在发布联合声明10天后推翻中美磋商共识，宣布将继续推进加征关税计划。

2018年5月29日，美国白宫宣布将对从中国进口的含有"重要工业技术"的500亿美元商品征收25%的关税。其中包括与"中国制造2025"计划相关的商品。最终的进口商品清单将于2018年6月15日公布，并很快对这些进口产品征收关税。

2018年5月29日，针对美国白宫发布的声明，中国商务部新闻发言人迅速回应表示，我们对白宫发布的策略性声明，既感到出乎意料，但也在意料之中，这显然有悖于不久前中美双方在华盛顿达成的共识。无论美方出台什么举措，中方都有信心、有能力、有经验捍卫中国人民利益和国家核心利益。中方敦促美方按照联合声明精神相向而行。

2018年6月2日至3日，中国国务院副总理刘鹤与美国商务部长罗斯在北京钓鱼台国宾馆就两国的贸易问题完成新一轮磋商。

2018年6月15日，美国政府发布了加征关税的商品清单，将从中国进口的约500亿美元商品加征25%的关税，其中对约340亿美元商品自2018年7月6日起实施加征关税措施，同时对约160亿美元商品加征关税征求公众意见。

2018年6月16日，中国国务院关税税则委员会决定对美国约500亿美元商品加征25%关税。

2018年7月6日00：01（北京时间6日12：01），美国开始对第一批清单上818个类别、价值340亿美元的中国商品加征25%的进口关税，打响了贸易战第一枪。

2018年7月6日，作为反击，中国也对同等规模的美国商品加征25%的进口关税。

2018年7月11日，美国政府发布对中国额外2000亿美元商品加征10%的关税的措施，并公布了一份长达近200页、涉及6000余种商品的清单，以报复中国对美国出口高达500亿美元商品的关税。

2018年7月16日，美国将中国诉诸世贸组织争端解决机制，指称中国政府针对美钢铝"232措施"实施的应对措施不符合世贸组织的有关规则。

2018年8月1日，美国贸易代表莱特希泽宣布，美国总统特朗普已经指示他采取行动，对价值2000亿美元的中国商品，税率由原来宣称要加征的10%提高至25%。

2018年8月3日，针对美方措施，中方被迫采取反制措施。国务院关税税则委员会决定对原产于美国的5207个税目约600亿美元商品加征25%、20%、10%、5%不等的关税。

2018年8月8日，美国贸易代表办公室（USTR）公布第二批对价值160亿美元中国进口商品加征关税的清单，8月23日起生效。最终清单包含了2018年6月15日公布的284个关税项目中的279个，包括摩托车、蒸汽轮机等产品，将征收25%关税。

2018年8月8日，中国为维护自身正当权益和多边贸易体制，不得不做出必要反制，决定对160亿美元自美进口产品加征25%的关税，并与美方同步实施。

2018年8月22日至23日，应美方邀请，中国商务部副部长兼国际贸易谈判副代表王受文率中方代表团在华盛顿与美国财政部副部长马尔帕斯率领的美方代表团就双方关注的经贸问题进行了建设性、坦诚的交流。

2018年8月23日，中美双方160亿美元商品清单加征25%关税开始实施。

2018年9月7日，特朗普表示很快将对中国2000亿美元进口商品加征关税，且准备另对2670亿美元的中国产品加征关税。

2018年9月12日，世界贸易组织11日向成员提供的文件显示，中方已向世贸组织申请授权对美实施每年约70亿美元的贸易报复。

2018年9月18日，美国白宫发布声明，宣布从9月24日起对价值2000亿美元的中国输美商品加征10%关税。

2018年9月18日，美国国务院关税税则委员会发布通告，将对600亿美元美国商品加征10%或5%的关税。

2018年9月24日，中国国务院新闻办公室发布《关于中美经贸摩擦的事实与中方立场》白皮书，旨在澄清中美经贸关系事实，阐明中国对中美经贸摩擦的政策立场，推动问题合理解决。

2018年12月1日，中美两国元首在20国集团阿根廷峰会期间，就双方经贸问题达成共识，同意停止相互加征新的关税。特朗普同意把原决定于2019年1月1日起实施的2000亿美元关税上调至25%的决定推迟到3月1日。

2019年1月7日至9日，中美双方在北京举行经贸问题副部级磋商。

2019年1月30日至31日，中美在华盛顿举行高级别磋商。双方在两国元首阿根廷会晤达成的重要共识指引下，讨论了贸易平衡、技术转让、知识产权保护、非关税壁垒、服务业、农业、实施机制以及中方关切问题。

2019 年 2 月 14 日至 15 日，中美全面经济对话中方牵头人刘鹤在北京与美国贸易代表莱特希泽、财政部长姆努钦举行新一轮中美经贸高级别磋商。

2019 年 2 月 24 日，特朗普称，将推迟提高对华关税税率，并可能计划第二次中美首脑峰会。

2019 年 3 月 28 日至 29 日，美国贸易代表团应邀访华，在北京举行第八轮中美经贸高级别磋商。

2019 年 5 月 5 日，特朗普发推文称，将于本周五（5 月 10 日）开始对中国 2000 亿美元的输美商品加征 25% 关税。

2019 年 5 月 8 日，美国贸易代表办公室宣布对华 2000 亿美元商品关税从 10% 提升到 25%。

2019 年 5 月 8 日，中国商务部发言人表示，升级贸易摩擦不符合中美两国人民和世界人民的利益，中方对此深表遗憾，如果美方关税措施付诸实施，中方将不得不采取必要反制措施。

2019 年 5 月 10 日，美国对中国 2000 亿美元商品开始加征 25% 关税。

2019 年 5 月 13 日，美国贸易代表办公室发布声明，拟对 3000 亿美元中国商品加征 25% 的关税，涉及 3805 个税号，其中涉及农产品的税号为 272 个。

2019 年 5 月 13 日，中国国务院关税税则委员会决定，自 6 月 1 日起，对已实施加征关税的 600 亿美元清单美国商品中的部分，提高加征关税税率，对之前加征 5% 关税的商品，仍继续加征 5% 关税。

2019 年 5 月 15 日，美国总统特朗普签署行政命令，要求美国进入紧急状态，美国企业不得使用对国家安全构成风险的企业所产生的电信设备。美国商务部周三表示，将把中国公司华为及其 70 家附属公司列入"实体名单"。

图 16-3 中美贸易战造成的后果

2019年5月17日，美国白宫宣布推迟6个月就是否对进口汽车及零配件加征关税作作出决定，并指示美国贸易代表莱特希泽与有关经济体就汽车贸易进行谈判。

2019年6月1日，中国对美部分进口商品加征关税于6月1日正式实施。

2019年6月2日，国务院新闻办公室发布《关于中美经贸磋商的中方立场》白皮书。

2019年6月29日，二十国集团大阪峰会（G20大阪峰会）在日本大阪市召开，中国国家主席习近平同美国总统特朗普在日本大阪举行会晤，中美双方同意在平等和相互尊重的基础上重启经贸磋商。美方表示不再对中国出口产品加征新的关税。两国经贸团队将就具体问题进行讨论。

2019年7月的中美，看起来已重回正轨，美方开始部分解禁对华为的禁售令，而中资公司也开始向美国农产品商人展开询价，一切都在往好的方向发展。

2019年7月31日，中美两国的高级别代表在上海举行会谈。

2019年8月2日凌晨，特朗普政府再次背信弃义，在其推特上宣布将对中国3000亿美元商品加征10%的关税。中美贸易战再次升级，双方谈判也因此陷入僵局。

2019年8月5日，受到单边主义和贸易保护主义，以及对中国加征关税预期等影响，人民币兑美元的中间价重贬229个基点，报6.9225兑1美元，当天开盘的在岸与离岸人民币价格，更是一泻千里，双双重挫近1000个基点，最后人民币一路贬破了7元人民币兑1美元的重大心理关口，在岸人民币最后收盘报7.0352，创下11年以来新低，单日贬值更达到1.37%。

2019年8月6日，美国财政部突然将中国列入了"汇率操纵国"。

对于美方一连串的无信和挑衅行为，中方也立刻展开反制。由于美方宣称对3000亿美元的中国商品加征10%关税，此举严重违背中美两国在大阪会晤时所达成的共识，中国关税税则委员会对8月3日后成交的美国农产品采购，不排除加征进口关税，中国相关企业已暂停采购美国农产品。

2019年8月15日，美国政府宣布，对从中国进口的约3000亿美元商品加征10%关税，分两批自2019年9月1日、12月15日起实施。美方上述措施导致中美经贸摩擦持续升级，违背两国元首阿根廷会晤共识和大阪会晤共识。

2019年8月23日，中国国务院关税税则委员会发布公告，对原产于美国的5078个税目、约750亿美元进口商品加征10%、5%不等关税，分两批自2019年9月1日、12月15日分期实施。

2019年8月24日，美方宣布将提高对约5500亿美元中国输美商品加征关税的税率，并声称"要求美国企业离开中国"。中国商务部新闻发言人当天即发表谈话，表示中方对此坚决反对。美方这种单边、霸凌的贸易保护主义和极限施压行径，违背中美两国元首共识，违背相互尊重、平等互利的原则，严重破坏多边贸易体制和正常国际贸易秩序。中方强烈敦促美方不要误判形势，不要低估中国人民的决心，立即停止错误做法，否则一切后果将由美方承担。

2019年9月1日，美国对华3000亿美元输美产品中第一批加征15%关税措施正式实施，中国就此在世贸组织争端解决机制下提起诉讼。美方的征税措施严重违背中美两国元首大阪会晤共识，中方强烈不满和坚决反对。中方将根据世贸组织相关规则，坚定维护自身合法权益，坚决捍卫多边贸易体系和国际贸易秩序。

2019年10月，美商务部发布公告，称自10月31日起对中国3000亿美元加征关税清单产品启动排除程序。自2019年10月31日至2020年1月31日，美国利害关系方可向美国贸易代表办公室（USTR）提出排除申请，需要提供的信息包括有关产品的可替代性、是否被征收过反倾销反补贴税、是否具有重要战略意义或与中国制造2025等产业政策相关等。如果排除申请得到批准，自2019年9月1日起已经加征的关税可以追溯返还。

2019年12月13日23时，中国国务院新闻办公室举行新闻发布会，宣布中美第一阶段经贸磋商取得进展，美方将履行分阶段取消对华产品加征关税的相关承诺，实现加征关税由升到降的转变。

至本书截稿，这场由美国当局挑起的贸易战仍未"偃旗息鼓"，中国企业以及全体中国人民除了团结一心，共克时艰，去争取这场漫长博弈的最终胜利外，已别无选择。

在上述中美贸易摩擦的过程介绍里，我们不止一次看到"提高关税"，还有不少现在经济学领域的热词，诸如"301调查"、反倾销、反补贴、保障措施、"232调查"、关税壁垒、非关税壁垒等，也许此刻你还不尽明白这些专业词汇的含义，但至少已经感受到了当下打贸易战的手段的复杂多样性，贸易战的"武器装备"，很明显不止"关税"这个"大棒"，还有很多"非关税""大炮"。

关于贸易战的"武器装备"，我们将在本讲第二部分的内容中给大家介绍。

现在回到本部分我们要探讨的问题本身：什么是贸易摩擦？什么又是贸易战呢？

贸易摩擦，是指建立有国际经济关系的两个或多个国家（地区）之间，为维护本国（地区）的国家（地区）利益（不仅包括经济利益，还包括政治利益、文化利益、军事利益等），采取或意图采取某些贸易保护或贸易限制措施，导致他国（地区）利益受损，从而引发相互间的争端与纠纷。

贸易战，是指一些国家通过高筑关税壁垒和非关税壁垒，限制别国商品进入本国市场，同时又通过倾销和外汇贬值等措施争夺国外市场，由此引起的一系列报复和反报复。

这样看来，贸易摩擦并不等同于贸易战，但二者有着密切的关系。其实，广义的贸易战包括一系列的贸易摩擦、争夺，报复与反报复，其形式包括但不限于关税壁垒和非关税壁垒，在世界贸易组织（WTO）多边纪律约束下，主要表现为成员之间相互采取的反倾销、反补贴、保障措施等单边贸易救济措施和其他隐形的贸易壁垒。

一般情况下，贸易战会同时伴随着政治上、外交上的激烈角逐，此外，贸易战还包含着战争风险，极端的情况下甚至会直接引发战争。

贸易战的根本目的是为了本国的政治、经济、军事、文化等需要，为争夺商品销售市场而展开的限制进口和扩大出口的对抗，其核心是采取各种方式、手段争夺世界市场，其实质是发展机遇和生存空间的争夺战。

纵观世界历史，大国之间兴衰更替的规律虽然是不可撼动的，但是，新兴大国崛起的道路却并非一帆风顺。在新兴大国崛起的过程中，带来了国际分工和利益分配格局的巨大变化，这必将冲击既有的国际利益格局，给现行国际体系带来巨大的震撼，所以，必然引发其他大国与新兴大国之间的摩擦。既存大国将会为新兴大国的崛起设置各种障碍，以求延缓甚至阻止新兴大国的崛起步伐。

对于既存大国来说，新兴大国的崛起将会威胁自己在国际事务中的领导地位，成为现有国际秩序的挑战者。因此，既存大国通常将新兴大国当作竞争对手，通过政治、经济、外交等各种手段来打击对方，甚至会不惜诉诸武力。而对新兴大国来说，其经济实力的增长必然要求政治地位的相应提高，要求为自身创造更大的发展空间。因此，新兴大国和既存大国之间的矛盾不可避免，它们之间的斗争将一直持续下去，直到一方实力下降，不足以对另一方形成威胁为止。

美国哈佛大学肯尼迪学院院长格雷厄姆·艾利森在 2015 年就著书称：美国和中国的矛盾就是守成国和崛起国之间的矛盾，就像古代伯罗奔尼撒战争中的斯巴达的恐惧和雅典势力的增长，促使战争不可避免。事实上，拿破仑早就预言，中国是一头睡狮，要小心它醒来。

相信看到这里，大家已经明白了很多，贸易摩擦是不可回避的。

从近些年 WTO 成员在对华贸易中频频使用贸易救济措施和制造贸易摩擦来看，中国已成为国际贸易摩擦的最大受害国。

关贸总协定和世界贸易组织设有解决缔约国间贸易争端的机构，以避免贸易战的发生，但从美国的表现来看，显然没有能够有效制止住把国内法（"301 调查""232 调查"均是依据美国国内法）凌驾于国际法之上、奉行单边主义霸凌主义的美国。

这里，笔者借用一句央视《新闻联播》国际锐评的原话："谈，大门敞开；打，奉陪到底！"

二 贸易壁垒——关税壁垒和非关税壁垒

明白了什么是贸易战，下面我们就该说说贸易战的"武器装备"了。上文中我们说过，贸易战，就是一些国家通过高筑关税壁垒和非关税壁垒，限制别国商品进入本国市场，同时又通过倾销和外汇贬值等措施争夺国外市场，由此引起的一系列报复和反报复。那么，什么是关税壁垒和非关税壁垒呢？

其实，关税壁垒和非关税壁垒有一个共同的名字，叫作贸易壁垒。

贸易壁垒（Trade Barriers）是指政府制定的各种限制或阻止外国商品进口的措施。各国设置贸易壁垒的目的都是为了保护本国市场和产业，改善国际收支状况，或者是作为对其他国家设置贸易壁垒的报复。下面我们就来分别介绍一下。

（一）关税壁垒

关税壁垒（Tariff Barriers），是指以高额关税作为限制商品进口的一种措施。一国政府可以通过对外国商品征收高额进口关税，提高出口国产品的成本和削弱其竞争能力，从而达到限制这些商品进口，进而保护本国产品在国内市场上的竞争优势的目的。就像建了一堵高墙作为壁垒一样将国外的商品挡在墙外，从而把国内市场保护起来，故称其为关税壁垒。

20世纪30年代资本主义世界经济危机时期，各国普遍高筑关税壁垒，直到第二次世界大战后，在"关税及贸易总协定"（GATT）主持下，经过了多轮谈判，关税水平才大幅度下降。但关税壁垒仍是国家间贸易战的重要"武器"之一。在某些情况下，关税壁垒也是迫使对方国家降低关税的有力手段。在关系交恶的国家之间，有的关税带有明显的歧视性和报复性。（见图16-4）

图16-4　关税壁垒

由上可见，在关税壁垒中，关税是最主要的手段。因此，我们先来了解一下什么是关税吧。关税（Tariff），是指一国海关在进出口商品经过关境时，向本国进出口商强制征收的一种税收。（见图16-5）

关税，体现一国对外贸易政策且能体现一国经济发展水平。我国1992年平均关税为44%，1995年降到36%，2000年降到25%，2001年降到15.3%，2011年降到9.8%，2018年降到了7.5%。

图16-5　关税

关税只能由海关来征收。海关是设在关境上的国家行政机关，它的职能就是根据本国有关的政策、法令和规章，对进出口货物、旅客行李和邮递物品、进出境运输工具，实施监督管理，征收关税，查禁走私物品和打击走私活动，临时保管通关货物和统计进出口商品等。征收关税是海关的重要任务之一。例如，根据《中华人民共和国海关法》规定，中国海关职能有4项：监管、征税、查私和编制海关统计。

而关境是海关管辖的范围。一般来说，关境 er 和国境是一致的，但是，有些国家相互缔结关税同盟，参与关税同盟的国家，其领土成为统一的关境，这时，这些国家形成的统一关境就大于国境。当然，也有一些国家在国境内设立了自由港、自由贸易区等经济特区，置于关境范围之外，这种情况下，关境就小于国境了。

关税在各国一般属于国家最高行政单位指定税率的高级税种，具有强制性、无偿性、预定性的特点，对于对外贸易发达的国家而言，关税往往是国家税收乃至国家财政的重要来源。征收关税的目的主要有两个：一是增加本国财政收入，二是保护本国工业生产和国内市场。以增加本国财政收入为主要目的的关税称为财政关税，而以保护本国工、农业为主要目的而向外国商品进口征收的关税则称为保护关税。保护关税的税率越高，就越能达到保护的目的，所以，长期以来，它是贸易保护政策的主要手段。

下面我们来了解一下关税的分类和征收方法。具体如图16-6所示：

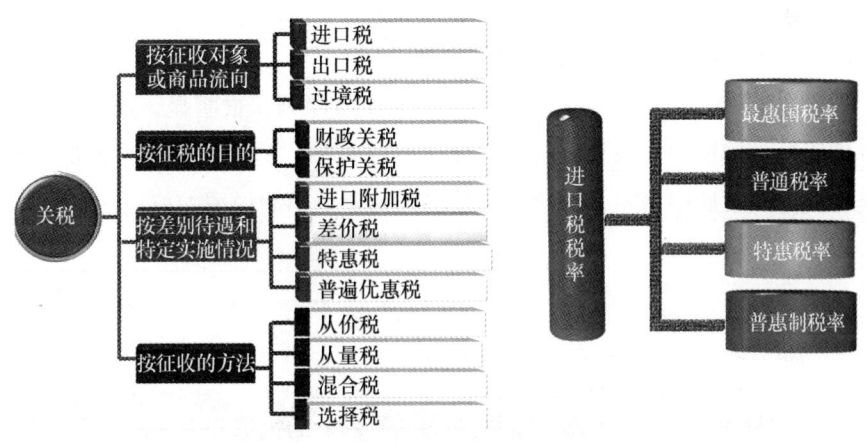

图16-6 关税的分类和征收方法

1. 根据征收对象或者商品流向来分，关税分为进口税、出口税、过境税

（1）进口税

进口税（Import Duties）是指进口国家的海关在外国商品输入时对本国进口商所征收的一种关税。在外国货物直接进入关境或国境时征收，或者外国货物由自由港、自由贸易区或者保税区等提出并运往进口国的国内市场，在办理海关手续时征收。

进口税按照税率的征收幅度，又分为普通税率、最惠国税率、普惠制税率、特惠税率。

普通税率，适用于与该国没有签订贸易协定的国家或地区所进口的商品。这是最高的一种进口税税率，适用于普通税率的不适用其他优惠税率。

最惠国税率，适用于世贸成员和与该国签订有最惠国待遇条款的贸易协定的国家或地区所进口的商品。最惠国税率较普通税率低许多。

普惠制税率，适用于给予发展中国家普遍优惠制（Generalized System of Preferences，GSP）待遇的发达国家在从这些发展中国家或地区进口商品的时候，普惠制税率低于最惠国税率，远低于普通税率。

特惠税率，适用于与该国签订有特殊关税优惠条款的区域性贸易协定的国家或地区所进口的商品。

通过图 16-7 的举例，希望大家能够印象深刻，很明显，通常普惠税率低于最惠国税率，最惠国税率又低于普通税率。另外，需要提醒的一点是，我国是发展中国家，应该享有给惠国给予普惠制税率的待遇。

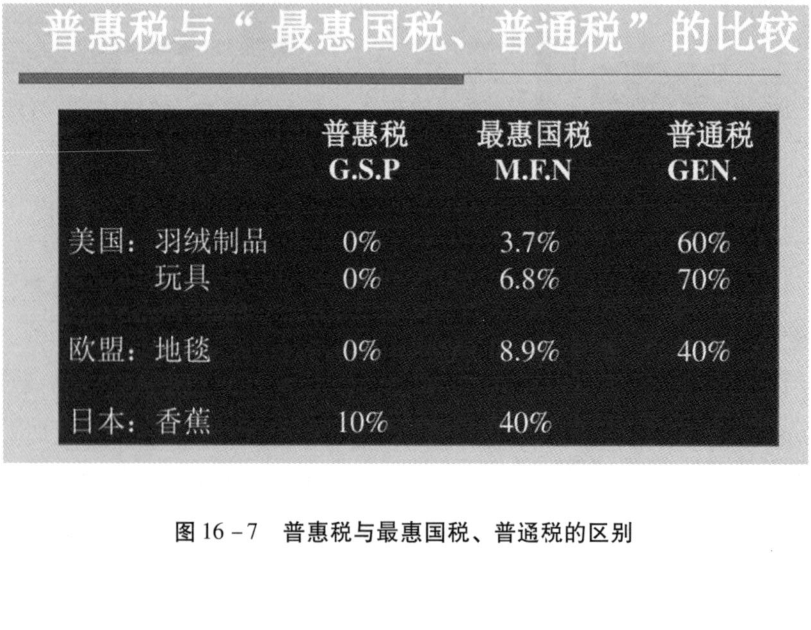

普惠税与"最惠国税、普通税"的比较

	普惠税 G.S.P	最惠国税 M.F.N	普通税 GEN.
美国：羽绒制品	0%	3.7%	60%
玩具	0%	6.8%	70%
欧盟：地毯	0%	8.9%	40%
日本：香蕉	10%	40%	

图 16-7 普惠税与最惠国税、普通税的区别

(2) 出口税

出口税（Export Duties）是指出口国家的海关在本国商品输往国外时，对出口商所征收的关税。现在很多国家一般都不再征收出口关税，因为征收出口关税会增加本国出口商品的在国外市场的销售价格，继而会降低这种商品出口后的市场竞争能力，不利于扩大出口。当然，如果出口国对某种商品进行出口管制的时候，就可以通过征收出口税的手段来达到目的。

征收出口税的目的主要是：

①增加财政收入；

②限制重要的原材料大量输出，保证国内供应；

③提高以使用该国原材料为主的国外加工产品的生产成本，削弱其竞争能力；

④反对跨国公司在发展中国家低价收购初级产品。

(3) 过境税

过境税（Transit Duties）是指一国海关对通过本国国境或关境，销往第三国的外国商品，所征收的一种关税。征收过境关税的目的是增加财政收入。

根据《1994年关贸总协定》第5条的规定，各成员方除了对过境货物收取部分服务管理费外，过境关税应免征。现在一般都不再征收过境税。

2. 按照差别待遇和特定实施情况来分，关税分为进口附加税、差价税、特惠税、普遍优惠制税

(1) 进口附加税

进口附加税（Import Surtaxes）又称为特别关税，是指进口国家的海关在对进口商品征收正常的进口关税后，出于某种目的，再加征的税。通常把前者叫作正税，后者叫作进口附加税。进口附加税不同于进口税，往往是为特殊目的（比如贸易报复、特殊保障）而设置，其税率的高低往往视征收的具体目的而定。（见图16-8、图16-9）

图 16-8 进口附加税

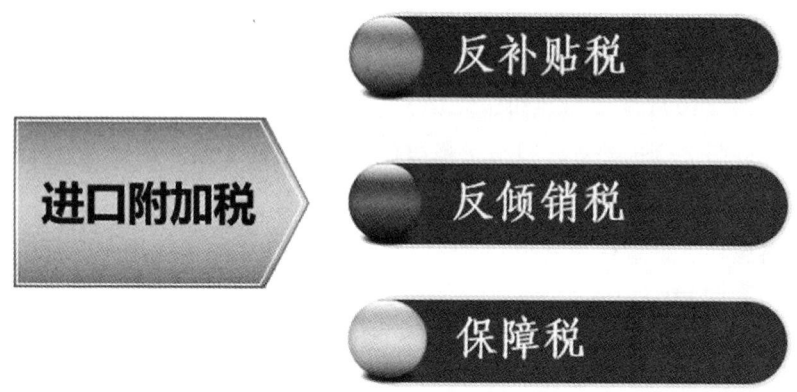

图 16-9 进口附加税

关税及贸易总协定对缔约方的关税正税加以约束,不能任意提高,除在规定的例外情况之外,不准征收超过正税的附加税,但为了抵制倾销、补贴，关贸总协定及世界贸易组织（WTO）允许缔约方对构成倾销或补贴的进口商品征收反倾销税和反补贴税。

进口附加税通常是一种限制进口的临时性措施，其目的主要有两个：一个是用于对其他成员方歧视性贸易行为而进行的报复，另一个是用于对本国出现特殊情况时采取的特殊保障。

进口附加税主要有三种：反倾销税、反补贴税、保障税。

反倾销税是对实行商品倾销的进口商品所征收的一种进口附加税。其目的是为了抵制外国商品的低价倾销，保护本国产业和国内市场。近些年，征收反倾销税的案件有增多的趋势，用征收反倾销税来阻止国外商品进口成为当今国际贸易领域一个特别值得重视的问题。

反倾销是国际贸易摩擦的主要形式之一，在下一部分内容中将做专门介绍。

反补贴税是对直接地或间接地接受任何出口国有关方面奖金或补贴的进口商品所征收的一种进口附加税。这种关税是对那些得到过补贴的外国供应商具有的有利经济条件的反应，目的在于抵消进口商品享受的补贴金额，削弱其竞争能力，防止低价倾销，以保护本国生产和国内市场。凡进口商品在生产、制造、加工、买卖、输入过程中所接受出口国有关方面直接的或间接的奖金、补贴，都构成征收反补贴税的条件，不管这种奖金或补贴是来自政府还是来自垄断组织或者同业行会。

反补贴是国际贸易摩擦的主要形式之一，在下一部分内容中将做专门介绍。

保障税又称保护税。是指当某类商品进口量剧增，对本国相关产业带来巨大威胁或损害时，按照 WTO 有关规则，采取的一般保障措施，主要是采取提高关税的形式。

保障措施是国际贸易摩擦的主要形式之一，在下一部分内容中将做专门介绍。

（2）差价税

差价税（Variable Levy）又称差额税，是当本国生产的某种产品的国内价格高于同类进口商品的价格时，为削弱进口商品的竞争力，保护本国生产和国内市场，按国内价格与进口价格之间的差额征收的关税。由于差价税是随着国内外价格差额的变动而变动的，因此它是一种滑动关税。

差价税的最典型例子就是欧盟对从非成员国进口的农产品征收，其税额是欧盟所规定的门槛价格与实际进口的货价加运费保费（CIF）之间的差额，门槛价格是欧盟根据欧盟境内谷物最短缺地区公开市场上可能出售的价格（境内谷物最高价格）减去从进境地到达该地区市场的运费、保险费、杂费和销售费用后所规定的价格。门槛价格是计算差价税的基准价格，外国农产品抵达欧盟港口的 CIF 价格低于此价格时，即按其差额征税，使税后的外国农产品进入欧盟的市场价格不低于欧盟同类产品的价格。其实，征收差价税是欧盟实施共同农业政策的一项主要措施，其目的是为了保护和促进欧盟内部的农业生产。

(3) 特惠税

特惠税（Preferential Duties）是指从某个国家或地区进口的全部商品或部分商品，给予特别优惠的低关税或免税待遇。使用特惠税的目的是为了增进与受惠国之间的友好贸易往来。特惠税有的是互惠的，有的是非互惠的。税率一般低于最惠国税率和协定税率。特惠关税一般在签订有友好协定、贸易协定等国际协定或条约国家之间而实施的，任何第三国不得根据最惠国待遇条款要求享受这一优惠待遇。

特惠税最典型的例子就是欧盟向参加《洛美协定》的非洲、加勒比和太平洋地区的发展中国家单方面提供的特惠税，2000 年 2 月，第 5 期《洛美协定》达成协议，并于 6 月在贝宁首都科托努正式签署，称《科托努协定》。

(4) 普遍优惠税

普遍优惠制税（Generalized System of Preferences Duty），简称普惠制税，是指发达国家给予发展中国家出口的制成品和半制成品，给予普遍的、非歧视的、非互惠的优惠关税。普惠制税率低于最惠国税率，更是远低于普通税率。但是出口商品要想取得普惠制关税优惠待遇，必须符合给惠国普惠制给惠方案及其原产地规则，并需要提供统一格式的普惠制产地证明书。

普遍优惠税的目标主要有以下三点：

①扩大发展中国家工业制成品和半制成品的出口，增强其产品的竞争力，增加外汇收入；

②促进发展中国家的工业化；

③加速发展中国家的经济增长。

目前给予普惠制的给惠国有欧盟28国（法国、联合王国、爱尔兰、德国、丹麦、意大利、比利时、荷兰、卢森堡、希腊、西班牙、葡萄牙、奥地利、瑞典、芬兰、捷克、斯洛伐克、波兰、爱沙尼亚、拉脱维亚、斯洛文尼亚、塞浦路斯、立陶宛、马耳他、匈牙利、罗马尼亚、保加利亚、克罗地亚），瑞士、挪威、日本、美国、加拿大、澳大利亚、新西兰、俄罗斯、乌克兰、白俄罗斯、哈萨克斯坦、土耳其、列支敦士登公国共41个国家。除美国外，其余40国给予我国普惠制待遇。

3. 按照征收的方法来分，关税可以分为从价税、从量税、混合税、选择税

（1）从价税

从价税（Ad Valero Duties）是以进口商品的价格为标准计征的关税，其税率表现为货物价格的百分比。从价税额等于货物总值乘以从价税率，从价税额与货物的价格的高低成正比关系。大多数国家和大多数税种都普遍采用这种方法计征关税。

从价税税额＝商品总值×从价税率

从价税税率明确，便于比较各国税率，但在征收从价税时，较为复杂的是确定进口商品的完税价格。完税价格,是指经海关审定的作为计征关税依据的货物价格,货物按此价格照章征税。

我国以 CIF 价作为征收进口税的完税价格。

下面我们举个例子来说明一下从价税的计征方法:

例:2018 年某国的汽车关税税率为 25%,一辆进口汽车的 CIF 价格为 2 万美元,如果进口 10 辆汽车,关税税额是多少?

从价税税额 = 20000 × 25% × 10 = 50000 美元

(2)从量税

从量税(Specific Duties)是以进口商品的重量、数量、长度、容量和面积等计量单位为标准计征的关税。从量税额等于商品数量乘以从量税率。从量税额与货物的量的高低成正比关系。

从量税税额=商品数量×从量税率

在各种计量单位中,重量是较为普遍采用的计量单位,一些国家采用毛重的计量方法,一些国家采用净重的计量方法,或采用"以毛作净"等计量方法。

从量税可以避免物价变动对税收的影响,保持税收的稳定性,但缺点也在于此,在物价上涨时期,税收不能和商品销售额同步增加。从量税税率固定,没有弹性,税额不能随物价涨落而增减,失却市场的价格机能。二次世界大战后,由于商品种类、规格日益繁杂和通货膨胀,大多数国家普遍采用从价税的方法计征关税。

我们还是举个例子说明一下从量税的计征方法:

例：假设我国对从德国进口的啤酒征收普通税率为每升7.5元人民币，最惠国税率为每升3.5元人民币，如果进口10万升啤酒，其税额是多少？

从量税税额＝100000×3.5＝35万元人民币

（3）混合税

混合税（Mixed or Compound Duties）又称复合税，它是对某种进口商品同时采用从量税和从价税征收的一种关税。混合税等于从量税额加上从价税额。

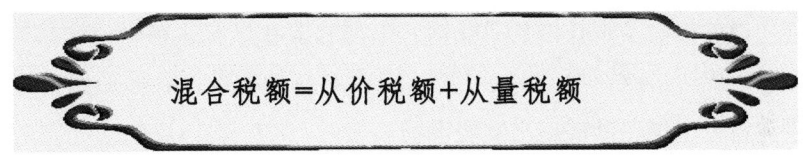

混合税额＝从价税额＋从量税额

我们举个例子来说明一下混合税的计征方法：

例：假设日本对某种手表（每只价格6000日元）的进口采用混合税的征收方法，从价税15％，再加征每只150日元的从量税，请问，如果进口1000只手表，其税额是多少？

混合税税额＝（6000×15％＋150）×1000＝105万元

（4）选择税

选择税（Alternative Duties）是对于一种进口商品同时定有从价税和从量税两种税率，征税时选择其税额较高的一种征税。但有时为了鼓励某种商品进口，也会选择税额较低的征收。选择税这种征收方法具有灵活性，可以根据不同时期经济条件的变化以及政府的征税目的以及国别政策来进行选择。不过，选择税的缺点也在于此，征税标准如果经常变化，令出口国难以预知，容易引起争议。

既然选择税的本质依然是从价税或者从量税中的一种，就不再专门举例它的计征方法了。

(二) 非关税壁垒

非关税壁垒（non-tariff measures——NTMS），是指除了关税措施以外的一切限制进口的措施。

与关税壁垒相比，非关税壁垒具有更大的灵活性和针对性，限制程度更严也更有效，而且具有更大的歧视性和隐蔽性。我们先来阅读两则小材料感受一下：

2000年7月1日，欧盟开始实施茶叶进口新标准，部分茶叶的农药残留标准比以前提高了100倍到200倍，中国的茶叶只有达到绿色食品的A级标准，才能迈进欧盟的"绿色门槛"；面对新的标准，我国的茶叶出口商束手无策，中国茶叶被逐出欧盟市场。

2002年初，欧盟《产品安全条例》规定：凡是进口价格在2欧元以下的打火机，必须要配置安全装置，否则不得在欧销售。这一规定把价格要求、专利要求和安全技术要求复合在一起，形成针对我国打火机生产厂家的技术性贸易壁垒，使我大批企业陷入困境。

怎么样？有没有嗅到"火药味儿"？

我们还是先从非关税壁垒的分类讲起吧，非关税壁垒可以分为直接的和间接的两大类。直接的非关税壁垒是由进口国直接对进口商品的数量或者金额加以限制，或迫使出口国直接限制出口，比如：进口配额制、进口许可证制、"自动"出口配额制、出口许可证制等；间接的非关税壁垒是对进口商品制定严格的条例，间接限制商品进口，比如：进口押金制、苛刻的技术标准和卫生检验检疫规定等。

非关税措施可以通过国家法律、法令以及各种行政措施的形式来实现，与关税措施一起充当政府干预贸易的政策工具。

非关税壁垒的种类繁多，这里我们主要介绍以下几种：

1. 进口配额制

进口配额制（Import Quotas System）又称为进口限额，是指一国政府在一定时期内，对某些商品的进口数量或金额加以直接限制。在规定的期限内,配额以内的货物可以进口,超过配额的部分不准进口,或者征收较高关税或罚款才能进口。

比如,我国长期对小麦、玉米、大米等实行配额管理。2018年我国粮食进口关税配额量为:小麦963.6万吨,国营贸易比例90%;玉米720万吨,国营贸易比例60%;大米532万吨(长粒米、中短粒米各266万吨),国营贸易比例50%。

进口配额制主要有以下两种:

(1) 绝对配额

绝对配额是指在一定时期内,对某种商品的进口数量或金额规定一个最高数额,达到这个数额后,便不准进口。这种方式在实施中,有以下两种形式:

①全球配额。即属于世界范围的绝对配额,对来自任何国家或地区的商品一律适用,按进口商品的申请先后批给一定的额度,至总配额发放完为止,超过总配额就不准进口。

全球配额并不限定进口的国别或地区,故配额公布后,进口商往往相互争夺配额。邻近的国家或地区依其优越地理因素,在竞争中居于有利地位。为了减少这种情况所带来的不足,一些国家采用了国别配额。

②国别配额。即在总配额内按国别和地区分配给固定的配额,超过规定的配额便不准进口。

为了区分来自不同国家或地区的商品,在进口商品时进口商必须提交原产地证明书。实行国别配额可使进口国家根据它与有关国家或地区的政治经济关系分配给予不同的配额。

(2) 关税配额

关税配额是指对商品进口的绝对数额不加限制,而对在一定时期内,在规定的关税配额以内的进口商品,给予低税、减税或免税待遇,对超过配额的进口商品征收高关税、附加税或罚款。

总之,不管是绝对配额还是关税配额,都以配额的形式出现,可以通过提供、扩大或缩小配额向贸易对方施加压力,使之成为贸易歧视的一种手段。但是两者又有不同：绝对配额规定一个最高进口额度，超过就不准进口，而关税配额在商品进口超过规定的最高额度后，仍允许进口，只是超过部分会被课以较高关税。

2. "自动"出口配额制

"自动"出口配额制（"Voluntary" Export Restraint，VER）又称"自动"限制进口，是指出口国家或地区在进口国的压力和要求下，"自动"规定某一时期内（一般为3—5年）某些商品对该国的出口限额，在限定的数额内自行控制出口，超过限额即禁止出口。

"自动"出口配额一般有两种情况：单方面无协定的出口限额制和双方面有协定的出口限额制。单方面无协定的出口限额制是指并无成文的协定的约束，而由出口国规定对有关国家的出口限额，出口商需申请获准后方可出口，或者在政府督导下，出口商主动控制出口。双方面有协定的出口限额制是指通过进出口国家双方谈判达成协议，由出口国自动限制对进口国的供应量。

绝对进口配额是由进口国家直接控制进口配额来限制商品进口，而"自动"出口配额是由出口国家直接控制这些商品对指定国家的出口，但对进口国来说，二者同样都起到了限制商品进口的作用。

关于"自动"出口配额最典型的例子莫过于当年美日汽车贸易战中，美国迫使日本自动限制对美国出口汽车的数量。

下面我们来比较一下"自动"出口配额制和进口配额制的区别：

（1）配额控制主体不同：

进口配额：进口国。

自动出口配额：出口国。

（2）配额强制程度不同：

进口配额：进口国直接控制。

自动出口配额：进口国间接控制。

（3）配额的影响范围不同：

前者通常应用于大多数的产品供应国。

后者仅针对部分特定的出口国，有明显的选择性。

（4）配额时间长短不同：前者一般3、6、12个月，而后者通常3—5年。

3. 进口许可证制

进口许可证制（Import License System）是指进口国规定某些商品的进口必须事先向有关当局提出申请并获得许可证后才可进口，没有进口许可证一律不准进口。

进口许可证制度是国际贸易中的数量限制措施，是世界各国进口贸易行政管理的一种重要手段，也是国际贸易中一项应用较为广泛的非关税措施。

各国实施的进口许可证制度通常分为两种：

（1）自动进口许可证制度

自动进口许可证是指把进口许可证毫无数量限制地签发给进口商，也就是说，凡是列入许可证项下的商品清单中的货物，进口商只要申请，就可进口。自动进口许可证通常用于统计目的，有时也用于监督目的，为政府提供可能损害国内工业的大量重要产品的进口情况。

（2）非自动进口许可证

非自动进口许可证也称为特种进口许可证，是指对列入特种进口许可证项下的商品，进口商必须向有关当局提出申请，经逐笔审核批准并发给许可证后，才得以进口。通常情况下，非自动进口许可证是与数量限制结合使用的，即进口国主管当局或按照商品来源的国别和地区，或按进口商申请的先后，在总的进口限额中批准给予一定的额度，取得进口配额的进口商才能取得进口许可证，才得以进口。

进口许可证制度作为一种行政手段，具有简便易行、收效快、比关税保护手段更有力等特点，因而成为各国监督和管理进口贸易的有效手段。发展中国家为了保护本国工业、贸易发展和财政需要，比较多地采用这种制度，而发达国家在农产品和纺织品等国际竞争处于劣势的领域也经常求助于进口许可证制来加以保护。

进口许可证制是与关贸总协定和 WTO 的基本原则是相违背的,这种做法运用不当,不仅会妨碍贸易的公平竞争和国际贸易流量,而且容易导致对出口国实行歧视性待遇。

4. 外汇管制

外汇管制(Foreign Exchange Control)是指一国政府通过法令对国际结算和外汇买卖实行限制,来平衡国际收支和维持本国货币的汇率稳定的一种制度。

外汇管制有狭义与广义之分。狭义的外汇管制指一国政府对居民在经常项目下的外汇买卖和国际结算进行限制。广义的外汇管制指一国政府对居民和非居民的涉及外汇流入和流出的活动均进行限制性管理。

大家都知道,出口必然需要收入外汇,而进口必然需要支付外汇,所以外汇管理与对外贸易有着密切的关系,如果有目的地对外汇进行管理,就可以直接或间接地限制进出口。

在实行外汇管制时,出口商必须将出口得到的外汇收入按官定汇率卖给外汇管制机构,进口商进口商品需要使用外汇时也必须在外汇管制机构按官定汇率申请购买外汇。本国货币以其他方式出入境也受到严格的限制。这样一来,国家有关政府机构就可以通过确定官定汇率、集中外汇收入和控制外汇供应数量的办法来达到限制进口商品品种、数量和控制进口国别等的目的。

外汇管制主要有以下三种方式:

(1) 数量性外汇管制

数量性外汇管制是指,国家外汇管理机构对外汇买卖的数量直接进行限制和分配,旨在集中外汇收入,控制外汇支出,实行外汇分配,以达到限制进口商品品种、数量和国别的目的。

不难理解,当一国采用数量性外汇管制来限制进口的时候,通常表现为进口商只有得到管汇当局的批准,才能在指定银行购买一定数量的外汇,那么,直接通过限制购汇的数量就能达到限制进口数量的目的。有些国家还将进口批汇手续与进口许可证的颁发同时办理。

（2）成本性外汇管制

成本性外汇管制是指，国家外汇管理机构对外汇买卖实行两种以上汇率的复汇率制度，利用外汇买卖成本的差异，间接影响不同商品的进口。

复汇率是指一种货币（或一个国家）有两种或两种以上汇率，不同的汇率用于不同的国际经贸活动。复汇率本身就是外汇管制的一种产物。

各国实行多重汇率制不尽相同，但主要原则大致相似。在进口方面，一般都规定进口机器设备、重要的原材料和生活必需品按较低的汇率供应外汇，进口非生活必需品和奢侈品按照较高的汇率供应外汇；在出口方面，针对缺乏竞争力的出口商品适用优惠的汇率，出口一般的商品适用一般的汇率。总之，利用汇率的差异限制或鼓励某些商品的进口和出口。

（3）混合性外汇管制

混合性外汇管制是指，同时使用数量性外汇管制和成本性外汇管制，对外汇实行更为严格的控制，以控制商品进出口。

5. 进、出口国家垄断

进、出口国家垄断（State Monopoly）是指一国政府对某些或全部商品的进、出口规定由国家机构直接经营，或把某些商品的进、出口专营权给予某些垄断组织。

世界各国对进出口商品垄断的情况不尽相同，但归纳起来，主要集中于以下四类商品：第一类是烟和酒，可以取得巨大财政收入，但是对人体健康造成危害，所以国家要控制；第二类是农产品，便于实现国家的农业政策，而且农产品是敏感性商品，消费者众多、消费量很大，关系国计民生，很多国家都对其进出口实行垄断；第三类是武器，武器直接关系国防和社会安定，几乎世界上所有的国家都由国家直接垄断武器的进出口，或委托一些大的跨国公司、国营公司来负责，以有效控制武器的进出口；第四类是石油，在现代化工业经济中，石油已成为一国的经济命脉，不仅出口国，而且主要的石油进口国都设立国有石油公司，通过实施进出口国家垄断对石油贸易进行垄断经营。

6. 歧视性的政府采购

歧视性的政府采购，也叫歧视性公共采购，是指国家制定法令，规定政府机构在采购时，要优先购买本国产品的一种做法。这种做法是对外国供应商的一种歧视，由此而得名。

歧视性政府采购政策实际上也可以被称为"购买国货政策"（buy-national policies）。

发达国家大多制定法令，规定政府机构在采购时要优先购买本国产品，例如，美国在《购买美国货法案》中规定，"凡是美国联邦政府所要采购的货物，应该是美国制造的，或是用美国原料制造的"，"只有在美国自己生产的数量不够，或者国内价格太高，或者不买外国就会损害美国利益的情况下，才可以购买外国货"。又比如，英国限定通信设备和电子计算机要购买本国产品；日本有几个省规定，政府机构需用的办公设备、汽车、计算机、电缆、机床等，只能采购本国产品。

不难理解，政府采购优先购买国货，自然就会减少对外国商品的需求，而且政府的行为本身还有一定的示范效应，间接也会影响以至减少本国进口商对外国商品的进口。

7. 歧视性的国内税

歧视性的国内税，是指用对外国产品征收较高国内税的办法来限制外国商品的进口。西欧国家曾经广泛地采用这种方式来限制进口。这是一种比关税更灵活更易于伪装的贸易政策手段，因为国内税通常不受贸易条约和多边贸易协定的限制。往往专门针对本国不能生产的产品，在表面上又不违反国民待遇规则。

比如，美国、日本等国规定进口酒精饮料的消费税大于本国同类产品。

不难理解，一国若专门针对进口产品征收或对进口产品征收的国内税费高于国内产品，则自然就削弱了进口商品的市场竞争力，进而构成了对进口产品的限制。

8. 进口押金制

进口押金制又称进口存款制，是对进口国外商品设置的一种金融障碍，是指政府规定进口商在进口商品时，必须预先按进口金额的一定比例和规定时间,在指定的银行无息存入一笔现金,否则不能进口。这样就增加了进口商的资金负担,影响了资金的正常流转,同时由于是无息存款,利息的损失也相当于征收了附加税,所以,进口押金制能够起到限制进口的目的。

比如,巴西政府曾经规定,国内进口商必须先缴纳与合同金额相等的为期 360 天的存款才能进口。

9. 进口最低限价制

进口最低限价制,是指一国政府规定某种进口商品的最低价格,凡进口价低于规定的最低价格则征收进口附加税或禁止进口。以达到限制低价商品进口的目的。

我们举个例子来说明一下,假如一国规定钢材每吨最低限价为 320 美元,若进口时每吨为 300 美元,则进口国征收 20 美元或以上的附加税,也或者直接禁止进口。

10. 技术性贸易壁垒

技术性贸易壁垒(Technical Barriers to Trade)又称"技术性贸易措施"或"技术壁垒",是指在国际贸易中商品进出口国在实施贸易进口管制时通过颁布法律、法令、条例、规定,卫生检疫标准,商品包装和标签标准,从而提高进口产品的技术要求,增加进口难度,最终达到限制进口的目的的一种非关税壁垒。

技术性贸易壁垒涉及的内容广泛,涵盖科学技术、卫生、检疫、安全、环保、产品质量和认证等诸多技术性指标体系,运用于国际贸易当中,呈现出灵活多变、名目繁多的特点。由于这类壁垒大量地以技术面目出现,因此常常会披上合法外衣,成为当前国际贸易中最为隐蔽、最难对付的非关税壁垒。

WTO 关于技术性贸易壁垒的文件有两个,分别是"技术性贸易壁垒协定"(TBT 协定)和"实施卫生与动植物卫生措施协定"(SPS 协定),于 1995 年 1 月 1 日 WTO 正式成立起开始执行。

技术性贸易壁垒是目前各国,尤其是发达国家人为设置的贸易壁垒,推行贸易保护主义的最有效手段。涉及贸易的各个领域和环节：农产品、食品、机电产品、纺织服装、信息产业、家电、化工医药，包括它们的初级产品、中间产品和制成品，涉及加工、包装、运输和储存等环节。（见图16-10）

图16-10　技术性贸易壁垒

近些年，技术性贸易壁垒愈演愈烈，各国为了在国际贸易中取得更加有利的地位，在逐步消除一些明显违反 WTO 精神的非关税壁垒的同时，祭起了可持续发展大旗，越来越多地转向了卫生检疫标准和环境保护标准等与人民的健康和可持续发展相关的非关税壁垒，"绿色"贸易壁垒应运而生。

绿色贸易壁垒，简称"绿色壁垒"，又叫"环境壁垒"，实质上属于技术性贸易壁垒的一项。从其本意上说，绿色壁垒是指那些以维护人类健康和环境安全为目的而采取的限制甚至禁止有关国际贸易活动的法律、法规、标准、政策及其相应的行政措施，以避免这些贸易活动可能导致的环境污染与生态破坏，实现经济的可持续发展。从其实际应用上说，绿色壁垒指在国际贸易中一些国家以保护生态资源、生物多样性、环境和人类健康为借口，设置一系列苛刻的高于国际公认或绝大多数国家不能接受的环保法规和标准，对外国商品进口采取的准入限制或禁止措施。以技术标准、商品包装和标签、卫生检疫标准等途径强制规定实施，涵盖产品研发、生产、包装、运输、使用、循环再利用等整个过程。（图16-11）

图16-11　绿色贸易壁垒

比如美国拒绝进口委内瑞拉的汽油，因为含铅（Pb）量超过了本国规定；再比如欧盟禁止进口加拿大的皮革制品，因为加拿大猎人使用的捕猎器捕获了大量的野生动物；还有，从20世纪90年代开始的欧洲国家严禁进口含氟利昂的冰箱，导致中国的冰箱出口由此下降了59%等，这些都是由于绿色壁垒而产生的一系列事件。

在国际贸易中，关税壁垒曾经是贸易保护的重要手段，英国、美国、德国、日本等主要发达国家在发展的过程中都曾依靠关税壁垒保护本国产业的发展。但是，随着全球生态环境问题的日益严重，环境与贸易的冲突也越来越激烈,从而使贸易保护主义从传统的关税壁垒逐渐转向非关税壁垒,绿色壁垒作为一种新型的非关税壁垒已经成为了发达国家以保护环境为名限制发展中国家进出口贸易的一种工具。

三 主要的贸易摩擦形式——反倾销、反补贴、保障措施

关税、配额、进出口许可证和出口管制等贸易保护手段都是早期的贸易摩擦形式,随着世界经济一体化的发展和WTO等国际性贸易组织的推动,现如今,反倾销、反补贴和保障措施成为了国际上最主要的贸易摩擦形式。

从性质上说,反倾销、反补贴和保障措施是WTO规则允许的贸易保护措施,属于"贸易救济"的范畴。

世界贸易组织(WTO)允许成员国采用贸易救济手段,本意是为了促进国际市场公平竞争、维护正常的国际贸易秩序,但实际上各国各行其是。近些年,无论传统产业还是新兴产业,WTO限制或禁止采用的关税、配额等措施在减少,但WTO一定程度上允许使用的反倾销、反补贴、保障措施等引起的贸易摩擦却在不断增加,而且有愈演愈烈之势。反倾销、反补贴和保障措施已经成为贸易战的主要手段。

下面我们将逐个介绍。

(一)反倾销

为了让大家清楚地理解到底什么是反倾销,我们有必要先来解释下什么叫倾销。

倾销(Dumping)是指一国商品以低于其正常价值的价格(正常价格)出口到另一个国家(地区)的行为。很明显,判断是否倾销的关键在于是否低于正常价格,那么,什么是正常价格呢?所谓正常价格,通常是指在

一般贸易条件下,出口国国内同类产品的销售价格,如果该产品的国内价格受到控制,就以第三国同类产品的出口价格来确认正常价格。

反倾销(Anti-Dumping),顾名思义就是反对倾销,是指进口国主管当局根据受到损害的国内相关产业的申诉,按照一定的法律程序,对以低于正常价值的价格在进口国进行销售的、并对进口国生产相似产品的产业造成法定损害的外国商品,进行立案、调查、处理的过程和措施。

简单点说,反倾销就是进口国(地区)针对外国进口商品在本国市场上的倾销行为,所采取的抵制措施。(见图16-12)

图16-12 反倾销

反倾销的根本目的是维护进口国的贸易秩序和贸易安全,保护本国企业免受不合理对待,通过实施反倾销措施可以增加国外进口商品的成本,提高进口价格,控制进口数量,从而帮助本国产业。

反倾销一般是对倾销的外国商品除了征收正常的进口关税外,还额外征收一笔进口附加税,作为惩罚和报复,使其最终不能廉价出售。这种额外征收的进口附加税就叫作"反倾销税"。(在上一部分介绍关税时提到过)

世界贸易组织的《反倾销协议》中规定，某一成员要实施反倾销措施，必须满足三个条件：

（1）确定存在倾销的事实；

（2）确定进口国国内产业遭到了实质损害或威胁（销量、利润、市场份额、就业、库存、投资能力等）；

（3）确定倾销和损害之间存在因果关系。

反倾销过程是一个法律诉讼过程，它包括反倾销调查申请、立案调查、初裁及临时反倾销措施、实地复核、终裁及征收反倾销税、行政复审等阶段，每一个阶段都按反倾销法律程序进行。反倾销过程如图 16 – 13 所示：

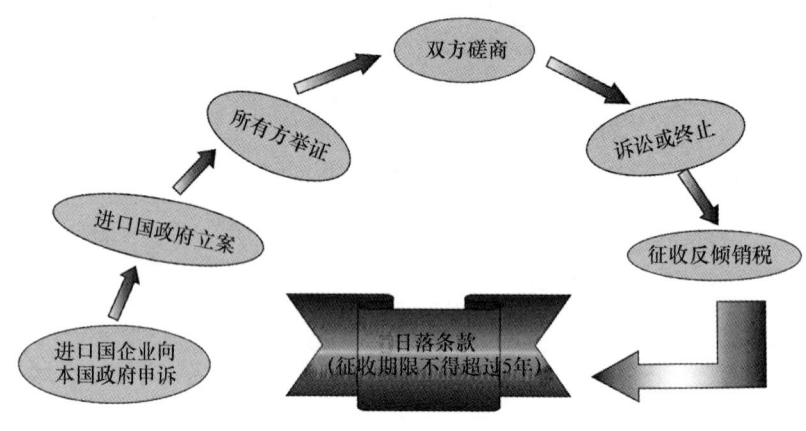

图 16 – 13　反倾销过程

第一，由受到倾销损害的产业或产业代表向反倾销机关递交反倾销调查申请书，并提供产业损害的有关资料和证据；

第二，由反倾销调查机关根据申请书的有关资料和证据，决定立案调查，并向当事人和利害关系方发放调查问卷及到现场核查或举行听证会；

第三，反倾销调查机关根据调查和听证会的结果，分别就倾销和损害做出初步裁决，并就两者之间的因果关系是否成立做出初裁决定，若确定倾销、损害以及两者之间的因果关系成立，可以采取征收反倾销税或者要求提供现金保证金、保函及其他形式的担保的临时反倾销措施；

第四，反倾销调查机关采取临时反倾销措施，并继续对倾销及倾销幅度、损害及损害程度进行调查，并对申请企业进行第二次实地核查；

第五，若第二次核查结果与第一次调查基本相同，即可做出最终裁决，征收反倾销税。

在反倾销税征收期间，反倾销机关在有正当理由的情况下，决定对继续征收反倾销税的必要性进行复审，也可以应利害关系方的请求，做出是否复审的决定。若复审做出不继续征收反倾销税，反倾销过程结束；若复审做出继续征收反倾销税，反倾销过程则随反倾销税征收工作完成而结束。

倾销行为确定之后对其征收反倾销税，即对倾销的外国商品除征收一般进口税外，再增收附加税，使其最终不能廉价出售，以此来抵制外国商品倾销给本国生产和市场带来的严重危害。

反倾销税的征收额度应低于或等于倾销幅度。反倾销税自应征之日起5年内结束，但如果在5年期限到来之前的一段合理时间内提出了复审要求，则在做出复审结果之前，反倾销税应继续征收。如果复审结果表明已经不存在损害或不存在重新发生损害的可能，则应当停止征收反倾销税；如果复审结果表明损害依然存在，或者停止征收反倾销税将导致倾销和损害继续发生或重新发生时，则可以按原有的标准继续征收反倾销税。

（二）反补贴

为了让大家清楚地理解到底什么是反补贴，我们有必要先来解释下什么叫补贴。

国际贸易中的补贴，是指出口国（地区）政府或者其任何公共机构提供的并为接受者带来利益的财政资助以及任何形式的收入或者价格支持。

总的来说，补贴是一种政府行为，或者由政府授权的行为，补贴的内容是任何形式的财政资助或者某种优惠，补贴的效果是出口国出口企业获得了利益，而因此损害或威胁或阻碍到了进口国国内产业的发展或建立。

当然，世界贸易组织（WTO）并不是为了维持公平贸易就禁止所有的补贴使用，而是具体地将补贴分为了几大类，对不同类型的补贴采取不同的态度。划分补贴类别的基本标准是危害程度的不同。世界贸易组织的《补贴与反补贴措施协定》（《SCM 协定》）将补贴分为禁止性补贴、可诉补贴和不可诉补贴三类。

1. 禁止性补贴

禁止性的补贴包括出口补贴和进口替代补贴这两类禁止性的财政补贴。禁止性补贴一旦被证实存在，无须证明补贴是否对其他成员方造成损害或损害威胁，都必须取消，否则会招致其他成员实施经 WTO 争端解决机构授权的反补贴措施或征收反补贴税。这是受到的制裁后果最为严重的补贴。

2. 可诉补贴

可诉补贴是指，在一定范围内可以实施的补贴。实施这种补贴带来的后果是不确定的，有可能受到制裁，也有可能平安无事，在这类补贴的问题上，需要具体问题具体分析。如果要对这类补贴实施反补贴措施，需要遵照《SCM 协定》规定的程序，证明使用此类补贴的成员方在实施过程中对其他成员方的经济利益造成不利影响。这样受损的成员方才可以向使用此类补贴的成员方提起申诉，并最终实施反补贴措施。

简单说来，能否对可诉补贴的实施方实施反补贴措施，标准就是看补贴是否对进口国的相关产业造成了损害或损害威胁，如果有，则可以实施，如果没有，则无权提出。

3. 不可诉补贴

不可诉补贴是指任何成员方在实施这类补贴的过程中可不受其他成员方的反对或申诉以及因此而采取反补贴措施。根据《SCM 协定》的规定，不可诉补贴分为两类：一类是不属于专向性的补贴，即那些具有普遍性的补贴，这种补贴不会引起根据《SCM 协定》而采取的任何反补贴措施；另一类是政府对科研、落后地区以及环境等方面的补贴，即使这类补贴具有专向性，也仍属于不可诉的补贴。

了解了什么是补贴，就很容易理解反补贴了（见图16-14）。

图16-14 反补贴

反补贴，是指为了抵消出口产品因接受出口成员（包括单独关税区）政府的补贴而增强的竞争能力，进口成员政府可以依据职权或者应利益关系人的申请，启动反补贴调查程序，根据调查事实和证据认定进口产品的补贴额度并据之采取相应的抵消性措施，以之作为维护公平竞争的手段。

进口国如果要实施反补贴措施，必须满足下面三个条件：

（1）出口国出口产品存在补贴；

（2）进口国相关产业遭到了实质损害（销量、利润、市场份额、就业、库存、投资能力等）或阻碍新产业的兴建；

（3）补贴与产业损害之间存在因果关系。

与反倾销不同，反倾销诉讼的对象是企业，而反补贴诉讼的对象是政府。反补贴是进口国政府根据世界贸易组织《SCM协议》的规则来对进口国政府实施的出口补贴依法进行调查和裁决的一种法律诉讼行为。反补贴过程如图16-15所示：

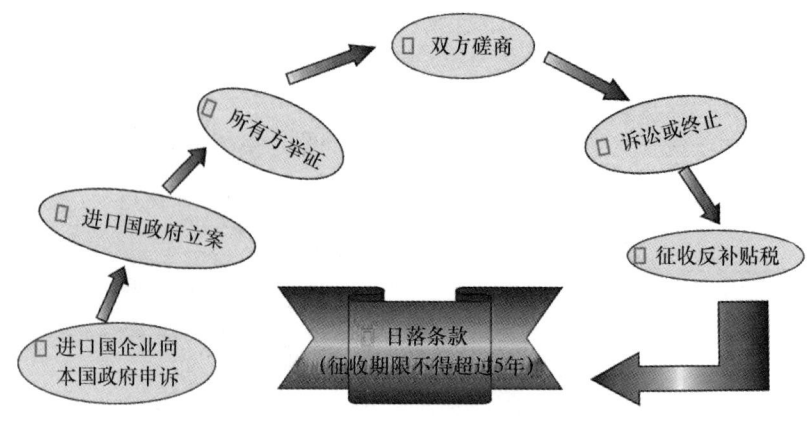

图 16-15 反补贴过程

第一，书面请求。应由受补贴影响的产业或产业代表以书面形式提出发起反补贴调查的书面请求。

第二，立案。反补贴调查机关可以应产业代表提出的书面请求或基于自己掌握的证据立案。

第三，磋商。在发动调查以前，调查机关应邀请其产品涉及的成员参加磋商以澄清补贴事实，并达成各方所能接受的解决办法。

第四，调查。一旦调查机关认定有关证据足以发起调查，调查即可进行。调查的目的在于确定补贴和损害的存在，并确定数量和损害的数额。

第五，反补贴税的征收。若调查机关确定存在补贴，符合相当数量要求，并对本国产业造成损害，则进口国当局有权决定是否及按何数额征收反补贴税。

反补贴措施并不是针对所有的出口补贴，如果出口国出口补贴对进口国同类产业造成的损害是微小的或忽略不计的，则不受到惩罚和报复。上文在提到补贴分类的时候已经介绍过。

当进口国政府启动反补贴诉讼程序并立案调查出口国的出口补贴时，出口国政府可以主动与进口国政府进行谈判。如果谈判成功，反补贴调查将被终止。如果谈判失败，出口国政府拒绝接受进口国的反补贴机构的裁决，出口国政府可以反诉世贸组织贸易争端解决机构和通过争端解决机构解决反倾销争端。

补贴行为确定之后对其征收反补贴税，即：对受到过补贴的外国商品除征收一般进口税外，再增收附加税，抵消其所享受的补贴金额，削弱其竞争能力，使其最终不能在进口国市场上进行低价竞争。

反补贴税的征收额度应低于或等于补贴数额。反补贴税自应征之日起5年内结束，但如果在5年期限到来之前的一段合理时间内提出了复审要求，则在做出复审结果之前，反补贴税应继续征收。如果复审结果表明已经不存在损害或不存在重新发生损害的可能，则应当停止征收反倾销税；如果复审结果表明损害依然存在，或者停止征收反补贴税将导致补贴和损害继续发生或再度发生的，反补贴税的征收期限可以适当延长。

相关资料显示，我国已成为国外反倾销和反补贴的重灾区，而且由单一的反倾销和反补贴正逐步发展成为反倾销和反补贴同时进行的"双反"，2013年底至今，国际上共进行了57起"双反"立案调查，其中国外对华的"双反"立案调查就高达43起。不仅如此，在我国遭受的"双反"调查案件数量不断增加的同时，案件所涉及的产品和行业范围也在不断扩大，已从传统的钢铁、机械和纺织行业，转向了光伏、电子产品等高新技术行业。显然，我国现阶段正面临着严峻的"双反"形势。

（三）保障措施

保障措施是指，当不可预见的发展导致某一产品的进口数量增加，以致对生产同类或直接竞争产品的国内产业造成严重损害或严重损害威胁时，进口成员方可以在非歧视原则的基础上对该产品的进口实施限制。

保障措施首次纳入国际条约，是在1942年美国与墨西哥签订的《互惠贸易协定》（Reciprocal Trade Agreement）中。该协定第11条规定："如果意外情况的发展和本协定所附减让表中列举的任何货物之减让的结果，使这种货物进口的数量大为增加，并在此等情况下对国内相同或类似产品的生产者造成严重损害或严重损害之威胁,任何一方政府在防止此等损害所必需的程度和时间内,应自由地全部或部分地撤回减让,或修改减让。"此后,美国与其他国家之间的双边贸易协定均含有类似上述措辞的条款。1947 年 2 月杜鲁门总统还发布行政命令,要求每一项美国贸易协定都须载入该种条款。四年后,美国国会将该类条款规定在有关立法文件中。在国际贸易组织设立中,因美国倡议,经各谈判方同意,国际贸易组织宪章和《1947 年 GATT》均就保障措施进行了规定。

《1994 年 GATT》第 19 条第 1 款规定:"如因意外情况的发生或因一成员承担本协定义务(包括关税减让在内)而产生的影响,使某一产品输入到该成员领土的数量大为增加,对这一领土内的同类产品或与其直接竞争产品的国内生产者造成严重损害或产生严重损害威胁时,该成员在防止或纠正这种损害所必需的限度和时间内,可以对上述产品的全部或部分暂停实施其所承担的义务,或者撤销或修改减让。"

《保障措施协议》(以下简称协议)第 2 条第 1 款进一步明确指出:"一成员只有根据下列规定才能对一项产品采取保障措施,即:该成员已确定该产品正以急剧增加的数量(较之国内生产的绝对增加或相对增加)输入其领土,并在此情况下对生产同类或直接竞争产品的国内产业造成严重损害或严重损害威胁。"

那么问题来了,第一,怎么判断进口数量急剧增加呢?第二,怎么判断对进口国内产业造成了严重损害或严重损害威胁呢?

事实上,急剧增加包括"相对增加"与"绝对增加"。绝对增加指的是进口产品数量上的实际增长,比如,某产品的进口数量从 10 万个增加到了 20 万个;而相对增加是指相对于进口国国内生产总量而言的进口产品的市场份额的增加(实际进口数量不一定发生改变),比如,某一进口国每年进口洗衣机 10 万台,其国内洗衣机生产量从 20 万台/年降到了 15 万台/年,进口数量不变,但进口产品的市场份额从 33% 上升为 40%。

而对于如何判断对进口国国内相关产业造成了严重损害或严重损害威胁,《保障措施协议》第 4 条第 1 款有明确规定:严重损害应理解为对某一成员国内产业造成的"重大的全面损害"（significant overall impairment）；严重损害威胁是"明显迫近的"（clearly imminent）。而且确定严重损害威胁的存在应基于事实，不能仅以想象、推测或远期的可能性作为依据。

也就是说，所谓严重损害，是指对一成员某一国内产业总体状态上所造成的重大损害。严重损害威胁，是指显而易见的、迫近的损害威胁的存在的事实，该威胁不应该是通过想象、推测或远期的可能发生的事实。

在确定或判定是否对进口国国内产业造成严重损害或严重损害威胁时，主管机构应当评估或衡量影响该国内产业状况的、客观和可量化的所有相关因素。这些相关因素主要包括：（1）有关进口产品绝对增加或相对增加的比例和数量；（2）进口产品在国内市场上所占的市场份额；（3）国内产业的销售水平、总产量、生产率、设备利用率、盈亏以及就业变化等。

保障措施是世界贸易组织各成员国在正常贸易条件下维护本国国内产业利益的一种重要手段，它与针对不公平贸易的措施不同，设置该措施的目的是为了使成员国所承担的国际义务有一定的灵活性，以便其在特殊情况出现时免除其在有关 WTO 协议中应承担的义务，从而对已造成的严重损害进行补救或避免严重损害威胁可能产生的后果。

按照世界贸易组织的规则，一国要想实施保障措施，跟反倾销和反补贴一样，也必须按照程序进行。

首先，调查。

调查申请由全部产量或其产量占国内同类产品生产总量主要比重的国内产业提出，或由成员方政府提起，并且，要以书面形式提出。申请书的内容应主要说明：进口产品急剧增加所造成的国内的严重损害或严重损害威胁。有关当局受理该申请、审查并决定立案后，展开调查。

调查的主要内容包括：审查证据，评估所有相关因素，并确认进口急剧增加与损害之间的因果关系。

调查的具体规则要求是：向所有利害关系方做出适当的公告，举行公开听证会，给予进口商、出口商及其他利害关系方提供适当机会以陈述证据和看法，并对其他利害关系方陈述做出答复。调查结束后，有关当局应公布调查报告，列明对一切相关事实和法律问题的调查结果，以及做出的合理结论。

其次，通知。

《1994年GATT》第19条第2款规定，实施保障措施的成员应"尽可能提前以书面形式通知成员全体，以便成员全体及与该项产品的出口由重大利害关系的成员，有机会与其就拟采取的行动进行协商"。协议第12条做出了详细、系统的规定，这些规定体现了WTO的透明度原则。

实施保障措施成员应将有关严重损害或严重损害威胁的调查过程、调查结论和实施或延长实施保障措施决定立即通知保障措施委员会（Committee on Safeguard）。通知的内容应尽可能详细和具体，包括：相关证据，涉及的产品，拟采取措施及其时间和逐步放宽表等。并且，货物贸易理事会或保障措施委员会在必要时可以请求实施保障措施的成员提供补充材料。

最后，磋商。

有关成员应将保障措施内容与方法，或临时保障措施，进行磋商，交换意见，并达成谅解。磋商结果应及时经保障措施委员会通知货物贸易理事会。

只有进口方在走完程序后，确认了损害或者损害威胁确实存在，方可实施保障措施。通常就是进口国提高关税、实行关税配额及数量限制等。但保障措施应在防止或救济严重损害或严重损害威胁的必要限度内。

因为非关税措施很容易对国际贸易产生扭曲作用，所以《保障措施协议》第5条对实施数量限制和配额措施做了限制规定，明确规定，实施数量限制，不得使进口数量低于过去三个有代表性年份的平均进口水平，除非进口方有正当理由表明有必要采用与此不同的进口水平。在实施配额限制时，进口方应与有利害关系的出口方就配额分配进行磋商。若磋商未果，则进口方应基于出口方前一个有代表性的年份的进口份额进行分配，除非在保障措施委员会主持磋商中证明，不按该方法进行分配是有正当理由的。

保障措施实施期限一般不超过4年，但如果需要以保障措施防止损害或救济受损害产业，或有证据证明该产业正在进行调整，则可延长实施期限。但最长期限不得超过10年。

保障措施的实施必须在防止或补救损害所必需的程度和时间内。如果保障措施适用期限预计超过1年，进口方在该期限内应依固定时间间隔逐步放宽该措施；若实施期限超过3年，进口方应进行中期审查，根据审查结果撤销或加快放宽该措施。在该延长期内保障措施不得比最初适用更加严格，且应继续放宽。若对同一进口产品再次适用保障措施，则：一般情况下，两次之间应有不短于第一次实施期限，至少为2年的间隔；若适用期为少于或等于180天，且在该实施日前的5年内，未对同类产品实施两次以上保障措施，则该措施实施之日起1年后，可再次实施，期限最多为180天。

第十六讲 "贸易战"为什么打、如何打 ·337·

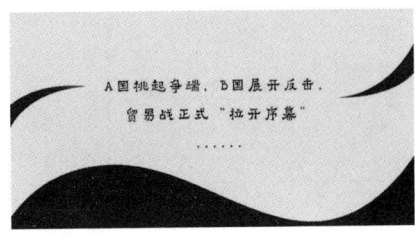

图 16-16 "贸易战"到底是啥?

资料来源:通过网络搜集整理所得。

表 16-1　　　　　　　　　　第二次世界大战以后主要贸易战

贸易战	时间	发起国	发生背景	贸易战表现	结果
美欧贸易战	1963—1964年	欧盟	美国即将步入"大通胀时代"	欧盟对来自美国的鸡肉征收高额进口关税，并进行价格控制，美国进行反制，提高了对西欧工农业产品的进口关税	双方和解，美国降低37%平均关税，换取欧盟降低35%的平均关税
日美贸易战	20世纪60年代—90年代初	美国	美国经济滞胀，而日本飞速崛起	美国在纺织、钢铁、彩电、汽车、半导体、电信等行业，对日本发起反倾销调查，并通过301条款，对日本进行制裁和限制	日本多次自愿限制出口，并签署了《广场协议》。20世纪90年代，日本因泡沫破裂陷入萧条
美加贸易战	1982—2001年	美国	美欧多国经济下行	美国对加拿大木材进行反补贴调查，并征收惩罚性关税	双方签订软木协议，但是每隔几年就会因为木材出现贸易摩擦
美欧贸易战	1985—1986年	美国	美欧多国经济下行	美国对欧洲柑橘类产品的准入制度不满，并对面食产品征收关税。为了报复，欧洲对美国的核桃和柠檬征收高额关税	双方达成和解，欧洲损失不大，但农产品一直是美欧贸易摩擦的一个焦点
美欧贸易战	1993—2012年	欧盟	欧盟成为强大经济体	欧盟通过许可证制度、配额制度等对香蕉进行限制。美国动用301条款对欧盟实施关税报复	双方达成协议，美国终止实施报复性关税壁垒
钢铁贸易战	2002—2003年	美国	全球钢铁产能过剩	美国对进口主要钢铁品实施为期3年的关税配额限制和加征高关税	欧盟、亚洲钢铁行业受损，2003年底，美国取消对钢铁的保护性关税

资料来源：通过公开资料搜集整理所得。

第十七讲 国际收支平衡表：一国对外经济关系的账本

当代社会，存在的一个普遍现象是：每一个国家的经济都无法与世隔绝。比如：你到超市购买牛奶时，可以选择购买伊利，也可以选择购买新西兰进口的国外品牌；当你决定购买一辆汽车时，可以选择福特或丰田；当你决定投资时，可以在上海证券交易所购买股票，也可以选择去纽约股市。这一切的便利，都源于各国之间相互提供各种产品和服务。目前，国与国之间的这种经济交往，越来越深入和广泛，几乎涵盖了我们生活的方方面面。此时，正如企业要对日常的经济活动记账，编制资产负债表、利润表、现金流量表一样，对于如此庞大、繁杂和频繁的对外经济交往行为，国家也要记账。

一 国际收支平衡表是记录对外经济交往的特殊账本

在对外经济交往中，国家通过编制国际收支平衡表，系统记录一定时期内（1年、1季度等）该国所有对外经济交易活动。其基本形式如表17-1所示：

通过编制国际收支平衡表，国家可全面掌握其对外经济交往情况，为制定对外经济政策提供依据。

对国际收支平衡表的理解，需要注意以下几点：

表17-1　　　　中国国际收支平衡表（季度表）

单位：亿元人民币

项目	2019Q1	2019Q2
1. 经常账户	2839	3146
贷方	45405	50246
借方	-42566	-47101
1.A 货物和服务	1639	3733
贷方	40471	45563
借方	-38832	-41830
1.A.a 货物	5919	8218
贷方	36462	41532
借方	-30542	-33314
1.A.b 服务	-4281	-4486
贷方	4009	4031
借方	-8290	-8516
1.B 初次收入	1054	-810
1.C 二次收入	146	223
2. 资本和金融账户	1456	1456
2.1 资本账户	-2	-4
贷方	6	2
借方	-8	-6
2.2 金融账户	1458	1460
资产	-2238	-2914
负债	3696	4374

续表

项目	2019Q1	2019Q2
2.2.1 非储备性质的金融账户	2134	941
资产	-1562	-3433
负债	3696	4374
2.2.1.1 直接投资	1791	587
2.2.1.1.1 资产	-1420	-1750
2.2.1.1.2 负债	3211	2337
2.2.1.2 证券投资	1314	244
2.2.1.2.1 资产	-1092	-1555
2.2.1.2.2 负债	2405	1799
2.2.1.3 金融衍生工具	-62	66
2.2.1.3.1 资产	-53	169
2.2.1.3.2 负债	-9	-103
2.2.1.4 其他投资	-909	45
2.2.2 储备资产	-676	519
3. 净误差与遗漏	-4295	-4601

数据来源：国家外汇管理局。

（一）国际收支平衡表记录的是流量

国际收支平衡表记录了一国在一定时期内经济交易的发生额，即一定时期的对外收入或支出额，而不是期末资产或负债的持有余额。例如，2019年2月，我国进口了一批价值100万美元的大豆，到8月份我们将其全部消费掉。在2019年的国际收支平衡表中，我们仍要将这批交易统计在内。虽然到2019年末，这批大豆余额为0。因此，国际收支平衡表本质上就是一张现金流量表。

（二）国际收支平衡表记录的是居民与非居民之间的交易

只有居民与非居民之间的交易才能记入国际收支平衡表。居民与居民之间的交易、非居民与非居民之间的交易均不记入。需要注意的是，所谓居民、非居民，并非以国籍来区分，而是以居住为标准。居民，是指在一国境内居住一年以上的自然人或具有永久或长期经济利益的法人，包括个人、政府、企业。非居民，则是指短期（不超过1年）居住于一国境内或居住于境外的自然人和法人。此外，各国大使馆的外交人员，一律视为居住国的非居民，本国的居民。而设于境内的国际机构（如 IMF、世界银行）均为各国的非居民。

（三）国际收支平衡表记录的是对外经济交易

一国对外经济交易，反映的是经济价值从一国向另一国的转移，具体可分为四类：

（1）商品、劳务的买卖。需要支付或收入外汇。

（2）商品与商品、商品与劳务之间的交换。如双边贸易中的以货易货、以商品为报酬的劳务转移。

（3）金融资产的转移。如国际证券投资、发行。

（4）无偿的商品、劳务、金融资产转移。如国际实物捐赠、国际金钱捐赠。

以上交易中，大部分都会导致货币收支（外汇收支）的发生，只需按实际发生额记入国际收支平衡表即可。但是，也有些交易不涉及货币收支（外汇收支），例如以货易货交易。对这些未涉及货币收支的交易，也要记入国际收支平衡表，因为它们也属于国际经济交往的一部分。具体而言，就是要按交易额折算成货币记入国际收支平衡表。

二 国际收支平衡表的编制原则

(一) 复式记账原则

国际收支平衡表是按照复式记账法来编制的。即发生的每一笔交易，必然要在不同科目的借方、贷方同时记录，分别代表资金的来源（收入）与运用（支出）。其中，凡是引起外汇收入的项目均记入贷方，用"＋"号表示；凡是引起外汇支出的项目则记入借方，用"－"号表示。

可以一个例子说明。假如中国某企业出口了一批价值 500 万美元的设备，则应在国际收支平衡表记账如下：

借：其他投资　　　500 万美元
　　贷：商品出口　　　500 万美元

(二) 权责发生制原则

在权责发生制原则下，一笔交易记入国际收支平衡表的时间，应以获得收入的权利、产生支付责任的时间为准，而不论是否已收入或支出资金。例如，某企业当期对外出口一批商品，销售合同已签订并发货，但尚未收到货款。但由于合同已签订并发货，因此企业已获得向对方索取货款的权利，按照权责发生制，该笔交易应记入国际收支平衡表。

(三) 市场价格原则

即各项交易记入国际收支平衡表时，以市场价格来确定交易的价值。

(四) 单一记账货币原则

即所有交易统一用同一种货币记账，可以为本国货币，也可以为外国货币。例如我国国际收支平衡表的记账单位为美元。

三　国际收支平衡表的主要内容

一国与他国的经济交往，存在多种形式，如对外贸易、服务进出口、证券投资、国际贷款、对外直接投资等。这些交易形式，在国际收支平衡表中分别通过不同的会计账户予以记录与反映，即为国际收支平衡表中的账户（如表16-1所示）。这些账户，按交易的特点，可以分为三类：经常账户、资本和金融账户、净误差与遗漏。

（一）经常账户

该账户主要记录一定时期内一国对外发生的实际资源交易，包括如下四个子账户：

1. 货物

该项主要记录有形商品进出口所带来的外汇收入与支出，反映了一国与他国真实资源的转移。包括一般商品、加工货物、货物修理、在港口购买（燃料、物料）、非货币黄金的转移。其中，出口记录在货物账户的贷方，并用"＋"标记，代表外汇收入。进口记录在借方，并用"－"标记，代表外汇支出。此外，按照IMF要求，以上货物进出口的数据应主要来自海关统计，记账价格为离岸价格（FOB）。

2. 服务

该项主要记录一国对外提供服务或接受国外服务所导致的外汇收支，包括加工服务、维护和维修服务、运输、旅游、国际建设、保险和养老金服务、金融服务、知识产权使用费、电信、计算机和信息服务、个人文化和娱乐服务。以及别处未提及的政府服务。

其中，所谓加工服务，主要指来料加工和出料加工。来料加工，是指外商提供原材料、零部件等，我方进行加工装配，再交由外商销售。在此过程中，我方并不拥有被加工货物的所有权，而只是受国外所托对相关货物进行加工，性质上属于我方对外提供服务，因而归入服务账户。而出料加工则相反，是由我方将原材料、零部件交由外商加工为成品后再进口，我方支付加工费，性质上属于我方接受外国的服务，因而也归入服务账户。需要注意的是，在一国对外交往中，还会发生一种进料加工贸易。即我方自行从国外购买原材料、零部件，加工为成品后再返销国外出口的业务。在此过程中，由于我方需自行购买原材料，并生产成品出口销售，存在货物所有权转移，因而从性质上，与普通的货物贸易并无区别，因而记录在货物账户加工货物项下。

以上项目，如果属于对外提供服务，记录在贷方，代表外汇收入；如果是接受国外服务，则记录在借方，代表外汇支出。

3. 初次收入

该项目主要记录劳动力在国际上的流动而引起的雇员报酬、与资本输出输入相关（如买卖证券、贷款）的投资收益、对外出租资源获得租金。具体分为雇员报酬、投资收益、其他初次收入三个子账户。

雇员报酬：主要记录我国员工在国外工作不超过 1 年所获得的工资收入，或者国外员工在我国工作不超过 1 年所获得的报酬。前者记入雇员报酬账户下的贷方，代表外汇收入；后者记入雇员报酬账户下的借方，代表外汇支出。

投资收益：记录两国进行直接投资、证券投资、贷款投资所获的已分配收入、未分配利润、分红、股息、利息。但不包括证券买卖所获得的价差收益，该部分在金融账户下予以记录。在进行以上投资时，如果己方从国外获得了收益，记入投资收益账户贷方，代表外汇收入；如果己方支付给国外收益，则记入投资收益账户下借方，代表外汇支出。

其他初次收入：主要记录两国为使用对方的土地、矿藏、捕鱼、林业、放牧等资源而支付的款项，以及无法记入前面两项的初次收入项目。

4. 二次收入

该账户主要记录我方与国外进行的单方面支付——经常转移。这种转移不要求接受一方给予对等回报。具体地，又可分为政府转移和私人单方转移。其中，政府单方面转移主要指债务豁免、政府间经济援助和军事援助、战争赔款、捐款等。私人单方面转移主要指侨民汇款、年金、各种税、费等。

以上项目，如果是己方得到的转移，记录在二次收入账户下的贷方，代表外汇收入；如是己方对外提供的转移，则记录在二次账户下的借方，代表外汇支出。

(二) 资本和金融账户

该账户主要记录资产所有权在国家间的转移，又分为资本账户、金融账户。

1. 资本账户

该账户主要记录两国之间的资本转移，以及非生产、非金融资产的获得或出让。

资本转移主要指国际上固定资产的转移、与固定资产收买或放弃相联系的或以其为条件的资产转移、债务放弃、投资捐赠等。

非生产、非金融资产的获得或出让，是指非生产就已存在的资产（土地、地下矿藏等）、各种无形资产，如专利、版权、商标、经销权、租赁等的转移。

其中，当己方从国外获得资本转移，或处置非生产、非金融资产时，会获得外汇收入，因此记入资本账户下的贷方；反之，当己方向国外资本转移，或购买非生产性、非金融资产时，会支出外汇，因此记入资本账户下的借方。

2. 金融账户

该账户主要记录两国之间发生的、引起资产或负债所有权变更的所有交易。这些交易，按投资方式不同又可分为直接投资、证券投资、金融衍生工具、其他投资、储备资产。

（1）直接投资

即一国投资者为获得另一国企业的永久利益而进行的投资。所谓的永久利益，是指投资者能够长期地对被投资企业的经营管理施加相当大的影响。而投资的形式，包括建立分支企业、购买一定比例的普通股股票或投票权。其中，购买股票投资，IMF 要求持股比例最低为 10%，方可认定为直接投资。而我国则要求这一比例超过 25%。如果达不到要求的最低比例，则记入证券投资账户。

（2）证券投资

该账户主要记录两国之间发生的各种金融投资，如货币市场投资、股票投资、债券投资等。其中，股票投资是指不以参与企业管理或掌握企业管理权为目的的股票买卖，即持有对方不足 10% 普通股的投资，我国则为 25%。

（3）金融衍生工具

该账户记录两国之间进行的金融衍生工具交易、雇员股票期权等。

（4）其他投资

该项目主要记录除直接投资、证券投资、衍生品以外的所有跨国金融交易，如特别提款权、各种存款、贷款（包括贸易融资）等。

（5）储备资产

该账户主要记录一国货币当局拥有或控制，并可直接或间接用于平衡一国国际收支的对外金融资产，具体包括货币黄金、特别提款权、在国际货币基金组织的储备头寸（向基金组织认缴的份额和对基金组织的贷款）、各种外汇资产（现金、存款和有价证券）、具有高流动性的对外债权。其中，外汇在国际储备中占比最大。

需要注意的是，与经常账户、资本账户不同，金融账户并不按当期发生总额记入账户，而是计算金融账户当期净变化量（净额），并将净额记入相应的借方和贷方。即，当期对外金融资产净增加额、金融负债的净减少额，记入相应账户的借方，用"-"表示。原因是，金融资产增加、金融负债减少都会导致一国对外支出外汇。即一国对外支付外汇购买了金融资产，才会使得金融资产增加。同样，一国对外支付外汇偿还了外债，才会导致金融负债减少。反之，当期对外金融资产的净减少额、金融负债的净增加额，记入相应账户的贷方，用"+"表示。原因是，金融资产的减少、金融负债的增加都会导致一国收入外汇。一国对外出售金融资产，才会使得金融资产减少，而这会使得一国收入外汇。一国偿还对外金融债务，才会使得金融负债减少，这会使得一国支出外汇。

（三）净误差与遗漏

由于国际收支平衡表的编制，采用的是复式记账法（下部分详细论述）。即同一笔交易同时在借贷双方同时记录，分别代表资金的来源（收入）与运用（支出）。如果不考虑符号，由于在借贷双方记录的是同一笔交易，因此两次记录的数额必然相同，这就意味着每一笔交易的记录都满足借方金额 = 贷方金额，即借贷必相等。这样一来，如果记入国际收支平衡表中的所有交易都按上述复式记账法记录，那么必然会满足，国际收支平衡表中所有借方项目的和 = 所有贷方项目的和。如果考虑借方项目用"-"表示，贷方项目用"+"表示，那么理论上，国际收支平衡表中所有借方项目 + 所有贷方项目 = 0。也可以表示为：

（经常账户所有借方项目 + 经常账户所有贷方项目） + （资本与金融账户所有借方项目 + 资本与金融账户所有贷方项目）

= 经常账户净额 + 资本与金融账户净额

= 0

但是在实务中，却经常出现国际收支平衡表中所有借方项目 + 所有贷方项目 ≠ 0 的情况。之所以出现这种情况，原因是：（1）数据来源不统一。国际收支平衡表的统计的各项数据，有许多来源，如海关统计、银行报告、企业报表等，这些数据的统计方法、标准皆不统一，因此可能会出现相加后不等于 0 的情况。（2）统计误差。当前，国与国之间存在着大量隐蔽资本流动，而这些信息官方无法准确统计。

因此，我们在国际收支平衡表最后，人为地设计一个平衡账户，即错误与遗漏账户，并使净误差与遗漏 = -（经常账户差额 + 资本和金融账户差额）。例如，如果经常账户的净额 + 资本和金融账户的净额 = +3，那么错误与遗漏账户的值就为 -3。这样做的目的，是保持国际收支平衡表的平衡。

参考文献

1. 陈雨露. 国际金融. 北京：中国人民大学出版社，2000.
2. ［美］弗雷德里克·S. 米什金. 货币金融学（第四版）. 李扬等译. 北京：中国人民大学出版社，1998.
3. 法律出版社法规中心. 中华人民共和国个人所得税法注释本. 北京：法律出版社，2019.
4. 菲而普. 怪诞经济学. 北京：中国友谊出版公司，2017.
5. 高鸿业. 西方经济学（微观部分）（第四版）. 北京：中国人民大学出版社，2008.
6. 高鸿业. 西方经济学（宏观部分）（第七版）. 北京：中国人民大学出版社，2018.
7. 国家税务总局. 中华人民共和国税收基本法规. 北京：中国税务出版社，2019.
8. 黄达. 金融学（第四版）. 北京：中国人民大学出版社，2017.
9. ［美］罗伯特·弗兰克. 牛奶可乐经济学. 闾佳译. 北京：北京联合出版公司，2017.
10. 贾建华，阙宏. 新编国际贸易理论与实务. 北京：对外经济贸易大学出版社，2008.
11. 马跃. 大国崛起过程中的国际贸易摩擦研究. 大连：东北财经大学，2013.
12. ［美］曼昆. 经济学原理宏观经济学分册（第七版）. 梁小民，梁砾译. 北京：北京大学出版社，2015.

13. ［英］尼尔·基什特尼．经济学通识课．张缘，刘婧译．北京：民主与建设出版社，2017.
14. 牛慕鸿，张黎娜，张翔．利率走廊、利率稳定性和调控成本．金融研究，2017（07）．
15. 平新乔．微观经济学十八讲．北京：北京大学出版社，2013.
16. ［美］萨缪尔森．经济学，北京：人民邮电出版社，2008.
17. ［美］斯凯恩．从零开始读懂经济学．上海：立信会计出版社，2014.
18. 王中伟．日常生活中的经济学．北京：电子工业出版社，2014.
19. ［英］亚当·斯密．国富论．杨敬年译．西安：陕西人民出版社，2001.
20. 言谭．一本书读懂中国税．杭州：浙江大学出版社，2017.
21. 于丽．经济学与生活．上海：复旦大学出版社，2017.
22. 袁志刚，樊潇彦．宏观经济学（第二版）．北京：高等教育出版社，2015.
23. 张立娟，王彩霞．每天学点经济学．北京：金城出版社，2009.
24. 赵涛，刘挥．世界贸易战简史．北京：华文出版社，2019.